方以智《通雅》之《说文》研究

陈波先 著

黄山书社

图书在版编目（CIP）数据

方以智《通雅》之《说文》研究 / 陈波先著 .
合肥：黄山书社，2024. 11. -- ISBN 978-7-5737-1396-4

Ⅰ. H161

中国国家版本馆 CIP 数据核字第 2024X0M330 号

方以智《通雅》之《说文》研究

FANG YIZHI TONGYA ZHI SHUOWEN YANJIU

陈波先 著

出 品 人 葛永波
责任编辑 周振华
装帧设计 钱志刚
责任印制 李 磊
出版发行 黄山书社
地 址 安徽省合肥市蜀山区翡翠路 1118 号出版传媒广场 7 层 邮编：230071
印 刷 合肥锐达印务有限责任公司
版 次 2025 年 1 月第 1 版
印 次 2025 年 1 月第 1 次印刷
开 本 700 mm × 1000 mm 1/16
字 数 290 千字
印 张 19
书 号 ISBN 978-7-5737-1396-4
定 价 68.00 元

服务热线 0551-63533706
销售热线 0551-63533761
官方直营书店（https://hsss.tmall.com）

序

日前，波先君通过微信告知，所撰《方以智〈通雅〉之〈说文〉研究》即将由黄山书社出版。同时发来该书书稿，让我过目并写一篇序。波先君此书是由其博士学位论文修订而成的，作为波先君学位论文的指导教师，我既为之高兴，当然也乐意承担撰序之事。

波先君此书在尽数辑出方氏《通雅》中涉及《说文》之相关论述之基础上，经过系统分析归纳，深入讨论了《通雅》在《说文》研究方面的作为和得失。全书于正文主体部分共分七章，内容包括：《通雅》引用及疏证《说文》之研究，《通雅》对《说文》误释字义的辨析，《通雅》对《说文》误析字形的辨析，《通雅》对《说文》引文之辨析、疏解，《通雅》对《说文》重文之辨析、利用及未明重文之沟通，《通雅》对大徐本《说文》的辨析，《通雅》于《说文》研究之贡献及不足等。可以说，这是迄今为止最为全面论述方氏《说文》研究，或者说方氏文字学成就的一部著作。

方以智不但是明末清初著名的思想家、科学家，也是一位名副其实的语言文字学家。梁启超在《中国近三百年学术史》中曾经谈到方以智的代表作《通雅》一书，他说："依我看，《通雅》这一部书，总算近代声音训诂学第一流作品。清代学者除高邮王氏父子以外，像没有哪位赶得上他。"而波先君此书所提供之大量证据，如"方以智在《通雅》中疏证《说文》的被训字183例，大部分疏证精当且先于清代《说文》四大家之论述”，“传世文献今可考者，最早对《说文》引文进行多角度论述的著作却始自《通雅》”，“对于《说文》重文之研究，方氏实开其端”，等等，又足见方氏在文字学研究方面的造诣与贡献。遗憾的是，很多人（包括学术界）对此并不十分了解。《辞海》（第六版彩图本）“方以智”条称其为“明清之际思想家、科学家”而不及语言学家，称其“对天文、地理、历史、物理、生物、医药、文学、音韵等都有研究”而不及文字学，即是证明。我手头所见的两部“说文学”著作——余国庆先生的《说文学导论》（安徽教育出版社1995年出版）和张其昀先生的《“说文学”源流考略》（贵州人民出版社1998年出版），也都只字未提及方氏之《说文》研究，则其事可知矣。就此而言，波先君可谓方氏之知音，而本书亦堪称《通雅》之功臣矣。

波先君是我带的最后一个博士生，也即时人所说的“关门弟子”。他之成为我的博士生，可说是阴差阳错，也可说是机缘巧合。那一年（2012），报考我训诂学方向的学生一个也没考上，而方言方向的考生则入围人数超标，于是决定让我从中挑选一个学生作为调剂。面试的时候，波先君表达了对于读博的渴望，言辞恳切而激动，眼里充满了泪水，使人动容。于是我选定了这个小伙子。波先君硕士的方向是“南方民族语言与汉语方言”，于训诂学基础并不厚实。但他来自农村，有乡下人之朴实与勤快，学习肯下死力，故进步很快。博士毕业时，学位论文竟得到答辩委员会成员的一致好评，并被推荐为暨南大学优秀博士学位论文。2015年毕业后，波先君入职豫章师范学院，成为一名高校教师，至今已在学术期刊上发表论文近40篇，这是相当不容易的。韩愈有言：“业精于勤。”诚然。既勤矣，宜益求精！是为盼。

王彦坤

2023年10月14日于暨南园无名室

目录

绪论 |《通雅》基本概述和研究现状

第一节　方以智生平及其著作

方以智，字密之，号曼公，安徽桐城人，生于明万历三十九年（1611），卒于清康熙十年（1671）。崇祯十三年（1640）进士及第，授翰林院检讨。方以智生于官宦之家，其家四世传《易》。曾祖父方学渐（1540—1615），字达卿，别号本庵，万历间明经，不仕，著有《易蠡》十卷。祖父方大镇（1561—1631），字君静，号鲁岳，万历十七年（1589）进士，官至大理寺少卿，著有《易意》四卷。父方孔炤（1591—1655），字潜夫，号仁植，万历四十四年（1616）进士，官至湖广巡抚，著有《周易时论》二十二卷（后由方以智编成）。方以智亦著有《易余》等，并提出儒、释、道三家归《易》说。据此可知方以智家学渊源之所在。

（一）方以智生平

方以智的一生大致可以分为两个阶段：一是明亡以前（1644年以前），二是明亡以后。

1.明亡以前

明亡以前（1611—1644），方以智的生活安稳，交友天下，这一阶段大概又可分为两个时期：一是1611年至1633年的家教与求学；二是1634年至1644年的交友与著述。

（1）1611—1633年的家教与求学

方以智从万历三十九年（1611）出生至天启二年（1622），由母亲吴令仪教养[①]。天启二年（1622）九月十一日，吴氏卒，方以智从父方孔炤任所福建福宁州（今福建霞浦县）返归桐城，随二姑方维仪生活。方维仪不仅照管方以智的生活，更多的是充当方以智的老师，且管束甚严。这一时期方以智师从白瑜学经[②]，方以智撰述《通雅》所运用的"以证立论"的研究方法与白瑜崇实黜虚的学术主张不无关系。方以智又师从王虚舟学《易》[③]，其晚年提出的儒、释、道三家归《易》说即深受王虚舟的影响。

（2）1634—1644年的交友与著述

崇祯七年（1634）至崇祯十二年（1639），方以智流寓南京，风流倜傥，交结天下名士，游历名山古迹，参加南都复社，接近东林党人。这一时期方以智交结的知名人士有在南京的张自烈、吴应箕、陈名夏等人，在杭州的陈子龙、吴思穆等人。崇祯十三年（1640）一月，方以智赴京科考，中第二甲第五十四名进士。此后直至1644年明亡，方以智在京城度过了四年的著述生活。

2.明亡以后

明亡以后（1644—1671），方以智的生活困顿，饥寒交迫，亦僧亦俗，以僧终生。这一阶段大概又可分为两个时期：一是1644年至1650年的颠沛逃亡；二是1651年至1671年的亦僧亦俗式隐居。

（1）1644—1650年的颠沛逃亡

明崇祯十七年（1644）三月十九日，京城陷落，崇祯帝自缢煤山。是年四月十二日，方以智出京城崇文门开始了逃亡生涯。后取道通州，抵清浦，

① 吴令仪，字棣倩，方孟式（方以智伯姑）在《纫兰阁诗集》卷六《挽吴宜人》曰："美善于归，宜室宜家。名香闺秀，善事公姑。曲得欢心，克相夫子，以永令誉。至诗字琴画，刺绣酒浆，出其余力，种种精绝。"

② 白瑜，字瑕仲，号安石，人称"石圹先生"，博闻多学，精于五经及汉魏文赋。

③ 王宣（1565—1654），字化卿，号虚舟，江西金溪人，生于桐城，精于《河》《洛》。

绕道泰州，至此年冬抵广州。方以智抵广州后，依靠在市井卖药谋生。后遇南海知县姚奇胤，留在姚府为其长子姚端授课。清顺治三年（1646），方以智与瞿式耜等人在肇庆拥立明桂王朱由榔为帝，改元永历。方以智代诏，擢少詹。不到一年，方以智对永历朝的朋党争斗不满，自己提出的治国方策朝廷又无力实施，于是挂冠引退于桂林一带。这期间方以智的生活极为窘迫，隐姓埋名以防清廷追捕，常杂居于瑶侗之间，亦靠卖药及字画为生，朝不保夕。

（2）1651—1671年的亦僧亦俗式隐居

这是方以智人生的最后一个时期，此时他过着亦僧亦俗的隐居生活。清顺治八年（1651）二月，方以智被清兵逮捕，后被迫在梧州出家为僧，寄寓于梧州城东的云盖寺，法名行远，号无可。次年（清顺治九年），经苍梧兵宪彭广具保，得以随施闰章返北。清顺治十年（1653）春，方以智返回桐城。方以智在桐城为人所知，清廷逼迫他出仕，但是方以智拒不从命，因此他又闭关于南京高座寺。此后十几年间，方以智又主持过江西吉安的青原寺，开坛讲法，阐述儒、释、道三家归《易》的学说。清康熙十年（1671）三月二十三日，"粤难"事发[①]，方以智自诣庐陵就监。抵庐陵后，其背部痈疽病发。是年冬十月七日，方以智在解押广州的途中，因背患痈疽不支而卒于江西万安的惶恐滩。明末清初之际一位伟大的哲学家、思想家、语言文字学家就此陨落。

（二）方以智著作

方以智一生勤于著述，现存的书稿大约有四百万字，大致可以分为五类：一是哲学类著作，有《东西均》《易余》《药地炮庄》《冬灰录》及《青原愚者智禅师语录》等；二是科学类著作，有《物理小识》《医学会通》《内经经略》等；三是语言文字类著作，有《通雅》《四韵定本》等；

① "粤难"是指方以智等人在肇庆拥立明桂王朱由榔为帝之事。

四是诗文集，有《浮山文集前编》《浮山文集后编》《博依集》《流寓草》等；五是杂著类，有《青原志略》《印章考》等。

除本书研究的《通雅》外，方以智的成就主要是哲学。方以智的著述与其一生的经历息息相关。明亡以前，方以智是一位风流倜傥的公子，有以五年毕词赋之坛坫、以十年建事功于朝廷的壮志[①]，故他的诗文集、科学类及语言文字类著作多写于这一时期；明亡以后，方以智是一个被清廷追捕的前朝遗老，逃亡于两广之间，隐姓埋名，被迫出家为僧，故他的重要哲学著作均写于这一时期。

第二节　《通雅》基本概述

（一）《通雅》的内容概述

《通雅》卷首三卷，正文五十二卷，合计五十五卷。现将《通雅》五十五卷的内容概述如下：

1.卷首三卷内容概述

卷首三卷分别是卷首一《音义杂论》；卷首二《读书类略提语》《杂学考究类略》《藏书删书类略》《小学大略》；卷首三《诗说》《文章薪火》。

此三卷中，卷首一可视为《通雅》五十二卷正文的指导纲领，方氏在该卷中论述了三个方面的内容：一是考古之态度；二是音义之关系；三是《说文》之研究。现分别略述如下：

---

① 见于方以智中年后写给张自烈的信中。其文为："年十五《十三经》略能背讽，班史之书略能粗举。长益博览百家，然性好为诗歌，悼挽钟、谭，追复《骚》《雅》，殊自任也。弱冠慕子长出游，游见天下人如是而已，遂益狂放。自行至性而不逾大闲。以为从此以往，以五年毕词赋之坛坫；以十年建事功于朝；再以十五年穷经论史，考究古今；年五十，则专心学《易》。少所受王虚舟先生《河》《洛》象数，当推明之，以终天年，人生足矣。"（见《浮山文集前编》之《又寄尔公书》）

（1）考古之态度

方以智认为对于古人的论断，不能拘泥，而应重视证据，明其事理。方氏说：

> 古今以智相积，而我生其后，考古所以决今，然不可泥古也。[①]（卷首一《音义杂论·考古通说》）
>
> 是正古文，必借它证，乃可明也。博狼葆祠，鞞约果隋，皆以《史》《汉》互证。苏武煴火，有召信臣之爇蕴火为证；与语区脱，有《汉书》传之瓯脱为证。《食货志》一黄金一斤，得晋灼说《巴志》黄龙而证。……智每驳定前人，必不敢以无证妄说。[②]（卷首一《音义杂论·辨证说》）
>
> 书不必尽信，贵明其理。或以考事，或以辨名当物，或以验声音称谓之时变，则秦汉以来之所造所附，亦古今之征也。[③]（卷首一《音义杂论·考古通说》）

正是方氏具有"不泥古""贵明其理"的治学态度，因此他对古人称引不同的现象有清醒的认识。方氏说：

> 古人称引，略得其概，则以意摘辞。"予乘四载"[④]，孔注、《尸子》《淮南》《说文》《史》《汉》各异。孔注谓："水乘舟，陆乘车，泥乘楯，山乘樏。"《尸子》："泥行乘蕝。"《淮南子》注："泽行乘蕝。"《说文》："山行乘樏，泽行乘辆。"[⑤]《史记》："陆

---

① 方以智：《通雅》，上海：上海古籍出版社，1988年，第1页。下文所引的《通雅》不特别注明，均为上海古籍出版社的版本。下文脚注省去出版社和出版年份。

② 方以智：《通雅》，第5—6页。

③ 方以智：《通雅》，第4页。

④ "予乘四载"出自《尚书·益稷》。《尚书·益稷》"予乘四载，随山刊木"，孔安国传："所载者四，谓水乘舟，陆乘车，泥乘輴，山乘樏。随行九州之山林，刊槎其木，开通道路以治水也。"（孔安国传，孔颖达疏：《尚书正义》，北京：北京大学出版社，1999年，第112页）

⑤ 大徐本《说文·木部》"樏"引作"山行乘樏，泽行乘𣝢"。

行乘车，水行乘舟，泥行蹈橇，山行即桥。”橇音蕝。徐广曰：“桥一作輂。”《汉·沟洫志》：“泥行乘毳，山行则梮。”[①]（卷首一《音义杂论·古书参差说》）

方氏在《古书参差说》一节中举了十二例以说明古人以意称引的例证。

（2）音义之关系

方氏认为音义是相互联系的，只有明了音义的关系，才能通古今诂训之假借。方氏说：

古人说理事之音义，转假譬喻为多，不可执后人之详例以论也。[②]（卷首一《音义杂论·考古通说》）

欲通古义，先通古音。声音之道，与天地转。岁差自东而西，地气自南而北，方言之变，犹之草木移接之变也。历代训诂、谶纬、歌谣、小说，即具各时之声称，惟留心者察焉。[③]（卷首一《音义杂论·方言说》）

音一定，故莫逃；字有尽，故转借。然有古可通，今不必通；楷可借，篆不可借者。[④]（卷首一《音义杂论·音韵通别不紊说》）

音义何始乎？无声有声，而义生焉。音心曰意，而用于形声，其事咸宜，其义乃显。[⑤]（卷首一《音义杂论·音义始论》）

（3）《说文》之研究

《说文》是《通雅》正文的重要研究对象，因此方氏在《音义杂论》

① 方以智：《通雅》，第11—12页。
② 方以智：《通雅》，第2页。
③ 方以智：《通雅》，第22页。
④ 方以智：《通雅》，第29页。
⑤ 方以智：《通雅》，第30页。

中辟专节《说文概论》予以论述。他在此节中对《说文》的论述涉及四个方面：一是《说文》未收字；二是《说文》未沟通之重文；三是《说文》误释之字义；四是《说文》引语之异文。

《说文》未收字是指许慎在《说文》中用过该字却未立为字头，或只收罕见字体而漏收常用字体的字。关于《说文》未收字，方以智论述如下：

> 有艸无皁，有纱无妙，有頻无频，无躐而通作獵，犹有说也。有浏、镏而无刘。汉姓可遗，但训杀乎？无妥而绥从妥，无春而有萅、[illegible]，萅即春，萶、蠢从之。无蹤而《车部》有轞，无跬而趌下读若跬[1]，无鶚而有鷟，与专切，则是鸢。《说文》亦不载鸢。无希而《禾部》有稀。俛、浼、勉、冤皆免声，而无免。各部引由声，而无由。即非纰缪，岂无传讹？[2][3]（卷首一《音义杂论·说文概论》）

此外，方以智还在卷首二梳理了自许慎撰写《说文》之后，历代学者仿《说文》著作的大致情况、《说文》版本的情况以及论述了古之学者的《说文》研究和研究《说文》的方法。方氏说：

> 《说文》分别部居，十四篇九千三百五十三文，立一于耑，毕终于亥。……幍令吕忱因之作《字林》，陈顾野王因之作《玉篇》；陆法言采为《切韵》，孙愐广之；后蜀林罕撮为《偏旁小说》，梁有《演说文》、庾俨《默注》。宋雍熙三年，右散骑徐铉等献新校定《说文》三十卷，反切异同，以孙愐为定。元丰，诏知

① “趌”字误，宜是“趌”字，此处大概是方氏误记。《说文·走部》：“趌，半步也。从走圭声。读若跬同。”

② 方以智：《通雅》，第14—15页。黄山书社于2018年12月出版《通雅》校点本，本文称为黄山本。上海古籍出版社的整理本称上古本。两个版本不一致，则说明之。“无艸”之“艸”和“冤”两字，黄山本作“草”和“冕”（第4册第16页）。

③ 书中因为论述的需要，有的字保留繁体，有的字保留异体，下文的情况同此。

> 礼院王子韶置局，光禄丞陆佃同修，五年，赐银币百，而书不行。铉弟锴作《说文系传》，朱翱反切，当时称之。熙宁中，李行中制《字源》，吴淑正仪撰《正义》，张有作《复古编》，僧昙域、包希鲁、倪镗、许谦皆有补说。智按：《说文》有唐本、蜀本、二徐本，中有新附。今字学家但执铉本残书，又未淹贯经籍，何从知其漏与复乎？智决之曰：溯其原，当因古籀而推之；备小篆，当遍考诸籍以补之；庆同文，当因《正韵笺》而详载其源流焉。[①]（卷首二《小学大略》）

《说文》未沟通之重文、《说文》误释之字义及《说文》引语之异文三个方面的内容是《通雅》正文研究的对象。从现有研究成果看，这三个方面均是方以智首次论述。因此本书拟从这三个方面内容及"《通雅》疏证《说文》字义"展开论述，以揭示《通雅》在《说文》研究史上的贡献。

卷首二，《读书类略提语》阐述了"士以读书明理为业"[②]；《杂学考究类略》阐述了考究者应淹通经史，集合诸证以辨难；《藏书删书类略》梳理了经、史、子、集四者所含之数目；《小学大略》梳理了训诂之学、字书之学、音韵之学的历史研究概况。

卷首三，《诗说》论及诗学，《文章薪火》论及辞章之学。

2.正文五十二卷内容概述

根据《通雅》正文五十二卷的内容，大概可以分为两类：第一类是普通名词的训释；第二类是专有名词的训释。

（1）普通名词的训释

卷一、卷二《疑始》，卷三至卷十《释诂》，卷四十九《谚原》均是普通名词的训释。方氏于《疑始》《释诂》《谚原》三者的侧重点不同，《疑始》释古人有误或论而不断的诂训；《释诂》或疏证旧训，或重释旧诂；

① 方以智：《通雅》，第49页。

② 方以智：《通雅》，第31页。

《谚原》则释明末的口语俗词。兹各举一例以示其概：

①温不当从囚。〇温从昷。昷，乌浑切，暖也。《字书》《韵会》等书皆曰："凡昷之字从囚从皿。"智以为从囚者非，正当从日作温，见日自温，此是正理，从囚实无义也。《史记》有曣昷字[①]，《扬雄传》作晏温[②]，谓日晏而温，昷乃人增加耳。篆日或作⿴囗乙，或作⿴囗昷，明或作朙，皆由取笔太简，故增画以取遒态，昷遂有从昷者，皆日之讹也。[③]（《通雅》卷一《疑始·专论古篆古音》）

②登来，立至也。〇《公羊·隐五年》"登来之也"，注："登读言得来，齐人名求得为得来，作登来者，其言大而急也。"[④]今广州谚以来到为登。按薛用弱《集异记》叙"萧颖士遇二少年，登令召至"，"邢曹进梦僧拔眼镞，及寤。登言于医"。薛，唐人，可知彼时多以登为立至之义。登得之声相转也。暄曰：今谚尝称登时，亦然。[⑤]（《通雅》卷五《释诂·古隽》）

按：登，上古端纽蒸部；得，上古端纽职部，"职部"和"蒸部"对转，因此方以智说"登得之声相转也"。

③打夜狐，跳鬼。〇唐敬宗自捕狐狸，谓之"打夜狐"[⑥]。今民称跳鬼为打夜狐，讹为野胡。[⑦]（《通雅》卷四十九《谚原》）

---

① 中华书局1959年版《史记》卷二十八《封禅书》："至中山，曣𣅝，有黄云盖焉。"（第1392页）中华书局2014年版《史记》卷二十八《封禅书》："至中山，曣昷，有黄云盖焉。"（第1672页）

② 此处大概是方以智误记，"晏温"并非出自《汉书·扬雄传》，而是出自《汉书》卷二十五上《郊祀志》。中华书局1962年版《汉书·郊祀志》："至中山，晏温，有黄云焉。"如淳曰："三辅谓日出清济为晏。晏而温，乃有黄云，故为异也。"（第1225—1226页）

③ 方以智：《通雅》，第92页。

④ 此注原文为："登，读言得。得来之者，齐人语也。齐人名求得为得来，作登来者，其言大而急，由口授也。"（公羊寿传，何休解诂，徐彦疏：《春秋公羊传注疏》，北京：北京大学出版社，1999年，第46页）

⑤ 方以智：《通雅》，第216页。"登言于医"之"医"，黄山本作"毉"（第4册第244页）。

⑥ 《旧唐书·敬宗纪》："帝好深夜自捕狐狸，宫中谓之'打夜狐'。"

⑦ 方以智：《通雅》，第1453页。

（2）专有名词的训释

卷十一、卷十二《天文》，卷十三至卷十七《地舆》，卷十八《身体》，卷十九《称谓》，卷二十、卷二十一《姓名》，卷二十二至卷二十五《官制》，卷二十六、卷二十七《事制》，卷二十八《礼仪》，卷二十九《乐曲》，卷三十《乐舞》《乐器》，卷三十一至卷三十五《器用》，卷三十六、卷三十七《衣服》，卷三十八《宫室》，卷三十九《饮食》，卷四十《算数》，卷四十一至卷四十四《植物》，卷四十五至卷四十七《动物》，卷四十八《金石》均是专有名词的训释。《天文》训释的专有名词有五类：一是日月星辰类；二是历测类；三是阴阳类；四是月令类；五是农时类。《地舆》训释的专有名词有两类：一是地名类；二是水注类。《身体》训释的是人的四肢、脏腑及与之相关的专名。《称谓》训释的是亲属称谓及各行业的称呼。《姓名》训释专有名词包括四种情况：一是考释姓氏的来源；二是梳理古同名之人；三是分析外国姓名之因；四是训释鬼神名。《官制》训释的专有名词有五类：一是仕进类；二是爵禄类；三是文职类；四是武职类；五是兵政类。《事制》训释的专有名词有三类：一是田赋类；二是货贿类；三是刑法类。《礼仪》训释了“礼”的不同名称、行礼的处所及行礼的姿态等名词。《乐曲》训释了不同时代的乐曲名称。《乐舞》训释了舞蹈的名称。《乐器》训释了不同乐器的形制、功能。《器用》训释的专有名词有十三类：一是书札名；二是碑帖名；三是金石名；四是书法类名词；五是装治类名词；六是纸笔墨砚名；七是印章名；八是古器名；九是日用器具名；十是卤簿执事类名词；十一是戎器名；十二是车名；十三是戏具用器名。《衣服》训释的专有名词有四类：一是衣服构件的名称；二是衣服佩饰的名称；三是衣服材质的名称；四是衣服颜色的名称。《宫室》训释了宫室的不同形制及各组成部件的名称。《饮食》训释了酒、饼、麦饭等不同名称。《算数》训释了度量衡的名称。《植物》训释的专有名词有四类：一是草名；二是竹苇名；三是木名；四是谷蔬名。《动物》训释的专有名词也为四类：一是鸟名；二是兽名；三是虫名；四是鱼名。《金石》训释了矿物名及玉石名等。

《通雅》正文除训释普通名词、专有名词的四十九卷外，还有三卷分别是卷五十《切韵声原》、卷五十一《脉考》、卷五十二《古方解》。《切韵声原》论及发音原理、韵书评介、古韵分部等。《脉考》论及养生之道、五脏六腑与阴阳的配合等。《古方解》详细分析了治病汤液、药散、药丸、药膏的配方。

（二）《通雅》的著述目的和原则

《通雅》一书约七十万字，涉及的内容十分丰富，涵盖天文、地理、宫室、服饰、动植物等。虽然《通雅》内容门类繁多，但是方氏撰述此书的目的只是"通古今之诂"，而原则是"折中其义"。

1.通古今之诂

方以智撰述《通雅》的目的很明确，就是解决古今聚讼的训诂问题，故方氏在《通雅·自序》中说：

> 函雅故，通古今。……今以经史为概，遍览所及，辄为要删，古今聚讼为征，考而决之，期于通达，免徇拘鄙之误，又免为奇僻所惑。不揣愚琐，名曰《通雅》。[①]（《通雅·自序》）

方氏还对"通古今之诂"的方法有所提及，他说：

> 不考世变之言，岂能通古今之诂而是正名物乎？[②]（《通雅》卷首一《音义杂论·方言说》）

① 方以智：《通雅》，北京：中国书店，1990年，第4—5页。

② 方以智：《通雅》，第22页。

2.集古智以折中

方氏为了“通古今之诂”，便坐集千古之智，折中其义。方氏说：

> 古今以智相积，而我生其后，考古所以决今，然不可泥古也。……智（方以智自称）常见数千年不决者，辄通考而求证之。春王正月，聚讼词费；明堂朝庙，不悟通称……生今之世，承诸圣之表章，经群英之辩难，我得以坐集千古之智，折中其间，岂不幸乎！[①]（《通雅》卷首一《音义杂论·考古通说》）

方氏在“集古智以折中”时，还强调所引前人观点的出处，他说：

> 此书必引出何书、旧何训、何人辨之，今辨其所辨，或折衷谁是，或存疑俟考，便后者之因此加详也。士生古人之后，贵集众长，必载前人之名，不敢埋没。[②]（《通雅·凡例》）

（三）《通雅》的研究方法

1.以音求义

关于《通雅》的研究方法，梁启超的话可谓中的。梁氏说：“密之最大的发明，在以音求义。”[③]其后梁氏罗列了许多《通雅》中“以音求义”的例证[④]。在《通雅》中，除梁氏罗列的例证外，能代表方氏“以音求义”学术观点的论述还有：

> 欲通古义，先通古音。声音之道，与天地转。[⑤]（《通雅》卷首

---

① 方以智：《通雅》，第1—2页。

② 方以智：《通雅》，北京：中国书店，1990年，第17页。

③ 梁启超：《中国近三百年学术史》，北京：商务印书馆，2011年，第185页。

④ 详见《中国近三百年学术史》第185—186页。

⑤ 方以智：《通雅》，第22页。

一《音义杂论·方言说》）

> 謰语者，双声相转而语謰謱也。《新书》有连语，依许氏加言焉。如崔嵬、澎湃，凡以声为形容，各随所读，亦无不可。升庵曾汇二字，楚望亦列双声，……朱氏《指南》，艮斋《字学》，皆揭此例。然多钞升庵，守以字学钩鉥之说。惟郝公主通，然未免强合。故因撕其支离，补其遗漏；前后见者，偶从部居。此举成例，列于左方。以便学者之因声知义，知义而得声也。[①]（《通雅》卷六《释诂·謰语》）

因此，《通雅》“决古今聚讼之诂”的首要方法是“以音求义”。这一方法后来成为清代乾嘉学者小学研究的重要方法。《通雅》中“以音求义”的例子甚多，兹举三例以示其概：

> ①無通为无、亡、勿、毋、莫、末、没、毛、秏、蔑、微、靡、不、曼、瞀，盖一声之转也。〇（無）又通作亡，《论语》：“亡而为有。”与無同。又通作勿，《论语》：“非礼勿视。”又通作毋，《论语》：“毋意毋必。”……又通作莫，莫、毋、無声近相通。《诗》：“莫敢不来享。”俱与無同。又通作末，《论语》：“末由也已。”《礼记·文王世子》：“末有原。”皆与無通。又通作没，尽也。《论语》：“文王既没。”“没阶”[②]，俗谓無为没。……又通作毛，《后汉·冯衍传》：“饥者毛食。”注：“与無同。”……無又通作蔑，《左传》：“蔑以加于此。”《史·孔子世家》：“蔑由也已。”又通作微，《诗》：“微我弗顾。”《国语》：“战也微谋。”又：“微我晋不战矣。”又通作靡，

① 方以智：《通雅》，第241页。

② 《论语·乡党》：“没阶，趋进，翼如也。”（何晏注，邢昺疏：《论语注疏》，北京：北京大学出版社，1999年，第128页）

《诗》：“靡不有初。”扬子曰：“刺客之靡者也。”……又通作不，《诗》：“不识不知。”又通作曼，扬子《寡见篇》：“曼是为也。”注：“無同，言学者無如是为之。”……又通作瞀，不明貌。《庄子》：“伯昏瞀人。”“列子之齐，遇伯昏無人射，措杯水于肘上。”無人即瞀人。……今字以毋从禁止，母从二乳，乃字书家说也。古盖毋转为没，没转为無耳。此郝公所汇，因而详之，谓其相转则然，谓其共是一字，则不可也。故并举相类者数则附于左方，其始本一音也。因有一音则借一字配之，学者知此原委，则解书省力，可免费辞。[①]（《通雅》卷一《疑始·专论古篆古音》）

按：無、无、亡、勿、毋、莫、末、没、毛、蔑、微、靡、曼、瞀，诸字上古皆为明纽，又“不”字，上古帮纽，与明纽同为唇音，可声转。秏[②]，《康熙字典·耒部》“耗”：“《说文》本作秏。稻属。《吕氏春秋》：‘饭之美者，玄山之禾、南海之秏。’”[③]《说文·禾部》：“秏，稻属。从禾毛声。伊尹曰：‘饭之美者，玄山之禾、南海之秏。’”[④]因此，“秏”以“毛”为声符，亦可声转；又《类篇》为“秏”加的反切为“谟袍切”[⑤]，亦为明纽。

②武敏，拇文也。〇《诗》：“履帝武敏。”《尔雅》注：“拇，迹也。”武与無、曼、莫、毛通转，而岷、汶、碈、砇通用，故知武为拇，敏为文，盖谓足拇之迹文也。《礼》“布武”[⑥]，谓

---

① 方以智：《通雅》，第95—96页。此段两处扬子，黄山本作杨子（第4册第110页）。

② 《通雅》卷四十九《谚原》：秏有毛音。〇毛晃收“秏”入“毛”字下，曰：“無也。”引《汉书》：“靡有孑遗，秏矣。”通作毛。《后汉·冯衍传》：“饥者毛食。”《佩觿集》曰：“河朔谓無曰毛。”智按今北人無言毛者，不过呼没字如门铺切之声耳。湖广江西广东则谓無曰毛，此盖没字之转也。毛晃音秏为毛。黄繙绰曰：“赐绯毛鱼袋。”故附说于此，亦足为江、广解嘲也。（方以智：《通雅》，第1447页）

③ 张玉书等编纂：《康熙字典》（标点整理本），上海：汉语大词典出版社，2002年，第928页。

④ 除特别指出者外，本书论述时所引用的《说文》均为1963年中华书局出版的大徐本《说文》。

⑤ 通过“汉字全息资源应用系统”查得：https://qxk.bnu.edu.cn/#/danziDetail。

⑥ 《礼记·曲礼上》：“堂上接武，堂下布武。”郑玄注：“布武谓每移足，各自成迹，不相蹑。”（郑玄注，孔颖达疏：《礼记正义》，北京：北京大学出版社，1999年，第41页）

步也；“诏侑武方”[①]，即無方。《吕览》：“由桴瓦缶，武梟从之。”谓眊矂也，可推古之声通。[②]（《通雅》卷十八《身体》）

按：此例方以智所言“可推古之声通”，是指微母和明母相通。武，上古明纽，中古微母；拇，上古明纽，中古明母，“故知武为拇”。敏，上古明纽，中古明母；文，上古明纽，中古微母，故知“敏为文”。又“武梟”谓眊矂，眊，上古明纽，中古明母，与“武”上古同为明纽。上古没有轻唇音，因此，武、拇、敏、文、眊诸字上古全为明纽。

③左个，左间也。〇《北史·李谧传》：“左个，即寝之房也。”[③]升庵以为卷蓬。智按：卷蓬在前，亦称屠苏，所谓轩也。个乃介字，《左传》“一个行李”。古画相近，个或为介，音亦相转。如今有件字，亦介个之转也。凡曰介者，间也。介在二者间也。声亦通。[④]（《通雅》卷三十八《宫室》）

按：个，上古见纽歌部；介，上古见纽月部。个、介，上古声纽相同，又歌部、月部对转，因此“个或为介，音亦相转”。又间，上古见纽元部，介，上古见纽月部，月部与元部对转，因此，“介”“间”声亦通，“左个，左间也”。

2.以证立论

《通雅》还有一个重要的研究方法是“以证立论”。方氏之所以要“以

① 《礼记·礼器》：“周坐尸，诏侑武方。”郑玄注：“武，当为‘无’，声之误也。方犹常也。告尸行节，劝尸饮食无常，若孝子之为也。”（郑玄注，孔颖达疏：《礼记正义》，北京：北京大学出版社，1999年，第745页）

② 方以智：《通雅》，第622页。

③ 《北史》卷三十三《李谧传》：“四面之室，各有夹房，谓之左右个，三十六户七十二牖矣。室个之形，今之殿前是其遗像耳。个者，即寝之房也。但明堂与寝，施用既殊，故房个之名，亦随事而迁耳。”（中华书局1974年版《北史》，第1227页）

④ 方以智：《通雅》，第1146—1147页。

证立论”，是要反对有明以来尚空谈，不辨名物的空疏学风。方氏对“以证立论”的重要性有明确的认识：

> 是正古文，必借它证，乃可明也。博狼葆祠，辯约果隋，皆以《史》《汉》互证。苏武煴火，有召信臣之爇蕴火为证。……智每驳定前人，必不敢以无证妄说。①（《通雅》卷首一《音义杂论·辨证说》）

方氏在卷首一《辨证说》一节中，详细罗列了“古今聚讼”之事要以证相发的例证十五例。

方氏亦十分重视证据的广泛性，方氏说：

> 小学有训诂之学，有字书之学，有音韵之学，从事《苍》《雅》《说文》，固当旁采诸家之辩难，则上自金石、钟鼎、石经、碑帖，以至印章、款识，皆所当究心者。②（《通雅》卷首二《小学大略》）
>
> 岁差自东而西，地气自南而北，方言之变，犹之草木移接之变也。历代训诂、谶纬、歌谣、小说，即具各时之声称，惟留心者察焉。③（《通雅》卷首一《音义杂论·方言说》）
>
> 吾尝曰：《诗》《书》《礼》《乐》，扩充之灰斗，优游之桑薪也，会心开眼，乃第一义。发为手笔，挥洒天然。力能考究，取资证据。④（《通雅》卷首二《读书类略提语》）

由此可知，《通雅》一书的证据来源十分广泛，不仅包括金石文、印章

① 方以智：《通雅》，第5—6页。
② 方以智：《通雅》，第41页。
③ 方以智：《通雅》，第22页。
④ 方以智：《通雅》，第31页。

文等，还包括当时的方言及《诗》《书》等传世文献材料。

正是方氏对“以证立论”有明确的认识，因此《四库提要》对方氏“以证立论”之法予以了充分肯定：

> 惟以智崛起崇祯中，考据精核，迥出其上。风气既开，国初顾炎武、阎若璩、朱彝尊等沿波而起，始一扫悬揣之空谈。虽其中千虑一失，或所不免，而穷源溯委，词必有征，在明代考证家中可谓卓然独立矣。[①]

在《通雅》中，绝大部分词义训诂都信而有征，兹举三例以示其概：

> ①丘盖，区盖也。〇《申公传》：“疑者丘盖不言。”如淳曰：“齐人以不知为丘。”师古曰：非也。引“盖有不知而作，我无是也”，用孔子之名[②]。直翁曰：“丘与区通，区盖不言也。”智按：《说文》：“匸，衺徯有所藏匿也。”“区，踦区，藏匿也。”从匸，音徯，胡礼切。是凡言区者有所藏也。《荀子》曰：“言之信者在乎区盖之间。”若依颜说，引孔子之名而下连“盖”字，则比六朝人之盖合，更不通矣。丘之与区，古人通用。《楚元王传》谓“空为丘”。《王武传》训“丘为区”。《刊谬正俗》言“丘区宇禹”。[③]（《通雅》卷四《释诂·古隽》）
>
> ②士夫阀阅之门，亦谓之阙。〇唐宋敬则以孝义世被旌显，一门六阙相望。又杨炎祖哲，父播，三世以孝行闻，门树六阙。阙言额

---

① 《四库全书总目提要·子部·杂家类》。

② 《汉书·王式传》“疑者丘盖不言”，苏林曰：“丘盖不言，不知之意也。”如淳曰：“齐俗以不知为丘。”师古曰：“二说皆非也。《论语》载孔子曰：‘盖有不知而作之者，我无是也。’欲遵此意，故效孔子自称丘耳。盖者，发语之辞。”（班固撰，颜师古注：《汉书》，北京：中华书局，1962年，第3610—3611页）方以智认为“疑者丘盖不言”出自《申公传》，是误记。又“盖合”之“合”，上古本作“各”，黄山本作“合”（第4册第218页）。今从黄山本作“盖合”。

③ 方以智：《通雅》，第193页。

也。又尹仁恕曾祖荞，祖怦，父慕先，一门四阙。《史·功臣表》："明其等曰伐，积日曰阅。"《汉书》："赍伐阅上募府。"[①]后因作阀阅。元之品制，有爵者为乌头阀阅。《册府元龟》言："阀阅二柱，相去一丈；柱端安瓦筒，号为乌头染。"即谓之阙；柱端之筒谓之揩头，又曰护朽。陆文量《菽园杂记》引《博物志》："蚪蛥似龙而小，好立险，故立于护朽上，所谓露柱也。"[②]（《通雅》卷三十八《宫室》）

③鹄即鹤。〇《埤雅》《本草》皆分释雀、鹄。然鹄、鹤一声之转，古书互用。《诗》"从子于鹄"，音鹤，叶"白石皓皓"。淳于髡献鹄于楚，旧注"即雀"。《后汉·吴良传赞》"大仪鹄发"，注"白发"，即鹤发。应休连《与岑文瑜书》："泥人鹤立于阙里。"曹植表"实怀鹄立企伫之心"，即鹤立。刘孝标《辩命论》"龟鹄千岁"，即龟鹤。《法书要录·鹤头书》，一作《鹄头书》。嵇康《琴赋》"下逮谣俗，蔡氏五曲、王昭楚妃、千里别鹤"，音鹄，与"曲"叶。《汉书》"黄鹄下建章宫太液池中，作歌名《黄鹤》"，又《别鹤操》云"雄鹄峭鹄"，则知鹄即鹤矣。《庚桑楚》篇"伏鹄"，古鹤字；今武昌黄鹤楼下曰黄鹄矶，此确证也。[③]（《通雅》卷四十五《动物·鸟》）

第三节　《通雅》研究现状

现当代学者对《通雅》的研究，主要包括以下几个方面。

① 《汉书·朱博传》："博复移书曰：'王卿忧公甚效！檄到，赍伐阅诣府。部掾以下亦可用，渐尽其余矣。'"（班固撰，颜师古注：《汉书》，北京：中华书局，1962年，第3401页）

② 方以智：《通雅》，第1157页。

③ 方以智：《通雅》，第1334页。

（一）关于《通雅》的小学研究

纵观当代学者总结《通雅》小学研究的论文，多集中于音韵学、训诂学方面，而于文字学方面较少。

1.关于《通雅》的音韵学研究

周远富对《通雅》的音韵学研究比较全面，他的论文有《方以智〈通雅〉与上古声组研究》[①]《〈通雅〉与古韵分部》[②]《〈通雅〉与古韵通转》[③]《〈通雅〉古音学及其应用》[④]，另外还有一部专著《〈通雅〉古音考》[⑤]。牛云龙等人也对《通雅》音韵学研究进行了考察[⑥]。《通雅》的音韵学研究涉及三个方面：一是上古声纽；二是上古韵部；三是上古声调。

关于上古声纽的研究，以上学者皆认为方以智的上古音论述对钱大昕提出“古无轻唇音，古无舌上音”有影响。周远富的《方以智〈通雅〉与上古声组研究》则是这一观点的代表作。周远富在此文中罗列了方氏证明“缝唇常混”的材料来说明方氏已经认识到上古轻唇与重唇相通的现象，但是同时又指出了方氏得不出钱大昕“古无轻唇音”论断的原因，即方氏只重视书面材料，而未联系方言的读音去分析轻唇、重唇相混的现象。在此文中，周远富还罗列了方氏证明舌上音和舌头音“音和”的材料来说明方氏已经认识到舌上音与舌头音相通的现象，但是方氏没有进一步论述究竟是舌上读舌头还是舌头读舌上。周远富认为方氏之所以在舌头音与舌上音“音和”研究上没有突破的原因同样是方氏未重视当时使用的活的方言材料。周远富对方氏上古声纽研究的评价是中肯的。然而，方氏能从古籍异文、《说文》重文等书面材料的使用发现“缝唇常混”、舌上与舌头“音和”的语音现象，在当

---

① 周远富：《方以智〈通雅〉与上古声纽研究》，《语言研究》2002年第4期。

② 周远富：《〈通雅〉与古韵分部》，《古汉语研究》2005年第2期。

③ 周远富：《〈通雅〉与古韵通转》，《南通大学学报（社会科学版）》2010年第6期。

④ 周远富：《〈通雅〉古音学及其应用》，《南通大学学报（社会科学版）》2006年第3期。

⑤ 周远富：《〈通雅〉古音考》，郑州：河南人民出版社，2008年。

⑥ 牛云龙：《论〈通雅〉的音韵学成就》，《青岛职业技术学院学报》2006年第1期。

时是十分可贵的，同时也对清代学者上古声纽的研究不无影响。

关于上古韵部的研究，方氏的成就有二：一是对上古韵的分部，二是在上古韵分部的基础上提出了语音史的分期。李恕豪[①]、牛云龙、周远富等人皆罗列了方氏的上古韵分部，即方氏把上古韵分为“中通、天人、亨阳、知来、无多、道咎、寒还”七部，但是把方氏古韵分部进行纵向比较的只有周远富。周远富在《〈通雅〉与古韵分部》一文中肯定了方氏古韵分部的成就超过吴棫，同时也指出其成就不及顾炎武。周远富指出方氏古韵分部超过吴棫的原因是“吴氏的‘通’乃至‘转’基本上是限于《广韵》的邻韵之间的，而方氏的韵部通合并不受所谓‘邻韵’的局限”[②]，不及顾炎武的原因是“方氏的古韵七部是不成熟的，具有较大的局限性。主要是方氏只知道‘合’，而不知道‘分’”[③]。周远富的这一分析可从，因为方氏虽然能摆脱《广韵》的影响，能从《诗经》及上古谐声材料出发，但是方氏只知“合”韵，而不知析离不同的韵。方氏在上古韵分部的基础上提出了语音史的分期。他把语音史分为五期：（一）上古（周秦），（二）汉，（三）魏晋以后，（四）宋元，（五）明。以上学者都论述了方氏对语音史分期的合理性，并且总结出方氏语音史分期合理性的原因是方氏运用了谐声同部、异文、叶韵等材料。

关于上古声调的研究，牛云龙、周远富略有论述，皆认为方氏主张上古有四声，且这四声可通转。

2.关于《通雅》的训诂学研究

时贤总结《通雅》训诂学研究的论文主要如下：

舒春雷的《〈通雅〉语源研究初探》[④]、李恕豪的《从〈通雅〉看方以

---

① 李恕豪：《从〈通雅〉看方以智的语言研究》，《天府新论》1990年第2期，第79—80页。

② 周远富：《〈通雅〉与古韵分部》，《古汉语研究》2005年第2期，第42页。

③ 周远富：《〈通雅〉与古韵分部》，《古汉语研究》2005年第2期，第42页。

④ 舒春雷：《〈通雅〉语源研究初探》，湖南师范大学硕士学位论文，2007年。

智的语言研究》[1]和袁雪梅的《从〈通雅〉看方以智的同源词研究》[2]这三篇文章都讨论了《通雅》利用同源词训释词义的研究。舒春雷几乎穷尽性地列举了《通雅》中方氏系联的同源词，并对这些同源词进行了分析论证。李恕豪把方氏在《通雅》中系联的同源词分成两种：“一种是异类之同名的词，这类词的声音相同，在词义上有明显的内在联系。”[3]“另一种是声音相同或相近而意义相同或相关的词。”[4]后来袁雪梅沿承了李恕豪的观点，只是在内容上有所扩充。李恕豪归纳的同源词较舒春雷的标准要严谨，所以归纳的这两种同源词基本反映了方氏在《通雅》中系联的同源词的面貌。

顾之川著有学位论文《〈通雅〉转语研究》[5]，后又有单篇论文《〈通雅〉对转语的运用》[6]《〈通雅〉转语的表现形式》[7]，都对《通雅》中所述转语进行了分析。李恕豪的《从〈通雅〉看方以智的语言研究》也对《通雅》的转语略有论述。顾之川对《通雅》的转语术语、转语结构及转语的运用做了比较详细的概述。顾之川首先对《通雅》转语的术语体系进行论述，在此基础上对《通雅》的转语结构进行解析。此外，他还分析了《通雅》对转语的运用，顾之川说：“《通雅》对转语研究的最大贡献，在于运用转语解决了古书中大量的词语训诂问题，同时，对前人由于不明转语而误解词义之处也予以匡正。”[8]此语甚确。方以智在《通雅》中运用转语只是为训释词语服务。顾之川在《〈通雅〉对转语的运用》文中还总结了《通雅》运用转语于训诂的具体场合：一释方俗语词，二释古语词，三释名物词，四释联绵词，五释合音词，六释重言，七匡谬正讹。其总结能从材料出发，因此评

---

① 李恕豪：《从〈通雅〉看方以智的语言研究》，《天府新论》1990年第2期。

② 袁雪梅：《从〈通雅〉看方以智的同源词研究》，《天府新论》2000年第1期。

③ 李恕豪：《从〈通雅〉看方以智的语言研究》，《天府新论》1990年第2期，第81页。

④ 李恕豪：《从〈通雅〉看方以智的语言研究》，《天府新论》1990年第2期，第82页。

⑤ 顾之川：《〈通雅〉转语研究》，西南师范大学硕士学位论文，1988年。

⑥ 顾之川：《〈通雅〉对转语的运用》，《古汉语研究》1989年第2期。

⑦ 顾之川：《〈通雅〉转语的表现形式》，《青海师范大学学报（哲学社会科学版）》1989年第2期。

⑧ 顾之川：《〈通雅〉对转语的运用》，《古汉语研究》1989年第2期，第38页。

析也比较中肯。

孙宜志的《〈通雅〉在汉语方言学史上的地位》[①]和何婧的学位论文《方以智〈通雅〉方言材料研究》[②]对方氏在《通雅》中运用扬雄《方言》及明末方言训释词义进行了讨论。孙宜志的文章大部分内容阐述方氏在《通雅》中运用方言训释词义时体现的方言观，而很少从方氏所运用的方言材料出发去总结方氏的方言学成就。何婧的文章则是对《通雅》中方氏所运用的方言材料作了统计，从此文中可以清晰地了解到方氏所运用的方言材料的大致情况，但是同样也没有总结方氏的方言学成就。张鲁光的学位论文《〈通雅·谚原〉研究》[③]，则主要分析了方氏在《谚原》篇中训释的明末口语俗词。张鲁光先是穷尽性地疏通《谚原》中的一百多个口语俗词，疏通的重点是《谚原》中出现的人名、书名。在全面疏通《谚原》词语的基础上，张鲁光阐释了"谚原"的含义，总结了《谚原》的条例及分析了方以智在《谚原》中的讹误。张鲁光总结的《谚原》条例较全面，而最值得一提的是《谚原》讹误例析。他通过重新核对《谚原》所征引的文献，发现方以智引用的文献存在引文不全及文字讹误，此项工作有益于《谚原》的再研究。

刘福根的《历代联绵字研究述评》[④]，袁雪梅的《试评方以智对"谜语"及联绵词的研究》[⑤]，杨建忠的《方以智〈通雅〉"因声求义"的实践》[⑥]及李庆立、崔建利的《〈通雅〉训诂学价值述评》[⑦]论述了《通雅》中的联绵词定义、联绵词释义。刘福根从方氏训释联绵词时运用的方法评价方氏的联绵词成就，他说："第一次对联绵字进行科学化研究的，是明朝的方

① 孙宜志：《〈通雅〉在汉语方言学史上的地位》，《古籍整理研究学刊》2006年第3期。

② 何婧：《方以智〈通雅〉方言材料研究》，扬州大学硕士学位论文，2010年。

③ 张鲁光：《〈通雅·谚原〉研究》，浙江财经学院硕士学位论文，2012年。

④ 刘福根：《历代联绵字研究述评》，《语文研究》1997年第2期。

⑤ 袁雪梅：《试评方以智对"谜语"及联绵词的研究》，《四川师范大学学报（社会科学版）》1998年第3期。

⑥ 杨建忠：《方以智〈通雅〉"因声求义"的实践》，《黄山学院学报》2004年第1期。

⑦ 李庆立、崔建利：《〈通雅〉训诂学价值述评》，《新乡师范高等专科学校学报》2003年第6期。

以智。其《通雅·释诂》有《谜语》篇，所释355组语词中，有181组是‘双音节单纯词’的联绵字。方以智抓住了联绵字的本质特点，突破字形，因声求义，以求正解。”[1]袁雪梅把方氏所释联绵词词义的例子及其相关论述与清代段玉裁、王念孙等人的研究进行比较，发现方氏对联绵词的研究已经走在清代学者之前。袁雪梅之所以得出这样的结论，是因为她发现方氏在训释联绵词时已经运用了“以音求义”的方法。

谢葵的学位论文《〈通雅·称谓篇〉研究》[2]对《通雅》中方氏训释的称谓词进行了分析。谢葵的论文分为两部分：一是挖掘了《通雅·称谓篇》价值；二是对《通雅·称谓篇》的称谓词进行了分类。该文第一部分指出《通雅·称谓篇》的价值有语言学、辞书学及社会学价值，并举有例证分析。该文第二部分把《通雅·称谓篇》中的称谓词分为两类，一类是亲属称谓词；另一类是社会称谓词。这两类称谓词下又分成若干小类，反映出了《通雅·称谓篇》称谓词的基本面貌。

商雙的学位论文《〈通雅·宫室〉研究》[3]则探讨了《通雅·宫室》的训诂体例及训诂方法等问题。此文分为四部分：一是《宫室》的训释内容和体例；二是《宫室》的训释方法；三是《宫室》的价值；四是《宫室》在释义、引证上的不足。此文的第一部分与第二部分有的论述欠妥，如把“某，某也”的训诂方式与“曰、谓之、犹”的训诂术语一并论述而没有区分。然而，此文为方氏《宫室》中某些训释词语所提供的文献佐证十分丰富，能够梳理出这些词语的源流。不过只选取数个例子做疏证，显然不够。此文中“释义不当”一节是全文的亮点，纠正了方氏释义不当的错误共两例，虽然只属举例性质，但是其分析可从。其后的“引证不当”一节指出《通雅·宫室》引文不全的问题，则有助于读者了解方氏的引文。

3.关于《通雅》的文字学研究

---

① 刘福根：《历代联绵字研究述评》，《语文研究》1997年第2期，第33页。

② 谢葵：《〈通雅·称谓篇〉研究》，湖北大学硕士学位论文，2011年。

③ 商雙：《〈通雅·宫室〉研究》，湖北大学硕士学位论文，2012年。

关于《通雅》的文字学成就，孙钦善、蔡言胜、刘娟等均有论述。孙钦善在《方以智与古文献学》一文中说："在文字方面，主要成就有：第一，依据《说文》，而又不局限于《说文》，上溯古文字以辨形体。……第二，考字不可限于字书，必须淹贯经史。"[①]同时亦指出了《通雅》辨析《说文》错误时存在的错误。

蔡言胜的学位论文《〈通雅〉语文学研究》[②]列举了方氏在《通雅》中订正《说文》误释字义的若干例子，并在此基础上探讨了方氏订正《说文》错误超越前人的原因是由于方氏善于运用当时所见到的金文、钟鼎文、碑文。此文分析很中肯，因为在《通雅》中方氏明确提出"从事《苍》《雅》《说文》，固当旁采诸家之辩难，则上自金石、钟鼎、石经、碑帖，以至印章、款识，皆所当究心者"[③]。

文映霞的学位论文《方以智〈通雅〉引〈说文〉研究》重点论述了《通雅》对《说文》的疏证[④]。但是该文列举的《通雅》疏证《说文》的例子只有数十条，然而《通雅》全书疏证《说文》被训字一百八十三例，因此该文的论述不足以全面反映《通雅》疏证《说文》的全貌。至于《通雅》纠正《说文》误析字形、沟通《说文》未系联的重文则都没有提及。

刘娟的学位论文《方以智语言学研究》中的"文字学成就"一节从四个方面探讨了方氏的文字学成就[⑤]。这四个方面是：一订正和整理《说文》；二文字的简化与繁化；三古今字；四释奇字、僻字。此文的总结是可取的，但是只举方氏所论之语，较少下按语进行分析。

---

① 孙钦善：《方以智与古文献学》，《北京大学学报（哲学社会科学版）》1987年第5期，第98页。

② 蔡言胜：《〈通雅〉语文学研究》，安徽大学硕士学位论文，2002年。

③ 见《通雅》卷首二《小学大略》。（方以智：《通雅》，第41页）

④ 文映霞：《方以智〈通雅〉引〈说文〉研究》，香港中文大学硕士学位论文，2005年。

⑤ 刘娟：《方以智语言学研究》，山东师范大学硕士学位论文，2005年。

（二）考辨《通雅》的成书时间、版本及性质

1.考证《通雅》的成书时间

关于《通雅》的成书时间，许福谦的《关于〈通雅〉的成书时间》[①]（1984），顾之川的《〈通雅〉成书年代考》[②]（1989）、《〈通雅〉成书时间辨》[③]（1990），李葆嘉《方以智撰刊〈通雅〉年代考述》[④]（1991）一文的第一部分及陈莹、郑丹宁的《方以智生平和〈通雅〉的成书时间》[⑤]（2005）都有探讨。许福谦最先对刘叶秋先生在《中国字典史略》中认为"《通雅》是'方以智在万历己卯年（1579）以前完成的'"这一说法提出疑义[⑥]。此时方以智尚未出生，明显有误。许福谦根据姚文燮为《通雅》作的一篇序文推测，《通雅》是方以智在崇祯己卯年（1639）以前完成的[⑦]。顾之川的两篇文章表达的观点大致相同，只是内容有详略。顾之川的文章既不赞同刘叶秋先生关于《通雅》成书时间的表述，也不赞成许福谦所言《通雅》在崇祯己卯年（1639）以前完成的说法。顾之川从《通雅》中找出了数十条方以智在明亡后流沛岭南时期所写的例子，据此认为《通雅》应是"'通籍'前积累了大量资料，'通籍'后开始编纂，后又经多年的加工修改，直到晚年才正式定稿的。不仅经历了一个漫长的创作过程，而且凝聚了作者毕生的精力和渊博的学识"[⑧]。从顾之川给出的证据看，其结论应较为可靠。陈莹、郑丹宁二人及李葆嘉的文章基本沿承了顾之川的思路及观点，但是在证据方面，陈莹、郑丹宁的文章更为丰富，而值得一提的是李葆嘉的

---

① 许福谦：《关于〈通雅〉的成书时间》，《辞书研究》1984年第4期。

② 顾之川：《〈通雅〉成书年代考》，《延安大学学报（社会科学版）》1989年第2期。

③ 顾之川：《〈通雅〉成书时间辨》，《文献》1990年第1期。

④ 李葆嘉：《方以智撰刊〈通雅〉年代考述》，《辞书研究》1991年第4期。

⑤ 陈莹、郑丹宁：《方以智生平和〈通雅〉的成书时间》，《理论界》2005年第9期。

⑥ 许福谦：《关于〈通雅〉的成书时间》，《辞书研究》1984年第4期，第139页。

⑦ 许福谦：《关于〈通雅〉的成书时间》，《辞书研究》1984年第4期，第139页。

⑧ 顾之川：《〈通雅〉成书年代考》，《延安大学学报（社会科学版）》1989年第2期，第88页。

文章能够根据《通雅》的内容及序文等材料较详细地说明了《通雅》撰写的时间段，明确具体，一目了然。

2.梳理《通雅》的版本

关于《通雅》的版本，顾之川的《〈通雅〉版本源流考》[①]，李葆嘉《方以智撰刊〈通雅〉年代考述》[②]一文的第二部分及陈莹、牛云龙《〈通雅〉的现存版本及其性质》[③]一文的第一部分有论述。顾之川把《通雅》版本的流传情况清晰、详细地叙述了出来，从顾之川的文章可知《通雅》的版本（按时间先后）大致如下：揭暄手抄本——姚文燮刻本——四库本——光绪六年刻本。李葆嘉的文章及陈莹、牛云龙的文章所述与顾之川的文章基本相同。

3.辨析《通雅》的性质

关于《通雅》的性质，顾之川的《〈通雅〉性质考述》[④]及陈莹、牛云龙《〈通雅〉的现存版本及其性质》[⑤]一文都有讨论。顾之川首先列出了关于《通雅》性质的三个具有代表性的观点，即"杂考说""百科全书说""词典说"；接着对这三个观点提出商榷；最后把《通雅》的内容与《尔雅》的内容进行比较，认为"《通雅》是汉语言学史上一部杰出的训诂学专著。它继承并发展了《尔雅》一系训诂学著作的内容体式，对训诂学作出了重大的贡献"[⑥]。顾之川从《通雅》内容的实际出发以分析《通雅》的性质，提出《通雅》的撰写目的不是要系统地介绍百科知识，而是解释有关这方面的词语。这一见解是正确的。顾之川的分析及观点，是对《通雅》性质

---

① 顾之川：《〈通雅〉版本源流考》，《青海师范大学学报（哲学社会科学版）》1988年第4期。

② 李葆嘉：《方以智撰刊〈通雅〉年代考述》，《辞书研究》1991年第4期。

③ 陈莹、牛云龙：《〈通雅〉的现存版本及其性质》，《吉林师范大学学报（人文社会科学版）》2006年第2期。

④ 顾之川：《〈通雅〉性质考述》，《青海民族学院学报（社会科学版）》1989年第2期。

⑤ 陈莹、牛云龙：《〈通雅〉的现存版本及其性质》，《吉林师范大学学报（人文社会科学版）》2006年第2期。

⑥ 顾之川：《〈通雅〉性质考述》，《青海民族学院学报（社会科学版）》1989年第2期，第120页。

认识的逐渐深入。陈莹、牛云龙的文章沿承了顾之川的观点。

（三）阐述方以智的治学态度及方法

梁启超在《中国近三百年学术史》中谈到《通雅》时说："依我看，《通雅》这一部书，总算近代声音训诂学第一流作品。清代学者除高邮王氏父子以外，像没有哪位赶得上他。"[①]梁启超认为《通雅》取得如此成就的原因是方氏具有"一曰尊疑；二曰尊证；三曰尊今"的治学方法[②]。梁启超此说是也。

时贤冒怀辛、关童、石云孙等人也对方氏的治学态度及方法有所阐述。冒怀辛《论方以智的〈通雅〉》一文认为在《通雅》中，"方以智的态度是实事求是的，他不但不盲目排斥西学，并且主张学习、研究从而吸收其合理的内容"[③]。这话说得比较中肯，我们从《通雅》卷十一《天文》"九苍、九重……皆言九天也"条引用利西江的学说及"岁差，黄道积差也"条称赞"西法，定以六十六年八阅月而差一度……可谓密矣"可见一斑。冒怀辛又认为方氏"科学的态度也必然与缜密的方法是一致"[④]，并由此提出方氏在《通雅》中的所谓的治学方法：一、学术文化要在前人的基础上进一步发展创造。二、在积累前人知识时，不盲目遵循古人成法。三、要通过学习、观察，掌握事物规律，得到正确理解[⑤]。我们把这三点治学方法与前面提到的方氏治学态度相参照，认为还是称其为方氏的治学态度为妥。石云孙在《〈通雅〉：雅学的辉煌》[⑥]一文中的观点基本和冒怀辛相同。

---

① 梁启超：《中国近三百年学术史》，太原：三晋出版社，2011年，第144页。

② 梁启超：《中国近三百年学术史》，太原：三晋出版社，2011年，第144页。

③ 冒怀辛：《论方以智的〈通雅〉》，《苏州大学学报（哲学社会科学版）》1982年第1期，第87页。

④ 冒怀辛：《论方以智的〈通雅〉》，《苏州大学学报（哲学社会科学版）》1982年第1期，第88页。

⑤ 冒怀辛：《论方以智的〈通雅〉》，《苏州大学学报（哲学社会科学版）》1982年第1期，第88-89页。

⑥ 石云孙：《〈通雅〉：雅学的辉煌》，《安庆师范学院学报（社会科学版）》1997年第2期。

关童的《〈通雅〉诂训述略》[①]则主要从《通雅》运用材料的角度论述了方氏的治学方法，他指出方以智在《通雅》中运用的材料有金石材料、方俗殊语、宋元笔记和小说，特别指出方以智在宋元笔记和小说材料的运用上较之清代学者要开明。

（四）分析《通雅》的不足

关童、石云孙对《通雅》的不足有论述。关童在《〈通雅〉诂训述略》一文中说："当然，《通雅》的训诂成就也不可能完全超越时代的局限，方以智对后世通行的语法分析就没有什么阐说。且由于明代的古音研究尚处于启蒙阶段，这必然影响因声求义的准确性。"[②]后半句提到了《通雅》不足的主要原因，但是可惜没有对原因深入分析。石云孙在《〈通雅〉：雅学的辉煌》一文中也指出了《通雅》的不足，他说："《通雅》千虑一失，不尽如人意的地方也是有的。反应强烈的，就是引据不尽载书名，或只记书之大名不及子目；援举古人不尽载姓名、字号、官地，随处异称，凡此都给读者带来翻检的烦难。"[③]这一不足，实有，只可惜在其文中没有一一指出。

舒春雷在《〈通雅〉语源研究初探》一文中也提到《通雅》的不足，他说："总之，理论上《通雅》有突破字形的限制，因声求义的倾向，有综合运用各种语源方法的实践，但理论上没有本质变化。"[④]此论可从。方氏只是认识到音义之间的密切关系，并运用了因声求义的方法于训诂实践，但是未上升到理论总结的高度。

---

① 关童：《〈通雅〉诂训述略》，《浙江大学学报（人文社会科学版）》1994年第1期。

② 关童：《〈通雅〉诂训述略》，《浙江大学学报（人文社会科学版）》1994年第1期，第121页。

③ 石云孙：《〈通雅〉：雅学的辉煌》，《安庆师范学院学报（社会科学版）》1997年第2期，第8页。

④ 舒春雷：《〈通雅〉语源研究初探》，湖南师范大学硕士学位论文，2007年，第74页。

第一章 《通雅》引用及疏证《说文》的研究

第一节 《通雅》引用《说文》的研究

（一）《通雅》引用《说文》的目的

方以智在《通雅》中引用《说文》达一千一百五十一次[①]，或破假借、或释词义、或通异体、或正讹误、或揭义据、或广异说。今逐一引证如下：

1.引用《说文》破假借

兹举五例以说明：

> ①媒但，诡谲也。○《鸿烈解》曰："媒但者，非学谩也，但成而生不信。"高诱曰："但，犹诈也。"智以但与诞通。《说文》："诞，词诞也。"徐曰："妄为大言也。"然又为语词，如"诞置之隘巷"，明借用诞，是发语之诞乃借但之音，而媒但之但，乃借诞之义也。[②]（《通雅》卷五《释诂·古隽》）

按：此例方氏引用《说文》"诞"字释义说明《淮南鸿烈解》"媒但"之"但"。其中，"但"为假借字，"诞"为本字。

① 此统计数字包含《通雅》用"叔重""许氏"代替《说文》者。

② 方以智：《通雅》，第215—216页。

②希颜，犹之希世用事也。〇《公孙弘传》：“希世用事。”《晋·虞溥传》：“希颜之徒。”希皆与睎同。《说文》：“睎，望也，海岱之间谓盼曰睎。”[①]（《通雅》卷五《释诂·古隽》）

按：此例方氏用《说文》“睎”字说明《公孙弘传》及《晋书·虞溥传》中“希”字之义。段玉裁也以为“睎”于文献中多借用“希”。《说文》“睎”字段注曰：“古多假希为睎，如《公孙弘传》‘希世用事’，《晋·虞溥传》‘希颜之徒’是也。”[②]段玉裁此条疏证可能来自方氏之说，因为所用的疏证材料也与方氏相同，均为《公孙弘传》。然而，公孙弘“希世用事”不见于《公孙弘传》，而是《史记》《汉书》之《董仲舒传》，段氏却踵方氏之误。“希”“睎”实则为古今字。

③安哉之器，盖言䭣也。〇《太平御览》：“李尤有《安哉之铭》曰：‘安哉令名，甘旨是盛。埏埴之巧，甄陶所成。食彼美珍，思此鹿鸣。’”则为饮食之器明矣。智以古哉与裁、载通。《说文》：“䭣，设饪也，从丮从食才，读若载。”[③]……然证知《说文》有本，证知哉、载、䭣同音，而安哉之为安䭣，近是矣。……曰䭣者，正谓载熟食于器也。[④]（《通雅》卷三十四《器用·杂用诸器》）

按：此例方氏引用《说文》“䭣”字释义说明“安哉之器”之“哉”为假借字，本字当为“䭣”字。方氏在辨明“䭣”为本字的同时，亦疏证了

---

① 方以智：《通雅》，第219页。《说文·目部》：“睎，望也。从目，稀省声。海岱之间谓眄曰睎。”方以智引作“海岱之间谓盼曰睎”。又“希世用事”，见于《史记》《汉书》二书之《董仲舒传》，而非《公孙弘传》，方以智应误记。

② 段玉裁：《说文解字注》，杭州：浙江古籍出版社，2007年，第133页。下文所引的《说文解字注》不特别注明，均为浙江古籍出版社的版本。下文脚注省去出版社和出版年份。

③ 《说文·丮部》：“䭣，设饪也，从丮从食，才声，读若载。”与方以智所引不同。

④ 方以智：《通雅》，第1056页。

“餴”义，即“载熟食于器”。

④重轑犹重栎，言其密互也。〇《张敞传》：“得之殿屋重轑中。”苏林曰：“重棼也，音老。”师古曰：“今之廊舍，一边虚为两夏者。”[①]按轑为车盖弓，此当是橑。《说文》曰：“橑，椽也。”《楚辞》：“兰橑。”孙愐曰：“橑，檐棼，亦椽桴也。”《吴志·太史慈传》：“射贼，贯贼手著棼。”[②]时贼攀楼也；棼橑之间，何以藏人乎？褚少孙载曼倩识驺牙之事，言得之重栎中。重栎，栏楯之下重栏也，栎，音历，与轑读了相转耳。[③]（《通雅》卷三十八《宫室》）

按：此例方氏引用《说文》“橑”字之释义说明《汉书·张敞传》中“重轑”之“轑”，即“轑为车盖弓，此当是橑”。

⑤果隋，犹言果蓏也。〇《货殖传》：“楚越之地，饭稻、羹鱼，果隋蠃蛤，不待贾而足。”张守节《正义》：“隋音摇，果摇犹摇叠包果也。”[④]升庵引《说文》：“椭，车笭中椭椭器也。”《尔雅》：“贝蟦小而椭。”狭长也。《急就章》注：“椭，秃颇切，小桶也，以盛盐豉。”《正义》既谬，杨说甚支。按《汉书》作“果

---

① 《汉书·张敞传》：“果得之殿屋重轑中。” 苏林曰：“轑，椽也。重轑，重棼中。”师古曰：“重棼即今之廊舍也，一边虚为两夏者也。轑音老。棼音扶分反。”（《汉书》，北京：中华书局，1962年，第3225页）

② 《三国志·吴书·太史慈传》：“尝从策讨麻保贼，贼于屯里缘楼上行詈，以手持楼棼，慈引弓射之，矢贯手著棼，围外万人莫不称善。”（《三国志》，香港：中华书局香港分局，1971年，第1190页）

③ 方以智：《通雅》，第1155页。

④ 《史记·货殖列传》：“总之，楚越之地，地广人希，饭稻羹鱼，或火耕而水耨，果隋蠃蛤，不待贾而足。”张守节正义：“隋，今为‘橢’，音同，上古少字也。蠃，力和反。果橢犹橢叠包裹也，今楚越之俗尚有‘裹橢’之语。楚、越水乡，足螺鱼鳖，民多采捕积聚，橢叠包裹，煮而食之。班固不晓‘裹橢’之方言，修《太史公书》述《地志》，乃改云‘果蓏蠃蛤’，非太史公意，班氏失之也。”（《史记》，北京：中华书局，1959年，第3270页）

窳”，可谓明证，窳当是蓏。《说文》：“在木曰果，在地曰蓏。”朗果切。《玉篇》：“蔓生无核曰蓏。”椭、蓏音通，而隋从椭省，此易解也。今狭长之椭作撱，从手。[①]（《通雅》卷四十四《植物·谷蔬》）

按：《说文·艸部》：“蓏，在木曰果，在地曰蓏。从艸从㼌。”《史记》“果隋”，《汉书》作“果窳”，方氏以为“隋”为假借字，“蓏”为本字，又引用《说文》“蓏”之释义印证之。

2.引用《说文》释词义

兹举五例以说明：

①梯几，凭几也。〇《山海经》：“西王母梯几而戴胜。”注：“梯几，凭几也。”《说文》：“凭，依几也。”皮冰切。《周书》：“凭玉几。”[②]今文作冯。“冯，马行疾也。”俗又加作憑，而不用正凭，似以凭为俗，何也？梯言斜倚也。古从弟从夷相通，如梯一作桋，是也。古谓阶如梯，阶梯亦斜倚之意。[③]（《通雅》卷四《释诂·古隽》）

按：此例方氏引用《说文》“凭”的释义解释注文“凭几”之“凭”义。

②洒湝，治路也。〇《汉律》曰：“及其门首洒湝。”《说文》：“湝，所以壅水。”山责切。[④]（《通雅》卷五《释诂·古

① 方以智：《通雅》，第1325页。

② 《说文·几部》：“凭，依几也。从几从任。《周书》：‘凭玉几。’读若冯。”

③ 方以智：《通雅》，第207—208页。“古从弟”之“弟”，黄山本作“梯”（第4册第233页）。依文意，宜作“弟”。

④ 方以智：《通雅》，第213页。

隽》）

按：《说文·水部》："湝，所以攡水也。从水昔声。《汉律》曰：'及其门首洒湝。'"此例方氏以《说文》"湝"的释义解释《汉律》中的"湝"字，且表明"洒湝"为"治路"义。

③邦汋，言激乱者。〇《司寇》："士师八成，一曰邦汋。"注谓斟酌。司农曰："斟酌盗取国家密事，若今时刺探尚书事。"疏言："斟酌私知。"此非也。《训隽》曰："夫盗贼而有斟酌量度之心，岂为乱乎？"《说文》："汋，激水声。"邦汋者，奸民乘上之隙，而激众以倡乱，如水之激而逆行也。[①]（《通雅》卷五《释诂·古隽》）

按：此例方氏引用《说文》"汋"的释义解释《周礼·秋官·司寇》中"邦汋"之义。

④儵儵，或作欻欻、歘歘。〇王国宝谓王绪曰："汝为此歘歘，曾不虑狱吏之为贵乎？"[②]歘歘，犹言倏忽速变之意。《元命包·大壮》："劈仡仡，趯歘歘。"注："歘，许勿切。"《说文》："有所吹起。"陆法言曰："暴起也。"二火、三火，义同。宁戚见管仲急称："浩浩乎，儵儵乎。"即歘，俗作倏。[③]（《通雅》卷九《释诂·重言》）

① 方以智：《通雅》，第236页。

② 《世说新语·规箴第十》："王绪、王国宝相为唇齿，并上下权要。王大不平其如此，乃谓绪曰：'汝为此歘歘，曾不虑狱吏之为贵乎？'"（余嘉锡撰，周祖谟、余淑宜整理：《世说新语笺疏》，北京：中华书局，1983年，第575—576页）

③ 方以智：《通雅》，第371页。

按：方氏称“二火、三火，义同”，即“炊炊”与“燚燚”义同。《说文·欠部》：“炊，有所吹起。”此例方氏引用《说文》“炊”的释义解释《元命包·大壮》中的“燚燚”。

⑤痱。○方吠切，《素问》曰：“汗出见湿，乃生痤痱。”痤，昨禾切。《说文》曰：“痤，小肿也，一曰族累。”《唐韵》：“痤，疖也。”今俗通以触热肤生细疹曰痱子。[①]（《通雅》卷四十九《谚原》）

按：此例方氏引用《说文》“痤”的释义解释《素问》中“痤痱”之“痤”义。

方以智引用《说文》释义，不仅有解释其所引文献中字义的作用，而且部分释义还可作为材料印证条目之说。兹举四例分析如下：

①署书者，户册也。○宋景文公云：“萧何自题苍龙、白虎二阀[②]，后世署书由何始。”《书史》言：“萧何与张良、陈隐等论笔者意也，时谓之萧籀。其题观，谓之署书。又有名鹤头书、偃波书、蚊脚书者，皆诏版所用。”《说文》曰：“扁，署也，从户从册。户册者，署门户之文也。”[③]（《通雅》卷三十二《器用·书法》）

按：此例方氏引用《说文》“扁”之释义，不仅解释了“署书”义，而且还印证了“署书者，户册也”[④]。

---

① 方以智：《通雅》，第1443—1444页。

② 此句的“阀”字，似误。《说文》“扁”字段玉裁注：“萧子良云：‘署书，汉高六年萧何所定，以题苍龙、白虎二阙。’”据段注可知，作“阙”为是。《说文·门部》：“阙，门观也。”下文《书史》所言“其题观，谓之署书”，正是言门观。

③ 方以智：《通雅》，第975页。

④ 《说文》“扁”字段注曰：“（户册者，署门户之文也）署门户者，秦书八体，六曰署书。萧子良云：‘署书，汉高六年萧何所定，以题苍龙、白虎二阙。’”

②帊、敝、幓，残也。〇山谷注《急就》曰："帊、幓，裂也。"《说文》："幓，残帛也。""敝，败衣也。"帊，《说文》作，当隶作帊。[①]（《通雅》卷三十六《衣服·彩服》）

按：《说文·巾部》："帊，幓裂也。"《说文》"幓""敝""帊"的释义皆含有共同义素"残"，故此例方氏引用《说文》"幓""敝""帊"的释义印证了条目"帊、敝、幓，残也"。

③八寸曰咫。〇《说文》曰："（咫）中妇人之手长八寸，谓之咫，周尺也。"《国语》曰："隼集陈庭，楛矢贯之，石砮长尺有咫。"《广韵》引贾逵曰："八寸曰咫。"《郑志》"纯三只，只八寸"，只即咫也，《集韵》一作翤、扯。[②]（《通雅》卷四十《算数》）

按：此例方氏引用《说文》"咫"之释义，为的是印证条目"八寸曰咫"之说。

④茎叶皆名若。槲若、杜若、禾若、丹若是也。杜若，非杜衡也。〇槲若，疗血痢止渴，木高丈余，若其叶也。与栎似，斗小不中用。杜若见《楚辞》，别名白芩、白连。……今或谓红蔻为杜若，或呼青皮香树为杜若。《说文》："稣，把取禾若也。"又曰："禾若，秧穰也。"则禾秸亦谓之若。石榴谓之丹若。《南史》："朱百年伐樵采若。"[③]（《通雅》卷四十三《植物·木》）

① 方以智：《通雅》，第1113页。

② 方以智：《通雅》，第1214页。

③ 方以智：《通雅》，第1294页。稣、秧，黄山本作蘇、柍（第6册第269页）。

按：《说文·禾部》："秧，禾若，秧穰也。"此例方氏引用《说文》"禾若"之释义与用例，印证了条目"茎叶皆名若"。

3.引用《说文》通异体

引用《说文》通异体包括两种情况：一是说明字之异体；二是说明词之异形。

（1）说明字之异体

兹举四例以示其意：

> **①承槃，即柈也。〇《说文》本作槃，籀作盤，承盤也。[①]（《通雅》卷三十三《器用·古器》）**

按：《说文·木部》："槃，承槃也。从木般声。鎜，古文从金。盤，籀文从皿。"又《玉篇·木部》："柈，同槃。"此例方氏引用《说文》"槃"字以明"槃，即柈"。由《说文》"槃"字可知，"柈"之声符"半"亦可作"般"；"盤"字形符"皿"本作"木"。

> **②船以艘名，亦以翼名。〇《七命》："浮三翼。"注引《越绝书》："大翼、中翼、小翼。"[②]然实大艘，直以翼呼之。颜延年诗："千翼泛轻波。"注："千艘也。"《汉·食货志》："漕船五百艘。"《广韵》作艘。《说文》曰本作桗。徐曰："犹俗言船一搜也。"艘音骚。[③]（《通雅》卷四十《算数》）**

按：《说文·木部》："桗，船总名。"此例方氏引用《说文》，以说明后世习见之"艘"，原本作"桗"。由"桗"字我们可知"艘"字形符

① 方以智：《通雅》，第1027页。

② 《文选·张协〈七命〉》："尔乃浮三翼，戏中沚。"李善注："《越绝书》，伍子胥《水战兵法内经》曰：大翼一艘，长十丈；中翼一艘，长九丈六尺；小翼一艘，长九丈。"

③ 方以智：《通雅》，第1229页。

“舟”本作“木”。

③荑，茅揠也。○茅之初生曰荑。今人食之，谓之茅揠。凡初生皆称之。《易》“枯杨生梯”，康成注作“荑”，盖荑、梯字通。《尔雅翼》“梯，有尖而细”，《孟子》“不如荑稗”，《庄子》“在苐稗”，《说文》本作蕛，《集韵》或作稊稊，又作蕛，一也。大鲇本作鮷，故子路称鳀，《说文》作鮧，可知古人从弟从夷之通。[1]**（《通雅》卷四十二《植物·草》）**

按：此例方氏欲据“稊”字《说文》作“蕛”，“鮷”字《说文》作“鮧”，证明“古人从弟从夷之通”。

④鸫名秃鹙，一名扶老，或以为爰居。○秃鹙，《说文》作“鸫”，俗曰鹚鸪，如鹈鹕，爪如鸡，取其毛为鹙翎。[2]**（《通雅》卷四十五《动物·鸟》）**

按：《说文·鸟部》：“鸫，秃鸫也。从鸟尗声。鹙，鸫或从秋。”此例方氏指出“鹙”为“鸫”的异体本自《说文》，我们可通过“鹙”之异体“鸫”知晓“鹙”之声符“秋”亦可作“尗”。

（2）说明词之异形

说明词之异形多用于系联联绵词的不同表现形式。兹举五例以示其意：

①参差，一作槮差、参縒、篸差、柴池、差池，又转为蹉跎、崔隤之声。○相如赋：“柴池茈虒。”柴池即参差，作差池。《说文》

① 方以智：《通雅》，第1260—1261页。

② 方以智：《通雅》，第1356页。

有椮差、参縒、篸差之别，实一字累加也。[1]（《通雅》卷六《释诂·谜语》）

按：《说文·木部》："椮，木长貌。《诗》曰：'椮差荇菜。'"《竹部》："篸，篸差也。"[2]《糸部》："縒，参縒也。"此例方氏引用《说文》之"椮差""参縒""篸差"说明"参差"一词有多种不同的写法，亦使读者知晓《说文》之"椮差""参縒""篸差"义同。

②齟齬，因有鉏铻、鉏鋙、岨峿、齰齬、鉏牙。〇床吕、鱼吕切，本齿相差著也。敌有三十六齟齬，因作鉏铻，专为不相当之意。《文赋》："或岨峿而不安。"则又因山立义。《说文》本作"鉏鋙"。《考工·玉人》："大琮十有二寸，射四寸。"注："射其外鉏牙。"疏："言其外八角锋也。"鉏牙即齟齬。古吾与牙声通。[3]（《通雅》卷六《释诂·谜语》）

按：《说文·金部》："鋙，鉏鋙也。从金御声。铻，鋙或从吾。"此例方氏系联"齟齬"之异形词"鉏鋙"，不仅使读者得知"鉏鋙"即"齟齬"，为一词异形，更可使读者知晓"鉏鋙"之语源。

③顤顟即凹磽，《说文》作贅顤。〇卢照邻文用"顤顟"，即凹磽也。皮、陆唱和，皆押此顤字。按《说文》："贅顤，高也。"五到、五吊切。此孙氏方音也。实即顤顟，古用皦礄，谓不平也，借以状面部不平，遂造贅顤字。[4]（《通雅》卷七《释诂·谜语》）

① 方以智：《通雅》，第256—257页。

② 大徐本《说文》作"篸，差也"。此据段注本。

③ 方以智：《通雅》，第260页。

④ 方以智：《通雅》，第290页。

按：《说文·页部》："贅，贅顤，高也。"此例方氏引用《说文》之"贅顤"以明"頔顤"之异形，不仅使读者得知"頔顤"即"贅顤"，为一词异形，更可使读者由"頔顤"知晓《说文》"贅顤"释义之由来。

④诸于、绣镼，半臂也。〇《光武纪》："三辅吏士，东迎更始，见诸将过，皆冠帻，而服妇人衣，诸于绣镼，莫不笑之。"《元后传》："独衣绛缘诸于。"师古曰："诸于，大掖衣，即袿衣之类。"是今之披风敞袖也。《说文》因作"诸衧"。[①]（《通雅》卷三十六《衣服·彩服》）

按：《说文·衣部》："衧，诸衧也。"[②]此例方氏说明"诸于"的异形词有"诸衧"，不仅使读者得知"褚衧"即"褚于"，为一词异形，更可使读者知晓《说文》"诸衧"之释义缘由。

⑤蜻蛚即蟋蟀，一作蟋蟹。〇《乐府》有《蜻蛚》篇，即蟋蟀。一作"蟋蟹"，《说文》作"蟋蟹"。墨泽善斗，吴中养之，以仰头、卷须、练牙、踢腿为四病。七月鸣，又曰"趣织"，《乐府》作"促织"。[③]（《通雅》卷四十七《动物·虫》）

按：《说文·虫部》："蟹，悉蟹也。"方氏引用《说文》作"蟋蟹"。"悉蟹""蟋蟹"和"蟋蟀"是一词的不同写法。读者可由"蟋蟀"字形知晓《说文》"悉蟹"义。

---

① 方以智：《通雅》，第1107页。

② 段玉裁注："《后汉书·光武帝纪》：'皆冠帻而服妇人衣，诸于绣镼。'注引《前书音义》曰：'诸于，大掖衣，如妇人之袿衣。'按：大掖谓大其褎也。《方言》：'袿谓之裾。'"

③ 方以智：《通雅》，第1390页。"一作蟋蟹"之"蟹"，黄山本作蝍（第6册第379页）。

4.引用《说文》正讹误

兹举五例以说明：

①怇怇，乃恇恇之讹也。〇《梁鸿传》：“嗟怇怇兮谁留。”注：“恐也。”[①]臼许切，又慢也。《古乐苑》《古诗纪》皆作“恇恇”，阴复春引作“怇怇”。《唐韵》竟无“怇”字，阴氏无“恇”字。《说文》“恇，怯也”，即恇。《记》：“众不匡惧。”读匡为荒。[②]（《通雅》卷九《释诂·重言》）

按：此例方氏引用《说文》“恇”的释义论证传本《后汉书·梁鸿传》“怇怇”字误，应从《古乐苑》《古诗纪》异文作“恇恇”。

②汦汦，犹蚩蚩也。蚩蚩，即痴痴。欪欪，即嘻嘻。其合歂歂者，非矣。〇苏茂相弘家《韵辑》载《诗》：“氓之歂歂。”今作蚩。苏氏皆钞南都所刻升庵《字说》，止载“欪欪”，省作岴，或以为咥字。又载“歂歂”，同上。而杨凤亭编其祖学，乃并载“岴岴”“歂歂”，下注“氓之蚩蚩”。智按：伯厚《诗考》，周应宾所刻陈应城《九经考异》并无此语。《说文》“欪”字训“欪欪，戏笑貌。从欠之声”，许其切。“歂”字，“咄歂，无惭”，丑律切。丑律之音，近咥，唐人收在质韵，而收“欪”于嘻下。智故定以为“欪欪”即嘻嘻。升庵竟以“歂歂”作嘻嘻，未敢安也。……且“欪欪”出《说文》本训，而“歂”字未尝连叠，经、史又无用者，不过生合见奇耳。[③]（《通雅》卷十《释诂·重言》）

---

① 《后汉书·梁鸿传》：“口嚣嚣兮余讪，嗟恇恇兮谁留？”李贤注：“讪，谤也。郑玄注《礼记》曰：‘恇恇，恐也。’”（《后汉书》，北京：中华书局，1965年，第2767页）

② 方以智：《通雅》，第354页。

③ 方以智：《通雅》，第383页。“苏氏皆钞”之“钞”，黄山本作“抄”（第4册第427页）。

按：《说文·欠部》："歖，咄歖，无惭。一曰无肠意。从欠出声，读若卉。"此例方氏引用《说文》"欪"的释义辩升庵以"歖歖"为嘻嘻之误，方氏以为只有"欪欪"为嘻嘻。

③颉皯，当是颉啎。〇《吕览·明理篇》引子华曰："乱世之民，长短颉皯百疾。"高诱注曰："疾病也。长短者，无节度也；颉皯，犹大皯遻也；百疾，变诈也。"智按《说文》："啎，逆也。"[①]音忤，《字考》曰："戾也。"郭璞曰："触遻音晤，又音噩。"《庄子》作遻，孙愐遂收鄂字。以义推之，当是颉啎，言㚖㚖，愕逆之状也。《吕览》传抄笔讹，如𩔖豖乃聵字之类。[②]（《通雅》卷十八《身体》）

按：此例方氏引用《说文》"啎"的释义论证《吕览·明理篇》"颉皯"之"皯"字误，应作"啎"。

④孟侯，大子之称。〇《吕览》："太子之不仁过𩔖豖。"𩔖音册。高诱《解》云："𩔖豖，不仁之人也。"智按《说文》有"聵"，即聩字[③]；又有"顡"字，"癡不聪明也"，五怪切。𩔖其聵、顡二字之讹乎？[④]（《通雅》卷十九《称谓》）

有姓名异音者。〇䫆音外，汉北平侯䫆，此即《说文》

① 《说文·午部》："啎，逆也。从午吾声。"段玉裁注："啎，屰也。屰，各本作逆，今正。逆，迎也。屰，不顺也。"段玉裁改正为"啎，屰也"是对的。方以智说"啎"音忤，其实，"啎""忤"义同。

② 方以智：《通雅》，第641页。

③ 依上下文意，"聩"字似误，应作"聵"。《说文·耳部》："聵，聋也。从耳贵声。聵，聵或从叡。""聵"与"顡"音同，徐铉所加反切皆五怪切。

④ 方以智：《通雅》，第646页。

“瞽”，与《吕览》“雘涿”，可以互推。[①]（《通雅》卷二十《姓名·人名》）

按：综合此两条之论述及此前一例称“《吕览》传抄笔讹，如雘涿乃瞽字之类”句，我们可知方氏引用《说文》“瞽”字论证《吕览》“雘”字误，应作“瞽”。此误应是形近而讹。

⑤䥈䥫。〇仁宝言：“《山谷集》有‘㚖㚔，䥈䥫’，蜀语也。”“㚖㚔”见《说文》：㚖，胡结切，“头衺骫态也”；㚔，古屑切，“头倾也”。仁宝未考《说文》，何为蜀语？顾邻初曰：“俗以捧物不敬，曰㚖㚔。”[②]（《通雅》卷四十九《谚原》）

按：此例方氏引用《说文》“㚖”“㚔”的释义指出仁宝以“㚖㚔”为蜀语之误。

5.引用《说文》揭义据

《通雅》在训释词义时，有时联系了《说文》相同或相似之解释，以揭示《说文》释义之依据。兹举五例以说明：

①襐饰，即襐饬。〇颜注《急就》：“襐饰刻画无等双。”“襐音象，襐饰，盛服饰也。”山谷曰：“襐，未笄冠之首饰。”端拱本作“襐饬”。古饬、饰通。《汉书·平后传》：“立国将军成新公孙建世子，襐饰将毉往问疾，后大怒。”师古曰：“在两耳后，刻镂为之。音丈，又音象。”[③]当以盛饰之解为正。《说

① 方以智：《通雅》，第697页、第698页。

② 方以智：《通雅》，第1468页。此条“䥈”，黄山本作“銃”（第6册第467页）。

③ 《汉书·孝平王皇后传》：“令立国将军成新公孙建世子襐饰将毉往问疾。”颜师古注：“襐，盛饰也，音丈，又音象。一曰，襐，首饰也，在两耳后，刻镂而为之。”（《汉书》，北京：中华书局，1962年，第4011页）

文》“襐饰也”[①]，因此收之。[②]（《通雅》卷八《释诂·谚语》）

按：方氏此条推测了《说文》“襐”释襐饰义之依据。

②有各本异载而实同者。〇妲改[③]、䵬已，即妲已，《字统》作䵬已。《说文》有“改，女字也”，自当为妲已而设。[④]（《通雅》卷二十《姓名·人名》）

按：方氏此条认为《说文》有“改”字，当为妲已而设。

③须捷犹言细屑，楼裂犹言蓝缕。〇《方言》曰：“布而无缘，敝而紩之，谓之褴褛。”又曰：“楚人衣被丑敝，谓之须捷，亦曰楼裂，亦曰挟斯。”智以楼裂，即蓝缕之转音也。陈后山《和黄预久雨》诗：“贫可舀须捷，恩当记扊扅。”蓝缕一作蓝蒌，《楚世家》“荜路蓝蒌”，《说文》“褴裯谓之褴褛。褴，无缘也”，正取《方言》之语，谓无饰也。[⑤]（《通雅》卷三十六《衣服·彩服》）

按：方氏此条指出《说文》“褴”之释义取自《方言》。

④古人多麦饭，故《说文》著其方言，曰飴、曰餥、曰饐饐、

① 此为连篆而读，是一联绵词。《说文》“襐”字段注曰：“各本作‘饰也’，夺‘襐’，今补。此三字为句。如‘偓佺’‘离黄’之类，浅人泛谓为复字可删而删之耳。《巾部》‘饰’字下云：‘襐饰也。’亦三字为句。”又《说文》“饰”字段注曰：“（一曰襐饰）此别一义。《衣部》‘襐’下曰：‘襐饰也。’《急就篇》曰：‘襐饰刻画无等双。’《汉·平帝后传》曰：‘令孙建世子襐饰，将医往问疾。’颜注：‘襐饰，盛饰也。一曰首饰在两耳后，刻镂而为之。’《广韵》曰：‘襐，未笄冠者之首饰也。’《玉篇》曰：‘首饰也。’”

② 方以智：《通雅》，第318页。

③ “改”原文作“改”，今正。下同。

④ 方以智：《通雅》，第686页、第691页。

⑤ 方以智：《通雅》，第1113页。

曰䬪，皆相谒食麦之名也。〇《说文》飳、饕、䬪、饐、饑，不知于食麦饭一事，而各记其方言何详也？盖古多北人，北人食米饭者少耳。今山陕之民有终身不识大米饭者。[①]**（《通雅》卷三十九《饮食》）**

按：《说文·食部》："飳，相谒食麦也。""饕，餥也。陈楚之间相谒食麦饭曰饕。""䬪，楚人相谒食麦曰䬪。""饐，秦人谓相谒而食麦曰饐饑。""饑，饐饑也。"方氏由古人多食麦饭（特别是北人）推测《说文》释"飳""饕""䬪""饐""饑"为相谒食麦是许慎著其方言。

⑤覗。〇《方言》："窃视曰貼、曰覗、曰瞀。"瞀音丽。《曹参传》"伺得魏勃"，即覗字。今动曰闚覗，江北则呼覗如雌。《说文》："覶覼，闚观也。"其因方言而立者乎？[②]**（《通雅》卷四十九《谚原》）**

按：《说文·见部》："覶，覶覼，闚观也。"方氏推测《说文》"覶"之释义因方言而立。

6.引用《说文》广异说

《通雅》在合集诸家之说时，系联了《说文》释义以广异说。其例如：

①古人称私有别。〇家臣称私士，于大夫曰外私，不独姊妹之夫曰私也。外私，见《礼记》。北道名禾主人曰私，见《说文》。燕服曰私，见"薄污我私"注。[③]**（《通雅》卷十九《称谓》）**

---

① 方以智：《通雅》，第1190页。

② 方以智：《通雅》，第1462页。

③ 方以智：《通雅》，第646—647页。

按：《说文·禾部》：“私，禾也。北道名禾主人曰私主人。”方氏此条引用《说文》“私”之释义以广“古人称私有别”说。

②古以鼎为重器，本象作[illegible]。〇伯厚、似孙详载诸名，升庵抄之，无所考辨。元美、元瑞俱未有定论。兹约存其概耳。别集诸公辩难，自为一目，以备参考。《子华子》：“黄帝采铜首山，铸神鼎。”曹植有《黄帝三鼎赞》。《墨子》：“夏后铸鼎，四足而方。”《说文》：“禹铸鼎荆山之下。”《帝王世纪》在冯翊怀德之南。《史记》：“武王命南宫括、史佚展九鼎宝玉。”[①]（《通雅》卷三十三《器用·古器》）

按：《说文·鼎部》：“鼎，三足两耳，和五味之宝器也。昔禹收九牧之金，铸鼎荆山之下，入山林川泽，螭魅蛧蜽，莫能逢之，以协承天休。”方氏此条引用《说文》“鼎”之释义以广古鼎之传。

③数有十等，亿、兆、京、垓、秭、壤、沟、涧、正、载。三等上中下也。京垓亦曰经晐，十垓之秭亦曰緻。〇徐岳《数术纪遗》云[②]：“黄帝为法，数有十等，及其用也，乃有三焉。三谓上、中、下，十谓亿、兆、京、垓、秭、壤、沟、涧、正、载也。”《诗》云：“万亿及秭。”毛氏曰：“数万至万曰亿，数亿至亿曰秭。”应劭曰：“万生亿，亿生兆，兆生京，京生秭，秭生垓，垓生壤，壤生沟，沟生涧，涧生正，正生载。地不能载矣。”此与徐合[③]，略倒秭于垓上耳。秭有四说。《说文》曰：“布十缕为緵。”[④]“五緵

① 方以智：《通雅》，第1007—1008页。

② 上海古籍本校勘记：“纪”，《旧唐书·经籍志》作“记”。

③ 上海古籍本校勘记：原脱“此”字，今据《刊误补遗》增。

④ 《说文·禾部》：“稯，布之八十缕为稯。”与方以智所引不同。

为秭。”徐锴曰：“秭，六万四千斤也。”与毛苌、徐岳所说为四矣。[①]（《通雅》卷四十《算数》）

按：《说文·禾部》：“秭，五稷为秭。一曰数亿至万曰秭。”方氏此条引用《说文》“秭”之释义，遂与毛苌、徐岳、徐锴之论合为“秭”义四说。

7.其他目的

除以上六点外，《通雅》还或引用《说文》证音通；或引用《说文》明字理。例如：

①互声之例。〇《说文》：颠、蹎、阗，以真为声，煙、咽以甄为声[②]；驯、紃以川为声，诜、駪以先为声，此皆先、真韵中互为声也。如天亦叶人，田之音陈，可知古先、真多通，亦犹覃、侵、东、蒸之通，麻多入虞，灰多入微，庚多入阳之类也。[③]（《通雅》卷二《疑始·论古篆古音》）

按：方氏此例引用《说文》“颠”“蹎”“阗”，“驯”“紃”，“诜”“駪”为的是说明“先”韵与“真”韵古多通。“颠”“蹎”“阗”上古真部，“驯”“紃”“诜”“駪”上古文部，真部与文部旁转。

②亶爹，即宣侈。〇曩在北都，见有写親家作窺家者……书津作潷，以《说文》流涉皆二水。《长笺》创作滁字而效之耳，受《长

① 方以智：《通雅》，第1210—1211页。

② 《说文·火部》：“煙，火气也。从火垔声。烟，或从因。”《说文·口部》：“咽，嗌也。从口因声。”《说文·瓦部》：“甄，匋也。从瓦垔声。”“煙”“甄”以“垔”为声符，“煙”与“烟”为重文，所以“垔”声、“因”声相通。

③ 方以智：《通雅》，第132页。

笺》之毒深矣。[①]（《通雅》卷八《释诂·谜语》）

按：《说文·㳄部》："㴛，水行也。""𣻌，徒行厉水也。"方氏引用《说文》"流""涉"二字是为了说明"𣳡"字的造字缘由。其实，方氏是不认可"津"写作"𣳡"的，这与《长笺》类同。

（二）《通雅》引用《说文》的特点

通过分析《通雅》引用《说文》的用例，我们可从中总结出两个特点：一是多角度引用《说文》，二是以己言引用《说文》。

1.多角度引用《说文》

多角度引用《说文》是指《通雅》不仅引用了《说文》的释义，而且还引用了《说文》字头、《说文》之字形分析、《说文》之引文及《说文》之重文。兹举例如下：

①鄜州，音孚，左冯翊县，今属延安府者。〇《说文》作鄜[②]，鹿与麃声皆不谐，不知其故。智谓古孚与包通声，麃与包近，故有孚音。[③]（《通雅》卷十六《地舆·地名异音》）

按：此例方氏引用了《说文》"鄜"字头。方氏说明了"鄜"音孚的理由，即"古孚与包通声，麃与包近，故有孚音"。

②罶。〇夹鱼小网曰罶，一作罯，音览。孙愐上声收"罯"。而《说文》有㚻[④]，女洽切，后人加网耳。[⑤]（《通雅》卷四十九

① 方以智：《通雅》，第331—332页。
② 《说文·邑部》："鄜，左冯翊县。从邑麃声。"
③ 方以智：《通雅》，第560页。
④ 《说文·囗部》："㚻，下取物缩藏之。从囗从又。"
⑤ 方以智：《通雅》，第1466页。

《谚原》）

按：此例方氏引用《说文》“囟”字头，为的是说明“囟”字之来历。

③伯百从白。〇百，白声。《说文》曰：“百，从白。古作，从自。”[1]白亦自也。[2]（《通雅》卷一《疑始·专论古篆古音》）

按：此例方氏引用《说文》“百”的字形分析为的是印证条目“伯百从白”之说。

④纸，絮一苫也。古以捣絮为纸。〇《说文》曰：“纸从糸，氏声。”古人书于帛，故裁其边幅，如絮之一苫。《释名》曰：“砥也。”古以捣絮。汉和时，蔡伦始用树肤及敝布鱼网为之，不始自蔡也。《初学记》：“古以缣帛，依书长短，随事截之，名幡纸。以生布作纸，丝縒如故，名麻纸。榖皮纸，亦曰楮，楮乃扁榖，榖乃桑榖，楮皮宜为纸，榖皮粗宜为茵帐。又有藤皮纸。”[3]（《通雅》卷三十二《器用·纸笔墨砚》）

按：此例方氏引用《说文》纸“从糸”说明“古以捣絮为纸”。

⑤嚶嚶、謍謍，小声也。〇《说文》引《诗》：“謍謍青蝇。”小声也。张衡赋：“鸣玉鸾之嚶嚶。”[4]（《通雅》卷十《释诂·重

① 《说文·白部》：“百，十十也。从一白。……，古文百从自。”

② 方以智：《通雅》，第93页。

③ 方以智：《通雅》，第988—989页。“氏声”之“氏”，黄山本作“氐”（第5册第499页）。

④ 方以智：《通雅》，第389页。

言》）

按：《说文·言部》："謍，小声也。从言，荧省声。《诗》曰：'謍謍青蝇。'"此例方氏引用《说文》"謍"之引文为材料，说明"謍謍，小声也"。

⑥韇即鞬……如匣曰医。〇医，盛弓矢之匣也。《说文》从匚，引《齐语》[1]"兵不解医"。[2]（《通雅》卷三十五《器用·戎器》）

按：此例方氏不仅引用《说文》"医"的字形构件，而且还引用了"医"的文献用例以见其义。

《通雅》引用《说文》重文疏证词义、印证字音，详见"《通雅》对《说文》重文的利用"一节。

2.以己言引用《说文》

以己言引用《说文》是指方氏在《通雅》中有时没有直接引用《说文》原文，而是按照自己的表达方式转述《说文》释义。兹举六例以示其意：

①元諆，即元祺。〇《张衡传》："同志竭来同元諆。"注："音基。"智谓：即祺，言福也。《说文》以諆为欺字，以欺乃气也[3]。[4]（《通雅》卷七《释诂·谜语》）

按：《说文·言部》："諆，欺也。"此例方氏不直接引用《说文》

① "《齐语》"，大徐本《说文》引作《国语》。

② 方以智：《通雅》，第1069页。

③ 大徐本《说文·欠部》："欺，诈欺也。"

④ 方以智：《通雅》，第303页。

"諆"字释义，而是说"《说文》以諆为欺字"。

②都都俞俞、颛颛顼顼……皆可因成语而重之。〇《说文》训"颛顼"字：头颛颛谨貌；头顼顼谨貌。[①]（《通雅》卷十《释诂·重言》）

按：《说文·页部》："颛，头颛颛谨貌。""顼，头顼顼谨貌。"此例方氏不分别直接引用《说文》"颛"字、"顼"字释义，而是合《说文》"颛顼"以言。

③沇泲即兖济。〇《说文》以泲为沇，济而别载，济为出常山郡赞皇山东入泜。[②]（《通雅》卷十五《地舆·水注》）

按：《说文·水部》："泲，沇也。东入于海。""济，水。出常山房子赞皇山东入泜。"[③]此例方氏不直接引用《说文》"泲"、"济"二字的释义，而是用"为"字系联被训字及其释义。

④狗尾之莠萎，非远志之葽绕也。狗尾曰莠，犹狼尾曰稂也。〇《说文》曰董蓈或作稂[④]。如狼尾，犹言狗尾也。皆有实如黍，号曰稂莠，时以大小迟速分耳。[⑤]（《通雅》卷四十一《植物·草》）

按：《说文·艸部》："蓈，禾粟之采，生而不成者谓之董蓈。稂，蓈或

① 方以智：《通雅》，第409页。
② 方以智：《通雅》，第537—538页。
③ 大徐本《说文》"济"字释义之"房子"，《通雅》作"郡"。
④ "董蓈"，大徐本《说文》作"蕫蓈"。
⑤ 方以智：《通雅》，第1248—1249页。

从禾。”此例方氏在引用《说文》“蓈”的重文时则说“董蓈或作稂”。

⑤大苦，黄药也。郭璞以为甘草，吾未信也。〇今《说文》甘草作苷。《后山谈丛》曰：“谚曰：‘甘草生则麦熟，苦草生则黄蒿。’”[①]（《通雅》卷四十一《植物·草》）

按：《说文·艸部》：“苷，甘草也。”此例方氏不直接引用《说文》“苷”字释义，而是用“作”字把释义内容“甘草”置于被训字之前。

⑥䳑日，即运日，鸩也。〇《说文》《广雅》皆以鸩为䳑日。[②]（《通雅》卷四十五《动物·鸟》）

按：《说文·鸟部》：“鸩，毒鸟也。一名运日。”[③]此例方氏用“为”字系联被训字及其释义。

第二节 《通雅》疏证《说文》的研究

《说文》之疏证，是清代《说文》学研究的重要内容。在疏证《说文》的学术史上，清代学者作出了重要的贡献，其中有四位学者及他们的著作是不得不提及的，即段玉裁的《说文解字注》、朱骏声的《说文通训定声》、桂馥的《说文解字义证》及王筠的《说文解字句读》。此四家都对《说文》做了较详尽的疏证。然而，先于这四家对《说文》疏证的《通雅》，因其内

① 方以智：《通雅》，第1250页。

② 方以智：《通雅》，第1359页。

③ 大徐本《说文》“鸩”字释义之“运”，《通雅》作“䳑”。

容庞杂而不被后世学者所重视。方以智在《通雅》中疏证《说文》的被训字一百八十三例，大部分疏证精当且先于清代《说文》四大家之论述。我们此节将就《通雅》对《说文》的疏证进行阐析，以揭示其对《说文》疏证的先启之功。

（一）《通雅》疏证《说文》的方式

《通雅》疏证《说文》的方式包括两种情况：一是直接疏证《说文》；二是间接疏证《说文》。

1.直接疏证《说文》

直接疏证《说文》是指方氏在《通雅》中以《说文》被训字或其释义中字词为条目，引文献或下己意疏证其义。方氏在《通雅》中直接疏证《说文》被训字八十八例（见表1）。兹举五例以示其意：

①坴梁，即陆梁也；陆溺，犹陆沉也。〇《史记》"南越陆梁"，言屈强也。《说文》"坴"训下："一曰坴梁。"此自是古人口语也。[①]（《通雅》卷四《释诂·古隽》）

按：《说文·土部》："坴，土块坴坴也。从土先声。读若逐。一曰坴梁。"方氏此条即以"坴梁"为条目对之进行疏证。他认为《说文》之"坴梁"即"陆梁"。段玉裁亦持此说。《说文》"坴"字段注曰："（一曰坴梁地）《始皇本纪》三十三年'发诸赏逋亡人[②]、赘壻、贾人，略取陆梁地为桂林、象郡、南海，以适遣戍'，字作'陆'。按：'坴梁'，盖其地多土块，而土性强梁也。"[③]

②戟挶，通为拮据。〇《说文》有"戟挶"之语，即拮据之通

① 方以智：《通雅》，第204—205页。

② "赏"字，《史记》《资治通鉴》作"尝"。

③ 段玉裁：《说文解字注》，第684页。

声也。[1]**（《通雅》卷八《释诂·谜语》）**

按：方氏此条是以《说文》"据"的释义"戟挶"为条目。《说文·手部》："据，戟挶也。"方氏认为《说文》所谓之"戟挶"通典籍相对常见之"拮据"。朱骏声亦持此说。《说文通训定声·豫部》"据"下曰："拮据，戟挶也。从手居声。按：拮据，双声连语。《诗·鸱鸮》：'予手拮据。'"[2]正因"拮据"皆为见纽的双声连语，故可通转同为见纽且双声连语的"戟挶"。

③五阮，即五原。〇《说文》："阮，代郡五阮关也。"升庵云："《诗》'侵阮徂共'，即五原之地。今作原。"智按：张氏曰："阮，国名；共，阮之地名。皆在今泾州，今有共池。"《诗地理考注》云："《氏族略》：'阮，商诸侯，在泾渭之间。'"汉五原郡边河西，今时延安府神木县皆其地。本秦九原郡，汉改五原，而绛州、辽州皆有九原山，乃同名也。五阮自为五原，而侵阮之阮，则别一阮耳。升庵想未考也。[3]**（《通雅》卷十六《地舆·地名异音》）**

按：方氏此条是以《说文》"阮"释义中的"五阮"为条目。方氏在批判升庵误合《诗》之"阮"与《说文》之"阮"为一名之后指出：《说文》之"阮"为地名，而《诗》之"阮"为国名。朱骏声之论述同于方氏。《说文通训定声·乾部》"阮"下曰："按：亦曰五原关。《汉书·成帝纪》'流民欲入五阮关者，勿苛留'，《地理志》作'五原关'。又《地理志》五原郡注：'秦九原郡，武帝元朔二年更名。'[别义]《诗·皇矣》'侵阮

① 方以智：《通雅》，第320页。

② 朱骏声：《说文通训定声》，武汉：武汉市古籍书店影印，1983年，第415页上。

③ 方以智：《通雅》，第586页。

徂共’笺：‘三国犯周，而文王伐之。’按《鲁诗》说也，其国在歧渭之间，子孙以国为氏。”[①]

④两髆间曰脾，肩甲即肩胛。○《说文》：“髆，肩甲也。”补各切。按肩甲，即肩胛。刘平水曰：“背胛与胸胁相会阖。”《后汉·张宗传》：“中矛贯胛。”注：“背上两膊间。”膊即髆。戴仲若以瓦官像面瘦乃胛肥。大令《桓江州帖》：“胛痛不可堪，而比作书。”则是臂膊明矣。[②]（《通雅》卷十八《身体》）

按：方氏此条以《说文》“髆”释义中的“肩甲”作条目并为之疏证。他认为“肩甲”即“肩胛”，是。桂馥《说文解字义证·骨部》“髆”字疏证与方氏大体相同，其文为：“肩甲也者，本书‘肩，髆也’。《释名》：‘肩，坚也，甲，阖也。与胸胁背相会合也。’……馥案：比髆犹比肩，甲或为胛。《后汉书·张宗传》‘中矛贯胛’，注云：‘背上两膊间也。’”[③]

⑤楥。○《说文》：“楥，履法也。”所券切。鞋工木胎为楥头，改作楦，至今呼之。[④]（《通雅》卷四十九《谚原》）

按：方氏此条是以《说文》被训字“楥”为条目。他认为《说文》之“楥”即后世之“楦”。方氏此说亦见于《说文》段注。《说文》“楥”字段注曰：“今鞋店之楦也。楥、楦正俗字。”[⑤]

2.间接疏证《说文》

间接疏证《说文》是指《通雅》立条目时原不以训释《说文》被训字

---

① 朱骏声：《说文通训定声》，武汉：武汉市古籍书店影印，1983年，第708页上。

② 方以智：《通雅》，第640页。

③ 桂馥：《说文解字义证》，上海：上海古籍出版社，1987年，第337页。

④ 方以智：《通雅》，第1446页。

⑤ 段玉裁：《说文解字注》，第262页。

或其释义中字词为目的，但是方氏在训释的过程中，或以《说文》释义为依据，或系联《说文》被训字为佐证从而间接地疏证了《说文》。方氏在《通雅》中间接疏证《说文》被训字九十五例（见表2）。兹举五例以示其意：

①拆呼，犹罅漏也。[1]〇《韓文》："补苴罅漏。"即罅字。《说文》："罅，裂也，烧缶善裂。"[2]墲作罅。《笺》曰："一字重文。"……《尔雅》："蟚丑罅。"注谓："蝉属，剖拆母背以为孔罅而生。"郑渔仲曰："蛙虫有角甲者，啮桑类。罅，张拆也。此虫之僻，在乎张角拆甲。"此解是矣。郑康成注《易》甲拆曰："拆，呼也。"正以呼为罅。[3]（《通雅》卷五《释诂·古隽》）

按：方氏此条训释"拆呼"义，故以之为条目。但是方氏在论述过程中引用了《说文》"罅"的释义，这就把《说文》"罅"的意义与"张拆"义联系起来，使读者从"拆呼"的训释中知晓"罅"的意义。方氏认为《说文》"罅"通"墲"。是。《尔雅·释虫》"蟚丑罅"，郝懿行义疏："罅，坼裂也。《玉篇》引《尔雅》'罅'作'墲'。"[4]

②掣纵曰瘈疭，手足掣纵，即筋惕肉眴也。〇瘈，尺世切，疭音纵。贾长沙用"跢盭"，亦谓掣纵反戾也。《伤寒》："强急，角弓反张，掣纵为痓。"痓一作痉，颠厥掣纵曰痫，小儿多有之。《汉·艺文志》有《瘈疭方》。《说文》作瘛疭，疾从疒，依《正韵》可。[5]（《通雅》卷十八《身体》）

---

① 原本作"折呼"，但是据方氏此条的论述可知，"折呼"之"折"当为"拆"字误。

② 大徐本《说文》作："罅，裂也，缶烧善裂也。"然而《说文通训定声》所引与《通雅》所引相同，皆作"罅，裂也，烧缶善裂"。余以为《通雅》与《说文通训定声》所引用《说文》为是。"烧缶"是主语，"善裂"是谓语，且它们结构对应。"烧"修饰"缶"，"善"修饰"裂"。大徐本《说文》作"缶烧善裂"，则"烧"为使动用法，即"使缶烧"，然而古代典籍中"烧"为使动用法罕见。

③ 方以智：《通雅》，第236页。

④ 郝懿行撰，王其和、吴庆峰、张金霞点校：《尔雅义疏》，北京：中华书局，2017年，第829页。

⑤ 方以智：《通雅》，第631页。

按：方氏此条训释“掣纵”义，但是引用了《说文》“瘛”释义中的“瘛疭”为释词。《说文·疒部》：“瘛，小儿瘛疭病也。”“瘛”与“瘈”是异体字[①]，故方氏作“瘈疭”。我们通过方氏用《说文》之“瘈疭”训释“掣纵”的论述中，知晓了“瘈疭”是一种“手足掣纵”的小儿常见病。段玉裁亦持此说。《说文》“瘛”字段注曰：“《急就篇》亦云‘瘛疭’，师古云：‘即今痫病。’按：今小儿惊病也。瘛之言掣也，疭之言纵也。《艺文志》有《瘛疭方》。”[②]方氏用“筋惕肉眴”释“瘈疭”比段氏更为明了，“筋惕肉眴”即今天所说的“痉挛”。

③墙居，薰笼也。〇即篝也。篝一名答，答音落。《楚辞》：“秦篝、齐缕、郑绵络。”注：“篝，落也，又笼也，可薰衣。”《方言》：“陈、楚、宋、卫谓之墙居。”注：“今薰笼。”杯落，又曰豆筥。盖又为盛杯器笼。《说文》：“篝，答也，可薰衣。”《史记》“篝火”，注：“以笼覆火也。”[③]（《通雅》卷三十四《器用·杂用诸器》）

按：方氏此条训释“墙居”义，他认为“墙居”即薰笼，又称篝。方氏在论述的过程中引用了《说文》“篝”的释义，因此就把《说文》“篝”的意义与所训释的“墙居”联系了起来，让读者知晓“篝”义。《说文》“篝”字段注的论述与方氏大体相同，其文为：“《广韵》曰：‘熏笼。’……《方言》曰：‘篝，陈、楚、宋、魏之间谓之墙居。’《广雅》：‘篝，笼也。薰篝谓之墙居。’”[④]

---

① 《集韵·霁韵》：“瘛，或作瘈。”
② 段玉裁：《说文解字注》，第352页。
③ 方以智：《通雅》，第1031—1032页。
④ 段玉裁：《说文解字注》，第193页。

④石檀者梣槻，今秦皮也。〇《说文》曰，“梣”或作“棈”。《淮南子》曰：“梣色青，治瞖目。”高诱曰：“苦历木也。”按即今之秦皮是也。木似檀，取皮，水渍之碧色，一名石檀，又作柇，《集韵》曰：“樊槻皮能渍水和墨以书，不脱。”樊规即梣。[①]（《通雅》卷四十三《植物·木》）

按：方氏此条训释“石檀”义，但是在论述过程中引用了《说文》被训字“梣”。《说文·木部》：“梣，青皮木。从木岑声。棈，或从寖省。”方氏认为《说文》的“梣”即樊规，一名石檀，今呼秦皮。《说文》“梣”字段注所疏与方氏大致相同，其文为：“《淮南书》曰：‘夫梣木色青，愈瞖，而蠃蜗愈睆，此皆治目之药也。’高曰：‘梣木，苦历木名也，生于山。剥其皮，以水浸之，正青，用洗眼，愈人目中肤瞖。’……按：《本草经》谓之秦皮。以一名岑皮而声误作秦耳。其木一名石檀。陶隐居云‘是樊槻木’。槻音规。《集韵》云：‘江南樊鸡木。其皮入水绿色，可解胶益墨。’樊鸡即樊槻也。”[②]

⑤忽雷，鳄也。〇《洽闻志》：“鳄鱼，别号忽雷，熊能制之，握其嘴至岸，食之。一名骨雷。秋化为虎，三爪。”鹿甚畏鳄。《说文》：“蝉，似蜥蜴，长丈。”《笺》曰：“鳄也。”自退之驱鳄后，至宋咸平中，通判陈尧佐捕鳄，获之，其害始绝。[③]（《通雅》卷四十七《动物·鱼》）

按：方氏此条训释“忽雷”义，但是在论述过程中引用了《说文》

---

① 方以智：《通雅》，第1291页。

② 段玉裁：《说文解字注》，第241页。

③ 方以智：《通雅》，第1409—1410页。

"蝆"的释义。这就把《说文》的"蝆"字与"鳄"联系了起来，让读者知晓"蝆"即"鳄"。《说文》段注"蝆"字所疏亦持此论："（蝆）俗作蝷、鳄、鱷。"[①]

（二）《通雅》疏证《说文》的内容

《通雅》疏证《说文》的内容，主要有以下三项：

1.明假借

《通雅》疏证《说文》以明假借有两种情况：一是指明《说文》释义中的假借现象；二是说明被训字在文献中的假借用例。

（1）指明《说文》释义中的假借现象

> **①奇侅一作奇賅、奇咳、奇賌；兼垓、兼晐、賅存，皆以兼该立义也。○賌犹该也。《庄子》："賅而存。"言该备也。……《说文》："侅，奇侅，非常也。"垓曰"兼垓"；晐曰"兼晐"；而该曰"军中约也。读若心中满该"。故凡夫用兼晐。[②]（《通雅》卷三《释诂·缀集》）**

按：《说文·土部》："垓，兼垓八极地也。"《日部》："晐，兼晐也。"方氏认为《说文》"兼垓"之"垓"，"兼晐"之"晐"皆"以兼该立义"，实际上即认为"该"为本字，"垓""晐"为假借字。《说文》"垓"字段注曰："兼晐八极地也。晐，各本作垓，今正。晐，俗作垓。《日部》晐下曰：'兼晐也。'此用其义释垓。……兼备八极之地谓之垓。"[③]段玉裁则以为本字当作"晐"，作"垓"者乃俗字。朱骏声《说文通训定声·颐部》"该"下曰："（该）〔假借〕为晐。《方言》十二：'该，

① 段玉裁：《说文解字注》，第672页。

② 方以智：《通雅》，第167页。

③ 段玉裁：《说文解字注》，第682页。

咸也。’《穀梁·哀元传》：‘此该之变而道之也。’注：‘备也。’《楚辞·招魂》：‘招具该备。’注：‘该亦备也。’”[①]朱骏声则认为“该”假借为“晐”。

②栝，结子松也。枞，凤尾松也。桧、椈，皆柏也。〇《说文》曰：“柏，鞠也。”其兼柏叶者，谓之二色桧。……《尸子》曰：“松柏之鼠，不知堂密之有美枞。”《记》曰：“鬯臼以椈。”郑氏曰：“柏也。”此即许氏所谓鞠。[②]（《通雅》卷四十三《植物·木》）

按：方氏认为《说文》“柏”之释义“鞠”，本字当为“椈”。朱骏声《说文通训定声·豫部》“柏”下所述亦持此论，其文为：“《尔雅》：‘柏，椈。’《礼记·杂记》：‘鬯臼以椈。’许书无椈字，文阙夺也。此注以鞠为之。”[③]

（2）说明《说文》被训字或其释义在文献中的假借用例

①奇侅一作奇胲、奇咳、奇賌；兼垓、兼晐、胲存，皆以兼该立义也。〇賌犹该也。《庄子》：“胲而存。”言该备也。《汉·艺文志》有《五音奇胲用兵》二十三卷、《五音奇胲刑德》二十一卷。《淮南子·兵略训》：“明于星辰日月之运，刑德奇胲之数。”注：“奇賌，奇秘非常术也。”《史记·仓公传》：“教唐安以奇咳。”[④]即奇胲，盖谓奇秘兼賌也。《说文》：“侅，奇侅，非常也。”……虚舟子曰：“漆园寓言游心，归于极物而止，西乾本藏

① 朱骏声：《说文通训定声》，武汉：武汉市古籍书店影印，1983年，第195页上。

② 方以智：《通雅》，第1281页。“鬯臼以椈”，黄山本作“鬯曰以掬”（第6册第255页）。

③ 朱骏声：《说文通训定声》，武汉：武汉市古籍书店影印，1983年，第459页上。

④ 《史记·扁鹊仓公列传》：“临菑召里唐安来学，臣意教以五诊上下经脉，奇咳，四时应阴阳重，未成，除为齐王侍医。”

表法，而滑疑以护其神，非大奇咳耶？遣放消心，知则不惑。”[①]（《通雅》卷三《释诂·缀集》）

按：方氏指出《说文》之“奇侅”文献中又作“奇胲”“奇咳”“奇賌”。换言之“胲”“咳”“賌”是假借字，本字为“侅”。《说文》“侅”字段注所述与方氏同，段注曰：“《汉书·艺文志》五行家有《五音奇胲用兵》二十三卷、《五音奇胲刑德》二十一卷。如淳曰：‘胲，音该。’《史记·扁鹊仓公列传》：‘臣意即避席再拜谒，受其脉书上下经、五色诊、奇咳。’《集解》曰：‘奇，音羈。咳，音该。’按，据张守节《正义》，则《史记》‘奇咳’本亦作‘奇胲’，《肉部》训‘胲’为足指毛皮，然则‘侅’正字，‘胲’其假借字耳。《淮南·兵略训》：‘明于星辰日月之运，刑德奇賌之数，背向左右之便，此战之助也。’注云：‘奇賌之数，奇秘之数，非常术。’其字又作賌，亦假借也。”[②]

②听然，即辴然也。咍，嗤也。〇“吕安谓嵇康：‘我辈稍有菜色，反为肉食辈所哂。’”通作“听”。《上林赋》：“无是公听然而笑。”注作“龂”，齿本也。又通作“吲”。《晋书》：“王猛辞司徒疏：‘田千秋一言致相，匈奴吲之。’”又通作“矧”。《曲礼》：“笑不至矧。”注：“齿本也，大笑则见。”《宋书·王弘传》：“孙叔未进，优孟见弞。”又通作“辴”。《庄子》：“桓公辴然而笑。”一本作“辴”。左思：“东吴王孙，辴然而咍。”并与“哂”通。此字当从《说文》之“弞”为正，笑不坏面也[③]。通作矧，别作哂、吲、听、辴。辴通作“矧”。[④]（《通雅》卷四《释

① 方以智：《通雅》，第167页。

② 段玉裁：《说文解字注》，第368页。

③ 大徐本《说文·欠部》：“弞，笑不坏颜曰弞。”

④ 方以智：《通雅》，第201—202页。

诂·古隽》)

按：方氏认为《说文》之“弞”为文献中表示笑义的“哂”“吲”“听”“辴”“矧”之本字。方氏说“弞”是“哂”“吲”等字的本字可从。朱骏声《说文通训定声·坤部》“弞”下曰：“（弞）字亦作哂、作吲、作嗔。《三苍》：‘哂，小笑也。’《广雅·释诂一》：‘嗔、吲，笑也。’《论语》‘夫子哂之’，马注：‘笑也。’皇疏：‘齿本曰哂。’谓借为龂，失之。”[①]方氏说“弞”为“矧”之本字则误。段玉裁对“弞”与“矧”的关系有详论，段玉裁先改《说文》“弞”字为“欯”字，并注解说：“笑不坏颜曰欯。各本篆作弞，今正。……今按：《曲礼》‘笑不至矧’注云：‘齿本曰矧，大笑则见此。’然则笑见齿本曰矧，大笑也。不坏颜曰欯，小笑也。二义不当同音。”[②]方氏虽然误认“弞”为“矧”的本字，但是其他论述则可作为《说文》“弞”的疏证材料。

③金口，即噤口。○《荀子》：“金口蔽舌。”[③]金即噤。古噤、唫、吟，随用。《素问》：“呿唫。”闭口为唫。《韩非子·杨权篇》“公子既众，宗室忧唫”，《太玄》“唫首”，皆与噤同。《史·晁错传》：“恐天下之士噤口，不敢复言。”《日者传》：“怅然噤口不能言。”亦作矜。《说文》：“口闭也。”退之《聊句》：“直辞一以荐，巧舌千皆矜。”《梁冀传》：“口吟舌言。”谓语吃也，亦噤意。《墨子》：“近臣则喑，远臣则唫。”即吟。《吕览·审应篇》：“君呿而不吟。”[④]高注：“呿开，唫闭。”是

① 朱骏声：《说文通训定声》，武汉：武汉市古籍书店影印，1983年，第834页下。

② 段玉裁：《说文解字注》，第411页。

③ 《荀子·正论》：“金舌弊口，犹将无益也。”（王先谦撰，沈啸寰、王星贤点校：《荀子集解》，北京：中华书局，1988年，第341页）

④ 上海古籍本校勘记：“吟”，当是“唫”之误。

“唫”讹。[①]（《通雅》卷十八《身体》）

按：《说文·口部》：“噤，口闭也。”方氏认为以上文献中的“金”“唫”“吟”皆为《说文》之“噤”，换言之，“噤”为本字，“唫”“吟”等为假借字，是。《说文》“噤”字段注亦论述了文献中“吟”用为“噤”的现象：“《史·淮阴侯传》：‘虽有舜禹之智，吟而不言。’此假吟为噤也。”[②]可资佐证。反而观之，方氏所引“噤”义在文献中的假借用例也可作为疏证该字字义的材料。

2.说引申

说引申是指方氏在《通雅》中疏证《说文》时，以《说文》被训字本义为出发点，阐述了该字的引申义。但方氏只是朦胧地认识到其义与本义之间的引申关系，并没能像清儒段玉裁那样具有明确的“引申”概念。兹举例分析如下：

> ①谐际，谓谐合交际也。〇《唐书·房琯传》：“与吕向隐陆浑，十年不谐际人事。”[③]此字曾见六朝人用之。《庄子》“贵际”，注：“贵交际也。”按《说文》：“际，壁会也。”“𡭴，际见之白也。”“隙，壁际空也。”则壁相交会之名，故借用之。[④]（《通雅》卷五《释诂·古隽》）

按：方氏认为“际”表“交际”义是从《说文》“际”之“壁会”义借用。方氏所谓“借用”，实指引申。从“壁相交会”引申为“人相交会”，即“交际”义。段玉裁则用了“引申”这一术语说明“际”义的发展情况。

① 方以智：《通雅》，第638页。

② 段玉裁：《说文解字注》，第56页。

③ 《新唐书·房琯传》：“琯少好学，风度沈整，以荫补弘文生。与吕向偕隐陆浑山，十年不谐际人事。”（《新唐书》，北京：中华书局，1975年，第4625页）

④ 方以智：《通雅》，第235页。

《说文》“际”字段注曰：“两墙相合之缝也。引申之凡两合皆曰际。”[①]段氏之“两合”即方氏之“交会”。

②蔈定，秒定也。○《说文》曰：“春分而禾生，夏至晷景可度。禾有秒，秋分而秒定。律数，十二秒而当一分，十分而寸。其以为重：十二粟为一分，十二分为一铢，故诸程品，皆从禾。”今历大率一分百秒，或八十秒。函盖则每度六十分，一分六十秒，其义盖本乎此也。[②]（《通雅》卷四十《算数》）

按：《说文·禾部》：“称，铨也。春分而禾生。日夏至晷景可度。禾有秒[③]，秋分而秒定。律数，十二秒而当一分，十分而寸。其以为重：十二粟为一分，十二分为一铢，故诸程品，皆从禾。”方氏之“其义盖本乎此”实际上指明了“秒”从计量物体长度引申为计量时长。《说文》“称”字段注曰：“度起于十二秒，权起于十二粟。”[④]度量始于“秒”，时间亦可始于“秒”。

③十发曰程。章程，法式也。○《汉·高纪》：“张苍定章程。”如淳曰：“章，历数之章术；程者，权衡斗甬丈尺之法。”[⑤]《说文》曰：“程品也。十发曰程，十程为分，十分为寸。”秦之“程书”，则犹称秤之称也，因有程课之义。有计路，则曰路程。[⑥]（《通雅》卷四十《算数》）

---

① 段玉裁：《说文解字注》，第736页。

② 方以智：《通雅》，第1206—1207页。

③ 《说文·禾部》：“秒，禾芒也。”古人用“禾芒”做计量单位，《说文》“称”之释义有“禾有秒，秋分而秒定。律数，十二秒而当一分，十分而寸”说，故段氏曰“度起于十二秒”。

④ 段玉裁：《说文解字注》，第327页。

⑤ 《汉书·高帝纪》：“天下既定，命萧何次律令，韩信申军法，张苍定章程。”如淳曰：“章，历数之章术也。程者，权衡丈尺斗斛之平法也。”（《汉书》，北京：中华书局，1962年，第81页）

⑥ 方以智：《通雅》，第1207页。

按：方氏指出“程课”“路程”之程有度量、计量义是来自《说文》“程品”之释义，此说是。段玉裁也指出“程”有“法式”义，段氏依小徐本《说文系传》作“程，程品也”予以疏证：“大徐无‘程’字。按此三字为句……品者，众庶也。因众庶而立之法，则斯谓之程品。上文言‘诸程品’可证矣。《荀卿》曰：‘程者，物之准也。’《月令》：‘陈祭器，按度程。’注：‘程，谓器所容也。’《汉书》：‘张苍定章程。’如淳云：‘章，历数之章术也。程者，权衡丈尺斗斛之平法也。’”[①]正因“程”有“法式”义，为物之准则，故可用于度量；而“称”亦用于度量，与此相类。故方氏用类比的方法“（程）犹称秤之称”揭示了“程”的引申过程。

④一丈曰筵。〇《说文》引《周礼》：“度堂以筵。”筵一丈。又铺陈曰筵。《礼·司几筵》疏：“初在地者一重，谓之筵。”[②]（《通雅》卷四十《算数》）

按：《说文·竹部》：“筵，竹席也。《周礼》曰：‘度堂以筵。’筵一丈。”由此，“筵”引申出“一丈”义。方氏此处的“又铺陈曰筵”，亦是从“筵”之“竹席”义引申而来。竹席藉于地[③]，故有“铺陈”义，如《楚辞·招魂》“朱尘筵些”，洪兴祖补注：“铺陈曰筵。”[④]方氏用一“又”字说明其为“竹席”义之引申。

3.释名物

《通雅》疏证《说文》以释名物是指方氏或描述《说文》名物之形，或指出《说文》物名之变更，或类聚《说文》相同之物，或辨析《说文》同类

① 段玉裁：《说文解字注》，第327页。

② 方以智：《通雅》，第1229页。

③ 戴侗《六书故》卷二十三《植物三》：“筵，竹席。以藉席者，其度长于席。”（戴侗撰，党怀兴、刘斌点校：《六书故》，北京：中华书局，2012年，第534页）

④ 屈原等：《楚辞四种》，香港：广智书局，1962年，第123页。

之物。兹举列分析如下：

①洞箫，本是筒箫。○《说文》："筒，通箫也。"徒弄切。箫本编排而成，形象凤尾，曰凤箫。《尔雅》所谓言也，后加作管。筒乃单竹，故曰通箫。后乃通作洞箫。王子渊作《洞箫赋》。[①]（《通雅》卷三十《乐器》）

按：方氏指出后世所谓"洞箫"，即《说文》之"通箫"，且详细描述了《说文》"通箫"的形制。段玉裁亦持此论，《说文》"筒"字段注曰："筒，通箫也。所谓洞箫也。……《汉·章帝纪》：'吹洞箫。'如淳曰：'洞者，通也。箫之无底者也。'"[②]

②檷、柅、尿，一物也。○《说文》曰："柅，实如黎。""尿，篗柄也。""檷，络丝趺。"郑夹漈曰："㞋，篗柄也。"陆氏曰："读如昵。"一曰柅，止车木。《易》"系于金柅"者，以金为之，卓地为固。《孟子》："止或尼之。"其通义也。……檷、柅，实一字。丝之筳即篗柄，合溪何疑焉。《说文》："收丝者也。"《方言》曰："篗，榬也。"亦作蒦，又作䉶、䉶、篗。今江南收丝，似小搅车，中有柄，听丝旋其外，而中轴自转，总曰络子。履曰："今松江纺棉花，建昌纺圆丝苎线，皆牵五丝之络柅。"[③]（《通雅》卷三十四《器用·杂用诸器》）

按：《说文》"檷""柅"分释，方氏则认为它们一物，是。《说

① 方以智：《通雅》，第942页。

② 段玉裁：《说文解字注》，第197页。

③ 方以智：《通雅》，第1050—1051页。"趺"，黄山本作"跌"（第5册第572页），上古本为是。"读如昵"之"如"，黄山本作"若"。

文》"柅"字段注曰："今字以为檷字。"[①]又《说文》"檷，络丝檷也"，段玉裁改"檷"的释义作"络丝柎也"，注曰："柎各本作檷。今依《易释文》《玉篇》《广韵》正。《释文》作趺。柎趺古今字。柎，咢足也。络丝柎者，若今络丝架子。"[②]方氏此例详细地描述了"柅"的形制。

③觼舌，轼上系辔之环也。〇《诗》："鋈以觼軜。"音玦衲。《说文》："觼，环之有舌者。"今俗呼觼舌，或作鐍。……环而有舌，自设机轴，与锁鐍相类，故有其名，未可知也。[③]（《通雅》卷三十五《器用·车类》）

按：方氏描述了《说文》"觼"之形，认为觼"环而有舌，自设机轴"的形制、功用与"锁鐍"大致相同。段玉裁在《说文解字注·角部·觼》中描述"觼"为"（许谓）环中有横者以固系"[④]，"横者"盖即方氏所谓的"机轴"，以固系辔之用；"锁鐍"中亦有"机轴"，以固物防盗之用。"觼"与"锁鐍"的形制、功能大致相同，故方氏用常见的"锁鐍"做类比，描述"觼"之形。

④芪母即莐母，今之知母也。〇《说文》有"芪，芪母"；又有"莐，草名"。《玉篇》："莐母，即知母。"药草也。明是一字，而徐氏别之。[⑤]（《通雅》卷四十一《植物·草》）

按：《说文》"芪""莐"分释，方氏认为它们是一物且均为"知

---

① 段玉裁：《说文解字注》，第244页。

② 段玉裁：《说文解字注》，第262页。

③ 方以智：《通雅》，第1076页。

④ 段玉裁：《说文解字注》，第188页。

⑤ 方以智：《通雅》，第1245页。

母”，是。《广韵·支韵》引《字林》：“莀，莀母，即知母草。”[①]《说文通训定声·解部》“芪”下曰：“芪，一名知母。”[②]凡此均可佐证方氏之说。

⑤鵱鷜，蒌鹅也。○《玉篇》有“鵱鷜”。按《说文》：“鵱，蒌鹅也。”谓在芦间，乃野鹅也。家鹅谓之舒雁。[③]（《通雅》卷四十五《动物·鸟》）

按：蒌鹅、舒雁虽皆为鹅，但是方氏细辨之：蒌鹅为野鹅，舒雁为家鹅。方氏之说可信。《说文》“鵱”字段注曰：“《释鸟》：‘鵱鷜，鹅。’郭云：‘今之野鹅。’”[④]又《说文》“鴈”字段注曰：“李巡云：‘野曰鴈，家曰鹅。鹅谓之舒鴈者，家养驯不畏人，飞行舒迟也。’是则当作舒雁，谓雁之舒者也。雁在野，鹅为家雁也。”[⑤]可为佐证。

（三）《通雅》疏证《说文》的方法

方以智在《通雅》中疏证《说文》时，盖用四法。

1.以音求义

如前所论，“以音求义”是贯穿于《通雅》的重要研究方法之一。因此方氏在疏证《说文》时，亦运用了“以音求义”的方法。

兹举四例，以知晓方氏此法的运用。

①昆于，犹昆吾也。○《说文》：“歖，昆干，不可知也。”[⑥]

---

① 通过“汉字全息资源应用系统”查得，https://qxk.bnu.edu.cn/#/danziDetail。

② 朱骏声：《说文通训定声》，武汉：武汉市古籍书店影印，1983年，第520页上。

③ 方以智：《通雅》，第1358页。

④ 段玉裁：《说文解字注》，第152页。

⑤ 段玉裁：《说文解字注》，第152页。

⑥ 《通雅》卷首一《音义杂论·注释正字说》：因昆吾知昆于。许氏曰：“壶，昆吾，圆器。”“歖，昆于，不可知。”智按：吾、于通转。（《通雅》，第10页）卷四和卷首一“歖”字引用不一：一为“昆干”；一为“昆于”。

古浑切。《笺》云：“未详。”余久疑之。一日见《六书索隐》载：“歠，昆干，不可知也，禹父名，今作鲧、骸、鲧，并非音混；古浑乃孙氏之音，浑亦可上声也。”王昭明《同文备考》亦引《说文》“昆干，不可知也”，鲝为古文混。张氏曰：“鲝乃鲗字。今草鱼曰鲗鱼。歠正从鲝，小篆作罘，加鱼，笔改为罘也。”按：《说文》：“壶，昆吾，圆器也。”始知昆吾、昆仑者，古皆以为圆浑之通称。故山象之而名崑崙，奴言其状混仑，犹言混沌也。昆吾是“圆椎”之象，如汉执金吾，程大昌考为金釦之仗，执金吾为驾前侍卫也。智见《茶经》“檛，若今河陇军人木吾”，可知当时呼圆椎之类为吾。师古谓金吾为鸟名，误岂待言哉？吾之声多通为于，古称我为吾，亦为予。《瓠子歌》吾山，即鱼山。驺虞一作驺吾。吾丘寿王，《文选》作虞丘。可证也。如淳于之形，敦敦然圆浑，故呼之。其匾者曰盂，亦谓其圆也。《说文》训歠，盖言为圆椎混仑之状不可知耳。屈原言鲧倖直，或状其厚貌浑沦而名之。证昆干为昆于，确然无疑。錞于音淳，似有淳于县也。古淳与敦同，自当读錞于为敦于。又按吾于之声，嘬唇点舌，则为都卢。唐人以觜尖为都卢。《国语》曰：“侏儒扶卢。”韦氏谓：“扶，缘也。”上高竿者，汉曰都卢。师古曰：“都卢国人善缘。”陈后山以唐人名都卢缘，谓矛戟之柲也。按《考工记》之庐读作卢，洪景卢奇之。凡圆者谓之卢。古语因吾于而转也。戈戟之柄圆，故谓之卢，不必引攒竹为柲也。瓠曰瓠卢，后以其可盛曰壶卢，头圆故名头卢，后人加骨加页别之，可证。[①]（《通雅》卷四《释诂·古隽》）

按：方氏判定《说文》“歠”义“为圆椎混仑之状不可知”，是通过系联“歠”的异体字“鲧”而得出的。徐锴《说文解字系传·欠部》：“歠，

① 方以智：《通雅》，第189—190页。

昆干，不可知。……臣锴曰：禹父号鲧，义当此字。”[①]“鲧”又作“鲲”[②]，即为圆浑之鱼[③]。方氏判定“昆吾”通作“昆于”，为“圆浑之状”，运用了因声求义之法，即“吾之声多通为于”，而“欥”亦为“圆浑之状”，故方氏通过“昆于”为“圆浑之状”判定“昆干”之“干”字讹。王筠《说文解字句读·欠部》“欥”字下亦曰：“欥，昆于，不可知也。……于，一本作干。筠意主昆于。《木部》‘梡棞’，与欥音义皆相近。《页部》‘颐，棞头也’，亦相近。昆于则与昆吾、昆仑、浑沦音义皆近。颐钝无圭角，故曰‘不可知也’。”[④]然而方氏之说，较之王氏，不但更早，而且更为详尽。

②离娄，转为丽廔。○《说文》：“廔，屋丽廔也。”《广韵》作“廲廔”，皆平声。离娄言其透明也。郝氏曰：“古之至明者，因以为名。转为历录。”余以历录尚远，若丽廔则实因离娄也。《说文》瞴，莫浮切，“瞴娄，微视也。”读若眸娄。以此益证离娄为至明，古有此语。或称离朱，《山海经》作离俞。音近相借，如《春秋》郲娄为邹，可推。[⑤]（《通雅》卷六《释诂·谜语》）

按：方氏此条疏证《说文》“廔”义。他认为《说文》“丽廔”实因“离娄”音转而来。《说文·广部》“廔”字段注曰：“丽廔，读如离娄二音。‘囧’字下曰：‘窗牖丽廔闿明也。’《长门赋》《灵光殿赋》皆作‘离楼’，谓在屋在墙囱牖穿通之貌。”[⑥]“丽廔”指窗牖光亮透明，“离

① 徐锴：《说文解字系传》，北京：中华书局，1987年，第177页上。
② 桂馥《说文解字义证·鱼部》：“鲧，或作鲲。”
③ 《集韵·混韵》：“鲲，鱼圆貌。”
④ 王筠：《说文解字句读》，北京：中华书局，1988年，第327页。
⑤ 方以智：《通雅》，第269页。
⑥ 段玉裁：《说文解字注》，第445页。

娄”指人至明[①]。“离娄”转为“丽廔”[②]，因此“丽廔”亦透明之义。

③笭篂、笭籯，皆笭箵也。〇《说文》曰：“笭，车笭也，一曰笭籯。”[③]《博雅》曰：“笭篂，竹席也。”又曰车中筵。刘氏曰：“舟中篑曰笭箵，箵省亦作笭箐。”[④]智考笭箵，小笼也。又《唐新语》曰：“渔具总曰笭箵。”《元结传》载自释语曰：“能带笭箵，全独而保生；能学謷齖，保宗而全家。”则箵与笭箐之音合。要论之，舟中蓬箬之席为笭，又呼笭箵，或作籯、篂、箐，皆其声相借也。渔具蓑网，亦近蓬箬参差之状，故因而呼之。[⑤]（《通雅》卷三十四《器用·杂用诸器》）

按：此例方氏对《说文》的“笭”一曰“笭籯”义有疏证，以为即“舟中蓬箬之席”。方氏是通过系联与笭、籯音近的“笭箵”“笭篂”“笭箐”获得其义的。后世同方氏此说者有朱骏声的《说文通训定声》。《说文通训定声·坤部》“笭”下曰：“[别义]一曰籯也。《广雅·释器》：‘笭，笼也。’按竹器受三四斗。又《方言》：‘箸筒，亦谓之籯也。’又《广雅·释器》‘笭篂’，按：竹席。《集韵》‘车中筵也’，亦叠韵连语。又《通俗文》‘竹器谓之笭箵’，按：渔具也，亦叠韵连语。”[⑥]依朱氏之意，笭篂、笭籯、笭箵皆是音近义同的叠韵联绵词，正与方氏所论“或作籯、篂、箐，皆其声相借”大同。

---

① 《说文·女部》“娄”字段玉裁注：“人曰离娄，窗牖曰丽廔，是其意也。”（《说文解字注》，第624页）

② “离娄”“丽廔”皆为来纽的双声联绵词。

③ 大徐本《说文·竹部》：“笭，车笭也，一曰笭，籯也。”

④ 依文意，“箵省”应作“笭箵”。

⑤ 方以智：《通雅》，第1029页。

⑥ 朱骏声：《说文通训定声》，武汉：武汉市古籍书店影印，1983年，第837页下。

④石流黄，今作硫黄，犹朴消之为硝也。或作石流丹。〇硫黄，古作流黄，机上流黄，亦取流黄之色也。《说文》：“莀，可以染留黄。”盖言染色，即流黄色也。……留、磂、流、硫，并通。[①]（《通雅》卷四十八《金石》）

按：此条方氏认为《说文》“莀”释义中之“留黄”即“流黄”，后世通作“硫黄”。以从音言，“留、磂、流、硫，并通”。

2.系联异形

系联异形是方氏在《通雅》中疏证《说文》所引联绵词的一项重要方法。《说文》释义中引用的联绵词，每因其形不常用而使读者困惑，方氏则通过系联常见异形词来达到疏证《说文》的目的。兹举五例以示其意：

①寂寞，一作宗莫、家漠、啾嘆……〇《说文》本作啾嘆，即寂寞也，一作宗莫。[②]（《通雅》卷六《释诂·谜语》）

按：《说文·口部》：“嘆，啾嘆也。”方氏通过系联“啾嘆”的常见异形词“寂寞”来阐明《说文》“嘆”的释义。

②肸蠁，一作肹响、翕响、肸芗。〇《说文》：“肸响，布也。从十从佾。佾者，振佾也。”引《甘泉赋》：“肸响丰融。”又《子虚赋》：“肸响布写。”注：“盛作也。”《汉书》本作肸蠁。太冲《蜀都赋》：“景福肸蠁之兴作。”则有鬼神仿佛之意，注：“如虫群起而多。”又《郊祀》[③]：“罔不肸餙。”师古曰：“肸，振也。”《玉篇》作“肹响”。《说文》曰：“蠁，知声虫也。”蠁

① 方以智：《通雅》，第1433—1434页。

② 方以智：《通雅》，第246页。

③ 上海古籍本校勘记：“郊祀”下疑脱“歌”字，当补。

子入土为蝇。毛氏曰："古响即向，羊舌肸，字叔向。"是也。肸，孙恤羲乙切。六臣注引司马彪曰："肹，过也。"吕延济曰："肹蠁，中天游气也。"《论衡》曰："晓俗以鸿文，犹振聋以肸蠁也。"《甘泉赋》："芗呹肸以棍根兮。"注："芗与响同。"《笛赋》："纷纶翕响。"[1]（《通雅》卷六《释诂·謰语》）

按：方氏通过系联"肸响"的异形词"肸蠁"来疏解《说文》"肸响"之义。段玉裁改《说文》"肸"的释义为"肸蠁，布也"，注曰："李善注《上林赋》《甘泉赋》皆引'肸蠁，布也'，今据正。《上林赋》曰：'肸蠁布写。'彪注曰：'肸，过也。芬芳之过若蠁之布写也。'《甘泉赋》：'芗呹肸以掍批。'芗盖同蠁。按：《虫部》'蠁，知声虫也'。肸蠁者，盖如知声之虫一时云集。《蜀都赋》'翕响'义同。春秋晋羊舌肸，字叔向。"[2]方氏未改《说文》原文，其疏证《说文》"肸响"义却与段氏大致相同，似胜段君一筹。

③踟蹰，一作峙躇……〇《说文》："躇，峙躇不进也。"《刘宋书·乐志》引："五马立峙躇。"《长笺》引《诗》："搔首峙躇。"升庵引"跢跦"。富嘉《丽色赋》用"迟伫"，《茅山碑》用"迟蹰"，陆士衡诗用"踯躅"，五臣本作"彳亍"，又作踯躅。又有掷蹢，亦谓其行貌也。[3]（《通雅》卷六《释诂·謰语》）

按：此例方氏通过系联"峙躇"的常见异形词"踟蹰"来疏解《说文》"峙躇"之义。

① 方以智：《通雅》，第256页。

② 段玉裁：《说文解字注》，第89页。

③ 方以智：《通雅》，第257页。"蹢"，黄山本作"蠋"（第4册第291页）。

④窈窕，一作窅窱、窔窱、挠挑、杳窱，转为窎窕、窎窅、窅窔。〇《释文》引《诗》“窈窕”作窅窱。《说文》于“窱”，训“杳窱也”；于“窎”，训“窅，深也”[①]；于“窔”，训“窅窔，深也”。皆上声，则窎、窅、窅、窔，皆一声之转耳。《西都赋》：“杳窱而不见阳。”《西京赋》：“望窔窱以径廷。”《庄子》“挠挑无极”，注：“幽远之义。”杜诗：“影动窎窕冲融间。”……愚曰：古人形容，俱是借字，如状宫室用“潭潭”、赞人曰“渊源”，必曰：此言水也。又当作何字乎？[②]（《通雅》卷七《释诂·谜语》）

按：此例方氏通过系联《说文》“杳窱”“窅窔”的常见异形词“窈窕”来疏通《说文》释义。

⑤崎岖，一作踦区、陭隁……敧隁。〇《说文》：“区，踦区，藏匿也。”《晋书·顾荣传》：“崎岖艰险之中。”《刘琨传》史臣赞：“踦躯汾晋，契阔獯戎。”《宋书·庐江王袆传》：“徼幸敧隁，仅得自免。”[③]（《通雅》卷八《释诂·谜语》）

按：此例方氏通过系联《说文》释义中“踦区”的常见异形词“崎岖”，从而使《说文》“踦区”之义变得显豁。

3.以今通古

以今通古是指方氏在《通雅》中通过联系今语或当代情况以疏通《说文》被训字字义。兹举五例以示其意：

① 此为连篆而读。《说文·穴部》：“窎窅，深也。”
② 方以智：《通雅》，第292页。
③ 方以智：《通雅》，第322页。

①溵疆：溵，水名，一作瀷，又作瀷[①]，于谨切。〇《说文》曰："水。出颍川阳城少室。"今登封县东，至今陈州商水县入颍。[②]（《通雅》卷十六《地舆·地名异音》）

按：《说文·水部》："濦，水。出颍川阳城少室山，东入颍。"此例方氏用"今登封县东，至今陈州商水县入颍"来说明《说文》"濦水"当时的地理位置[③]。

②山胁，今之冲坂也。〇《说文》："坡者曰坂。一曰泽漳。一曰山胁。"[④]韩信并山，谓傍山胁也。今山冲小坂是也。[⑤]（《通雅》卷十七《地舆·释地》）

按：此例方氏用今语"冲坂""山冲小坂"疏通《说文》"阪"之"山胁"义。

③抒井韈，今之水兜也。〇《说文》："韈，量物之器，一曰抒井韈。"《笺》曰："《方言》：'篮曰韈。'武林谓之水兜。"[⑥]（《通雅》卷三十四《器用·杂用诸器》）

按：此例方氏用"今之水兜"疏通《说文》所谓"抒井韈"之义。

---

① 上海古籍本校勘记：此处两作"瀷"字，于文义不协，当有一误。笔者以为两个"瀷"字，其中有一个作"濦"。

② 方以智：《通雅》，第564—565页。

③ 《说文通训定声·屯部》"濦"字下曰："字亦作瀷、作溵。出今河南河南府登封县少室山，东流合于颍水。"又《说文》"濦"字段注曰："今大溵水在郾城县南，至商水县东二十里合颍水。小溵水在临颍县西南，东流合于颍水。"

④ 大徐本《说文·𨸏部》："阪，坡者曰阪。一曰泽障，一曰山胁也。"《通雅》所引作"坡者曰坂"。"坂""阪"是异体字。

⑤ 方以智：《通雅》，第615页。

⑥ 方以智：《通雅》，第1033页。

④汉人呼辔为龙头统，即羁靮也。〇《说文》："䩭，箸掖鞥也。""鞥，辔鞥，一曰龙头统。"[①]智按：即今所呼笼头也。[②]（《通雅》卷三十五《器用·戎器》）

按：此例方氏用"今所呼笼头"疏通《说文》"鞥"义。今赣语鹰弋片余干话亦有此称。

⑤籍[③]。〇师交切。《说文》："陈留谓饭帚曰籍，或曰饭器，或作筲。一曰：宋魏谓箸桶为筲。"今则有籍箕之名，合之古饭器之语，是已。饭帚，则今之刷箸也。[④]（《通雅》卷四十九《谚原》）

按：《说文·竹部》："箾，陈留谓饭帚曰箾。从竹捎声。一曰饭器，容五升。一曰宋魏谓箸筒为箾。"此例方氏用"今则有籍箕之名"疏通《说文》"籍"之饭器义；用"今之刷箸"疏通"籍"之饭帚义。今赣语鹰弋片余干话犹有此两名。

4.引证群书

方氏在《通雅》中疏证《说文》时，善于引用经、史类著作及相关的注解作佐助。兹举五例分析如下：

①幺无二字。〇《说文》："𢆶，小也，象子初生之形。"陆机赋"弦幺徽急"，注："小也。"《尔雅》"幺，幼"，注："豕后

① 大徐本《说文·革部》："鞥，辔鞥……一曰龙头绕者。"《通雅》所引作"龙头统"，《通雅》之"统"盖"绕"字讹。

② 方以智：《通雅》，第1071页。

③ 此例方氏作"籍"，但是从《说文》释义可知，应为《说文》"箾"。

④ 方以智：《通雅》，第1448页。

生者俗呼幺豚。”班彪论“幺麿”，即今所用么麽也。又有幺贝，亦小贝也。[①]（《通雅》卷二《疑始·论古篆古音》）

按：此例方氏疏证《说文》“幺”义，不仅引用了陆机赋、班彪论的用例及《尔雅》的释义，还引用了相关的注解。

②久之，犹拄之也。○《说文》：“久，从后灸之，象两胫后有距也。”引《周礼》“久诸墙以观其挠”。今《考工》“卢人灸诸墙，以视其挠之均也”，注：“灸，拄也，横拄之两墙间，以审其卢柄本京强弱均否？”许氏所云从后灸之，亦谓从后拄之也。[②]（《通雅》卷四《释诂·古隽》）

按：此例方氏疏证《说文》“久”义，引用了《周礼·考工记》及其注文。段玉裁同之，《说文》“久”字段注曰：“《考工记》：‘灸诸墙，以视其桡之均。’郑曰：‘灸犹柱也，以柱两墙之间。’许所称作久。”[③]

③啻諟，犹谛视也。○《说文》：“啻，諟也。”《方言》：“瘱諦，审也。諟諦，諟也。吴、越曰諟諦。”郭璞曰：“亦审諟，㸦见其意也。音帝。”智按：谛、揥、諦一字，㸦见者，互见也。[④]（《通雅》卷五《释诂·古隽》）

按：《说文·口部》：“啻，语时不啻也。一曰啻，諟也。”此例方氏疏

---

① 方以智：《通雅》，第150页。

② 方以智：《通雅》，第190页。

③ 段玉裁：《说文解字注》，第237页。

④ 方以智：《通雅》，第218页。“㸦”，黄山本作“牙”（第4册第246页）。“㸦”是“互”的异体字。

证《说文》“啻”之“啻諟”义，引用了《方言》及郭注[1]。

④疻痏，伤痕也。〇诸氏：荣美切。《薛宣传》：“廷尉引《传》曰：‘遇人不以义而见疻者，与痏人之罪钧，罪不直也。’”[2]《说文》曰：“痏，疻痏也。”应劭曰：“以丈与手殴人，剥其皮肤，青墨而无瘢痕，《律》谓之疻痏。”《类篇》曰：“疻，血肿也。”《吕览》：“齐王疾痏。”[3]（《通雅》卷十八《身体》）

按：此例方氏疏证《说文》“疻痏”义引用了《汉书·薛宣传》及应劭注[4]。

⑤簏。〇卢木切。《说文》曰：“竹高匧也。”别作箓，今人作盝。杭州乡语至今呼簏，即遇小纸匣亦呼之曰纸簏。《国语》曰：“市无赤米，而囷鹿空虚。”“圆曰囷，方曰鹿。”方则有角，角鹿通也。[5]（《通雅》卷四十九《谚原》）

按：此例方氏疏证《说文》“簏”义，不仅指出杭州乡语至今呼簏，还

---

① 段玉裁亦持此论。《说文》“啻”字段注曰：“《言部》曰：‘諟，理也。’亦用諟为审谛字。”

② 《汉书·薛宣传》：“传曰：‘遇人不以义而见疻者，与痏人之罪钧，恶不直也。’”应劭曰：“以杖手殴击人，剥其皮肤，肿起青黑而无创瘢者，《律》谓疻痏。遇人不以义为不直，虽见殴与殴人罪同也。”（《汉书》，北京：中华书局，1962年，第3395—3396页）

③ 方以智：《通雅》，第632页。

④ 段玉裁“疻”之释义补“疻痏”两字，作“疻，疻痏，殴伤也”，注曰：“‘疻痏’二字各本无，依全书通例补。《汉书·薛宣传》：廷尉引《传》曰：‘遇人不以义而见疻者，与痏人之罪钧。恶不直也。’应劭曰：‘以杖手殴击人，剥其皮肤，起青黑而无创瘢者，《律》谓疻痏。’按：此应注讹脱。《急就篇》颜注云：‘殴人皮肤肿起曰疻，殴伤曰痏。’”

⑤ 方以智：《通雅》，第1441页。

引用了《国语》及韦昭注[①]。

方以智在《通雅·自序》中说："函雅故，通古今。……今以经史为概，遍览所及，辄为要删，古今聚讼为征，考而决之，期于通达，免徇拘鄙之误，又免为奇僻所惑。不揣愚琐，名曰《通雅》。"[②]方以智对古今聚讼的训诂进行辨析时，不仅疏证了《说文》字义，更多的是辨析《说文》之误。方以智辨析《说文》之误包括《说文》释义之误，析形之误，引文之误、重文之误。此下四章将详细揭示方以智在这一方面对于《说文》研究的贡献。

① 《国语》"市无赤米，而囷鹿空虚"，韦昭注："员曰囷，方曰鹿。"方氏之"圆曰囷，方曰鹿"即引用韦昭语。

② 方以智：《通雅》，北京：中国书店，1990年，第4—5页。

第二章 《通雅》对《说文》误释字义的辨析

许慎的《说文》是一部据形释义的字典，所以学术界普遍认同许慎训释的字义是字的本义。对于《说文》字义的训释，历代学者都有研究，但是对《说文》字义训释提出较大怀疑的，盖始自唐代李阳冰。李阳冰在刊定《说文》时，大胆怀疑许慎《说文》的字义训释，并提出许多新见解。

此后，除南唐徐锴的《说文解字系传》及宋初徐铉校定的《说文》外，直到明末，研究《说文》者较少。加之这一时期的学者尚空谈，学风空疏，所以成就不大。如明代万历年间赵宧光的《说文长笺》，可取之处不多。顾炎武《日知录》卷二十一辟专节论述《说文长笺》之误，顾炎武说："万历末，吴中赵凡夫宧光作《说文长笺》，将自古相传之五经肆意刊改，'好行小慧'，以求异于先儒。"[①]

清代，古韵学兴盛，再加上清代学者对汉字的形、音、义关系有正确认识，所以在纠正《说文》字义训释方面颇多发明。如段玉裁的《说文解字注》，在疏证《说文》时，就有纠正许慎误释字义的论述；王筠的《说文释例》《说文解字句读》，还颇注重运用金石等古文字材料纠正许说。

现当代学者纠正《说文》字义训释之误，得益于甲骨文、金文及大量先秦文献材料的出土。

明末方以智著述的《通雅》，论及文字、音韵、训诂。但是由于该书以训释古今聚讼词义为目的，同时又多运用"以音求义"的方法来训释词义，

① 顾炎武著，谦德书院注译：《日知录》，北京：团结出版社，2022年，第1778页。

以致时贤多着墨于此书的训诂学、音韵学研究，而忽略了对其文字学方面之研究。《通雅》的文字学成就不仅表现在疏证《说文》，而且也表现在辨析《说文》误释字义。方氏在《通雅》中辨析《说文》误释字义三十五例[①]，且与其类似之论述屡见于后世学者的著作中。然而在辨析《说文》误释字义的研究史上，没有人提及方氏的《通雅》。方氏辨析《说文》误释字义所运用的方法，并不逊色于清代的学者。本章将就《通雅》辨析《说文》误释字义的研究试行分析，以期揭示《通雅》对《说文》研究的贡献。

第一节　《通雅》辨析《说文》误释字义的类型

《说文》的释义，并不都是被训字的本义，其释义有假借义、有引申义；有的释义不精确，甚至有的释义毫无根据，纯属误释。对此，《通雅》每有辨析及纠正《说文》释义。下面我们根据《说文》误释字的字义与该字本义的关系，分两类进行叙述：一是纠正与本义有关的误释；二是纠正与本义无关的误释。

（一）纠正与本义有关的误释

《通雅》纠正与本义有关的《说文》误释可以分为两种：一是对《说文》以引申义为本义的纠正；二是对《说文》以语境义为本义的纠正。

1.对《说文》以引申义为本义的纠正

对《说文》以引申义为本义的纠正是指《说文》训释的字义非该字的本义，而是其引申义；对此释义现象，方氏通过论证指出《说文》训释的字义并非该字本义且正确揭示其本义。其例如：

① 此三十五例是：骴、骼、艽、纛、鳣、鲤、鳢、鰕、鮀、枸、鹰、止、粲、坫、梅、藚、萵、郎、恒（亘）、皇、夤、午、曾、疃、箨、庭、菱、扣、鋈、得、菅、茅、真、不、鼫。

①亙从月为正。〇古登切，月弦也。《诗》："如月之恒。"引之遂用恆瑟，别作絚、緪。又竟两端曰亘，去声，别作桓。《说文》恒在二部，曰"常也，从心从舟。在二之间上下，心以舟施，恒"。桓在木部，"竟也，古文作亙"。徐锴曰："舟竟两岸。"然古文从月，引《诗》"如月之恒"。按许氏、徐氏之说甚曲而不通。古文从月，乃见于死，其义炳然。从舟，月之讹也。[①]（《通雅》卷二《疑始·论古篆古音》）

按：《说文·二部》："恒，常也。从心从舟，在二之间上下。心以舟施，恒也。死，古文恒，从月。《诗》曰：'如月之恒。'"《说文》释"恒"为"常"，以为"从心从舟"。方氏认为《说文》释义不确，"恒"当为"月弦"义。是。董莲池亦持此论，他解析"恒"字说："（亘）是月恒之'恒'的本字，本义为月弦之弦。"[②]《诗·小雅·天保》"如月之恒"，毛传："恒，弦。"[③]乃用其本义。至于《说文》释"恒"为"常"，乃其引申义。

②古分冕、弁、冠，然亦通称；犹汉晋来分帻、巾、帽，而亦通称也。〇有虞氏皇而祭，康成皇邸皇舞，皆为凤皇。此为画羽之冕。周舍以为画凤羽之衣。《说文》皇为自始之说，《含神雾》遂引天皇之星。不知上古造字，必先近取，而后及远。……皇为冕象，从白，似自形也。后乃追尊帝号曰皇；而天皇之皇，与凤皇皆因此起，乃反据以解有虞之皇耶？[④]（《通雅》卷三十六《衣服·彩服》）

① 方以智：《通雅》，第121页。

② 董莲池：《说文解字考正》，北京：作家出版社，2004年，第535—536页。

③ 毛亨传，郑玄笺，孔颖达疏：《毛诗正义》，北京：北京大学出版社，1999年，第587页。

④ 方以智：《通雅》，第1091—1092页。"耶"，黄山本作"邪"（第6册第36页）。上古本语气词多用"耶"，黄山本多用"邪"。下文"耶""邪"不一致时，不作说明。

按：《说文·王部》：“皇，大也。从自。自，始也。始皇者，三皇，大君也。自读若鼻，今俗以始生子为鼻子。”方氏认为“皇”为“自始之说”误，究其形应为冕象，是“冕”义，“后乃追尊帝号曰皇；而天皇之皇，与凤皇皆因此起”为其引申义。其说可从。陆宗达在《释“皇”》一文中说：“‘皇’是主祭者之冠冕……‘皇’有‘大’‘君’义，则是由主祭者的崇高身份引申而来。”[①]又董莲池从“皇”的古文字形分析，也以为“冠冕”义，他说：“‘皇’见西周金文，作（令簋）、（颂壶）、（皇㽉卣）等，春秋战国作（郘王义楚耑）、（秦公簋）、（陈曼匿）等，概不从自，或说此字像王著冠冕形，像王冠。”[②]“皇”本义为“冠冕”，方氏实发其端。

2.对《说文》以语境义为本义的纠正

对《说文》以语境义为本义的纠正是指《说文》训释的字义非该字的本义，而是据引文的语境所释之义。其例有：

> ①町疃，田间道也。〇毛苌因“町疃鹿场”，则训“町疃为鹿迹”。许慎亦曰：“町疃，禽兽所践处。”可谓泥矣。町，田间道，曰町疃，盖言其荡荡也。《左传》“町原防井衍沃”，干宝注：“平川可井者井之，原阜不可井者，则町之，町，小顷也。”张衡《赋》“编町成篁”，注谓“畎亩”。《庄子》“舜举于童土之地”，注：“童土，疃也。如山无草木，曰童。”伊川曰：“庐旁陇畦也，征夫久不归，町疃之地，践为鹿场，非谓町疃即鹿场也。”《集韵》作墥、畽、䵯。公绍依《说文》疃，土短切。今山东方言以路平行便为町疃，读如汀汤，江北则呼为汀汤，白子皮为余言之。[③]（《通雅》卷十七《地舆·释地》）

① 陆宗达：《释“皇”》，《陆宗达语言学论文集》，北京：北京师范大学出版社，1995年，第479页。

② 董莲池：《说文解字考正》，北京：作家出版社，2004年，第7页。

③ 方以智：《通雅》，第614页。

按：《说文·田部》："町，田践处曰町。""畽，禽兽所践处也。《诗》曰：'町畽鹿场。'"方氏认为许慎释"畽"义泥于引文"町畽鹿场"，实不专为禽兽所践。清代承培元的《说文引经证例》亦曰："此引《诗》证字说也。《足部》：'蹸，践处也。'《楚辞》曰：'鹿蹊兮蹸蹸。'是蹸畽同义也，许（许慎）盖有人兽之分，故于蹸不言兽，于畽言兽也。兽迹曰内，鹿迹曰麠，町田践处也。践处谓田之界，人所履行也。《论衡》曰：'町町若荆轲之闾。'《东门》诗传'墠，除地町町者'，言其平也。场治谷田，一曰田不耕者畽，今作疃。"[1]

②露骨曰骼，肉腐曰骴。○《说文》："禽兽之骨曰骼。"古覈切。"鸟兽残骨曰骴，骴，可恶也。《明堂月令》曰：'掩骼薶骴。'"资四切，或作胔。今文作埋胔，非专指禽兽骨也。《释文》以露骨、有肉分之。《吕览》作髊。《周礼·庶氏》注作殨。《集韵》作骴。《圣母帖》："霄骼鲜妍。"[2]（《通雅》卷十八《身体》）

按：方氏认为《说文》"骴"根据引文"掩骼薶骴"释义专指"鸟兽残骨"不确，其义当亦可指人。承培元的《说文引经证例》承其说："此引《礼》证字也。……《周礼·蜡氏》司农注：'故书骴作脊，死人骨也。《月令》曰胔，骨之尚有肉者及禽兽骨皆是。'郑康成《月令》注：'肉腐曰骴。'许（许慎）说与司农同，与《曲礼》异字同义。后郑则指人言也。"[3]《说文》"骼"字段注亦曰："《月令》孟春'掩骼薶骴'，郑云：'骨枯曰骼，肉腐曰骴。'蔡云：'露骨曰骼，有肉曰骴。'高注《吕览》云'白骨曰骼，有肉曰髊'，注《淮南》同。皆不言骼、骴为禽兽之骨也，则亦

① 丁福保编纂：《说文解字诂林》，北京：中华书局，1988年，第13383页。
② 方以智：《通雅》，第628页。
③ 丁福保编纂：《说文解字诂林》，北京：中华书局，1988年，第4448页。

未尝不可通用矣。”[1]

（二）纠正与本义无关的误释

《通雅》纠正与本义无关的《说文》误释也可以分为两种情况：一是对《说文》以假借义为本义的纠正；二是对《说文》纯粹误释字义的纠正。

1.对《说文》以假借义为本义的纠正

对《说文》以假借义为本义的纠正是指《说文》被训字的释义非本义而是该字的假借义。方氏在纠正该字的释义时，用一“借”字说明许慎释义是假借。其例如：

> ①胂夤本即[illegible]。〇《说文》：“夤，敬惕也。[illegible]，籀文。”引《易》曰：“夕惕若夤。”今无此文，应误记。艮其限，列其夤，厉薰心，以夤厉互用也。徐本翼真切，从夕寅声。……许氏以夤附《夕部》，已误引夕惕若之《易》，则从夕又安可据乎？《六书本义》言本为脊肉，而借为寅恭寅时，寅或加夕，古作[illegible]，皆象形。智按：《秦和钟铭》有龚夤，即恭寅，益信脊肉为本，而敬与时乃借用也。博南引《坠泪碑》寅作[illegible]，盖寅从穴，古肉字，讹作宍，从[illegible]，象脊肉之形，甚确。考古文寅作[illegible]，则更可验矣。[2]（《通雅》卷二《疑始·论古篆古音》）

按：方氏认为“夤”为“脊肉”义，“而敬与时乃借用也”，可备一说[3]。陆宗达、王宁说：“[illegible]即[illegible]的伪体。[illegible]与[illegible]（申）略同。《周易·艮

---

① 段玉裁：《说文解字注》，第166页。

② 方以智：《通雅》，第127页。“益信”之“益”，黄山本作“盖”（第4册第144页），又“肉”字，黄山本有作“月”者。

③ 《古文字谱系疏证》据秦公簋“[illegible]”认为：“秦器夤从月，夕是月的分化字，古文字偏旁中，月夕常互用，此从月、寅声，即古夤字。秦公簋夤，意为庄敬。”（黄德宽主编：《古文字谱系疏证》，北京：商务印书馆，2007年，第3023页）今本书论述依方以智之说展开分析，下同。

卦》：‘未九三，艮其限，裂其夤。’虞翻曰：‘夤，脊肉。’《说文·四下·肉部》：‘胂，夹脊肉也。’‘夤’与‘胂’同，知‘寅’即‘申’的别体。”[①]陆、王二氏亦认为“夤”本义为“脊肉”义。

②㐅、午、午，杵之原。〇断木为杵，借为子午，《说文》“五月阴气午屰”之说甚曲。所以知其为午臼之杵者，舂从午从臼，此明证也。昌与切。《父乙鼎》文作干，《庚午鬲》文作干，借为子午、午贯、错午，戴氏主此。伯琦、㧑谦俱从之。子才、敬甫别作午为午字。京山曰：“古午、五通，日中为午，一纵一横之象，推之或作午，变为午。”[②]（《通雅》卷二《疑始·论古篆古音》）

按：《说文·午部》：“午，啎也。五月阴气午逆阳，冒地而出。此予矢同意。”方氏分析“春（舂）”的字形从午从臼，推出《说文》“午”本指杵，批评许说甚曲，是。董莲池也认为“午”本指杵，他分析“午”字说：“‘午’甲骨文作午、午，或虚廓作午……春秋战国作午，为篆文所本。或说当是‘杵’之初文，可从。……许慎训其本义‘啎也’亦假借义。”[③]《说文》“五月阴气午逆阳”是指阴阳交午，啎也，即错午义，因此方氏说“借为错午”。

③曾曾，犹言伶伶也，本通層層。〇许冲《后叙》自言“曾曾小子”。吾氏赋“曾曾挠波”，则为層層。相如赋“坌入曾宫”，子云用“增宫”。盖因層而有增义，曾象層也，借为助词。许氏未知而传其说。[④]（《通雅》卷十《释诂·重言》）

---

① 陆宗达、王宁：《训诂与训诂学》，太原：山西教育出版社，1994年，第203页。

② 方以智：《通雅》，第143页。

③ 董莲池：《说文解字考正》，北京：作家出版社，2004年，第587页。

④ 方以智：《通雅》，第413页。

按：《说文·八部》：“曾，词之舒也。从八，从曰，㓁声。”方氏认为“曾象層也，借为助词”，即“词之舒”是假借义，批评“许氏未知而传其说”。是。方氏是通过“曾”声符字多含增义来断定“曾”之“词之舒”义为假借义的。张舜徽在《说文解字约注》中也论证了“曾”声符字多含增义，并亦持“曾”借为助词的观点，其文为：“凡文辞中作语词用之字，皆当有实义。推原造字之初，必有受义之本。行文者多取其声近通假，所谓借实字作虚字也。许君以‘词之舒也’释曾，此非曾字本义也。考金文中曾字作，见楚曾侯钟；或作，见宓伯鼎；皆象炊器，实为甑之初文。……曾之为物，必加于炉火之上而用始著，因引申有增益义。本书會下云：‘曾，益也。’是已。因之凡从曾声之字，亦多含加高之意。以本书证之，加谓之譄，益谓之增，重層谓之層，北地高楼无屋者谓之竲，并受声义于曾也。语所称曾祖曾孙，乃借曾为層。”[①]

2.对《说文》纯粹误释字义的纠正

《说文》所释之义与被训字的字义毫无关系，许慎的训释当误。方氏在《通雅》中明确指出许慎释义之误有数十例之多，兹举四例分析如下：

> ①篼舆，编舆也。晋以来谓之蓝舆，或曰担子，犹兜子也。〇《张耳传》：“贯高以篼舆前。”师古曰：“编竹木为舆，若今食舆。”《博雅》曰：“篼，棋舆也。”《公羊传·文十五年》：“笱将而来。”注：“笱者，竹篼，一名编舆。”自宋以来，谓之担子，或曰兜子。……今按《说文》：“篰，剖竹未去节也。”盖因《公羊传》“笱将而来”，又曲为之解耳。[②]（《通雅》卷三十五《器用·车类》）

按：《公羊传》“笱将而来”之“笱”为“篼舆”，“将”何休注为

① 张舜徽：《说文解字约注》，武汉：华中师范大学出版社，2009年，第262—263页。

② 方以智：《通雅》，第1073页。

“送也”。方氏认为《说文·竹部》“簛”之释义错误是因为曲解《公羊传》“筍将而来”。我们姑且不论许慎是否因此而释义，但是方氏认为许慎曲解“簛”义，当确。桂馥《说文解字义证·竹部》“簛”下曰：“《广雅》：‘簛，篚也。’馥案：篚谓小儿学书之觚。本书当有此义，今阙。”[①]张舜徽《说文解字约注》“簛”下按：“此篆与箕、籥相次，义训必近。《广雅·释器》簛、籥、箕三字同训为篚，篚即觚也。《急就篇》：‘急就奇觚与众异。’颜注云：‘觚者学书之牍，或以记事，削木为之，盖简属也。其形或六面，或八面，皆可书。觚者棱也，以有棱角，故谓之觚。’许书列簛篆于箕、籥二篆之上，自亦为小儿学书之牍。”[②]桂馥所曰，张舜徽所按，均可佐证许慎曲解“簛”义。

②萝摩即羊婆奶，白环藤也。〇《诗》：“芄兰之枝。”胡官切。《尔雅》曰：“雚，芄兰。”《说文》曰：“莞也。”陆玑曰：“芄兰一名萝藦，幽州谓之雀瓢。”《本草》曰：“萝藦似女青。”谚云：“去家千里，勿食萝藦枸杞。”苏恭曰：“大如枣。”禹锡引景纯注曰：“雚芄，蔓生，断之有白汁可啖。”如此注，则雚芄一名兰，或传误也。大约雚与莞，皆泽草，音近相误。白芷一名莞，一名苻离，宁将合而为一乎？《尔雅注疏》及《广雅》、《埤雅》、陆玑、《说文》、《本草》牵引多混。[③]（《通雅》卷四十一《植物·草》）

按：《说文·艸部》：“芄，芄兰，莞也。”方氏认为《说文》“芄兰”不当为“莞”，而应是《尔雅》“雚”。方氏此说甚确。段玉裁于《说文》“芄”字注亦曰：“《释草》：‘雚，芄兰。’此莞当为雚。《说文》莞与蔺

① 桂馥：《说文解字义证》，上海：上海古籍出版社，1987年，第378页。

② 张舜徽：《说文解字约注》，武汉：华中师范大学出版社，2009年，第1113页。

③ 方以智：《通雅》，第1239页。“《广雅》、《埤雅》、陆玑”，黄山本作“广埤玑”（第6册第208页）。

蒲为类，芄兰与香草为类，割分异处，断非一物。”[①]

③菅，芒也，《说文》谓菅即茅，非矣。〇菅大于茅，叶似茭草，花白，穗旆旆然。而茎圆直，宜为帚，其蒻柔忍宜为屦。白芒者，柔忍不及黄芒。八、九月花，白而轻。《诗》云“沤菅”，《丧服》“菅屦”，此也。芒又作惹，《尔雅》：“惹，杜荣。”郭璞曰：“惹似茅，皮可为绳索、履屩。”《说文》谓菅即茅，非也。茅但可覆屋，菅宜饭牛，茅不可食牛，菅根赤，茅根白也。[②]（《通雅》卷四十二《植物·草》）

按：《说文·艸部》：“茅，菅也。”“菅，茅也。”“菅”与“茅”相似，但为两物，不当互训，所以方氏以《说文》之说为非。方氏此条对“菅”与“茅”的辨析甚明。陆玑《毛诗草木鸟兽虫鱼疏》卷上“白华菅兮”条云：“菅，似茅而滑泽，无毛，根下五寸中有白粉者，柔韧宜为索，沤及曝尤善者。”[③]又《诗·陈风·东门之池》“可以沤菅”，朱熹《集传》曰：“菅，叶似茅而滑泽，茎有白粉，柔韧，宜为索也。”[④]陆氏之说与朱氏之说亦认为“菅”与“茅”相似，但不是一物。又北宋陆佃《埤雅》卷十八《释草·茅》：“孔子曰：‘茅之为物薄，而用可重也。’茅体柔而理直，又洁白，故先王用之以藉，亦以缩酒。……《管子》曰：‘农趋时就功，首戴蒲茅，身衣袯襫。’蒲茅，簦笠也。盖尊者草服台笠，而卑者蒲茅。”[⑤]陆佃亦述茅可覆物，与方氏同。

④鉒金、鉒银，矿也。〇《说文》谓“鋈”为“白金”者非，

---

① 段玉裁：《说文解字注》，第25页。

② 方以智：《通雅》，第1260页。

③ 陆玑：《毛诗草木鸟兽虫鱼疏》，上海：商务印书馆，1936年，第20页。

④ 朱熹集注，赵长征点校：《诗集传》，北京：中华书局，2011年，第107页。

⑤ 陆佃著，王敏红校点：《埤雅》，杭州：浙江大学出版社，2008年，第180页。

鋈乃镀金之法也。[①]（《通雅》卷四十八《金石》）

按：《说文·金部》："鋈，白金也。"方氏非之，以为应释作"镀金之法"。甚是。清代徐承庆的《说文段注匡谬》承其说："按《诗》'阴靷鋈续'，毛传云：'鋈，白金也。'笺云：'鋈续，白金饰续靷之环。'《正义》云：'以白金饰其相续之处。''鋈以觼軜'，笺云：'軜之觼以白金为饰也。''厹矛鋈錞'，《正义》云：'以白金为錞。'盖以金施于物故云饰。郑明言以白金为饰，非训鋈为白金，而《正义》乃云：'《释器》白金谓之银，其美者谓之镣。'则白金不名鋈，言'鋈，白金'者，鋈非白金之名，谓销此白金以沃灌靷环，非训鋈为白金也。显与传、笺违异。《六书故》《韵会》皆主是说。混鋈为渎，段氏从之，因铉本'軜'下引《诗》作'渎'，遂谓《毛诗》只作渎，不知铉本乃转写之讹，《系传》正作'鋈'也。"[②]

第二节　《通雅》探讨《说文》误释字义的原因

许慎误释《说文》字义的原因鲜有学者探讨，而方氏在纠正《说文》误释字义的基础上，亦有对《说文》误释字义的原因进行探讨。归纳方氏所揭示之原因，约为二。

（一）误解文献而误释字义

《说文》中少数字义的误释是由于许慎误解前人著作而致。方氏在正确释读前人著作的基础上，明确指出许慎误释字义之因。其例有：

① 方以智：《通雅》，第1419—1420页。
② 丁福保编纂：《说文解字诂林》，北京：中华书局，1988年，第13462页。

①枸杞为檵，谓棘如枸，茎如杞也。……《说文》误以枸木可为酱。〇《说文》曰："枸，木也。"南越食蒙以蒟酱，达自牂牁。按蒟酱蔓生，叶似王瓜而厚大，辛香，实似桑椹，皮黑肉白。西戎亦将来。交趾多种，谓苗为浮留藤，取叶合槟榔食之。《汉书》作枸，故许慎牵引不决。[①]**（《通雅》卷四十三《植物·木》）**

按：《说文·木部》："枸，木也。可为酱，出蜀。"方氏认为许慎不明《汉书》之"枸"乃"蒟"之假借，而误释"枸木"为"可为酱"。《汉书·西南夷两粤朝鲜传》"南粤食蒙蜀枸酱"，晋灼曰："枸音矩。"刘德曰："枸树如桑，其椹长二三寸，味酢。取其实以为酱，美，蜀人以为珍味。"颜师古曰："刘说非也。子形如赤桑椹耳。缘木而生，非树也。子又不长二三寸，味尤辛，不酢。今宕渠则有之。"[②]师古说是。枸与蒟有别，枸为木；而蒟为草，才可为酱。枸即椇[③]，北宋陆佃《埤雅》卷十四《释木·椇》："椇，木高大，似白杨，多枝而曲，飞鸟喜巢其上，赋曰'枳句来巢'是也。"[④]又南宋罗愿《尔雅翼》卷九《释木一·椇》："椇，枳椇也。其木径尺，叶如桑柘。以为屋材，则室中酒味皆败。"[⑤]由《埤雅》《尔雅翼》可知枸为木高大明矣，由颜注可知蒟则为缘木而生之草。段玉裁亦认为《史记》《汉书》之"枸"为"蒟"，叶可用食槟榔，实如桑葚。《说文》"蒟"字段注曰："《史记》《汉书》有'枸酱'，左思《蜀都赋》、常璩《华阳国志》作'蒟'，《史记》亦或作'蒟'。据刘逵、顾微、宋祁诸家说，即扶留藤也。叶可用食槟榔，实如桑葚而长，名蒟，可为酱。"[⑥]

---

① 方以智：《通雅》，第1287页。

② 班固著，颜师古注：《汉书》，北京：中华书局，1962年，第3839—3840页。

③ 《说文解字注·木部·枸》："按：《小雅》'南山有枸'，毛曰：'枸，枳枸也。'枳枸即《礼记》之椇。许于枸下不言枳枸，椇字亦不录。"

④ 陆佃著，王敏红校点：《埤雅》，杭州：浙江大学出版社，2008年，第143页。

⑤ 罗愿著，石云孙校点：《尔雅翼》，合肥：黄山书社，2013年，第117页。

⑥ 段玉裁：《说文解字注》，第36页。

②以䆃为瑞禾者，误也。〇汉少府有導官，主導择米谷，唐因之。《志》作“䆃官”，从禾。《说文》：“䆃，瑞禾也。”引《封禅书》“䆃，一茎六穗”，故《字林》因之，误久矣。按：相如《封禅书》：“䆃一茎六穗于庖，牺双觡共抵之兽。”牺犹言牺牲之也，与䆃皆虚字，若以䆃为瑞禾，则何以对牺字乎？陈无功犹引瑞䆃为奇，赵凡夫反谓《汉书》作導误，岂不可笑也。[①]**（《通雅》卷四十四《植物·谷蔬》）**

按：《说文·禾部》：“䆃，禾也。从禾道声。司马相如曰：‘䆃，一茎六穗。’”方氏所引多一“瑞”字。方氏认为许慎误解《封禅书》而致使“䆃”训“瑞禾”。此论亦见于《说文》段注。段玉裁订《说文》“䆃，禾也”作“䆃，䆃米也”，并论述曰：“《史》《汉》，《司马相如传》封禅文曰：‘囿驺虞之珍群，徼麋鹿之怪兽，䆃一茎六穗于庖，牺双觡共柢之兽，获周余珍放龟于岐，招翠黄乘龙于沼。’郑德云：‘䆃，择也，一茎六穗谓嘉禾之米。’郑语最明憭。言于庖者，择米作饭必于庖也。吕忱乃云：‘禾一茎六穗谓之䆃。’盖不读封禅文，而误断许书之句度矣。”[②]段氏对“䆃”字的理解与方氏相同，都认为当训择义。但段氏推测是吕忱不读《封禅书》而误断《说文》。王念孙疏证《广雅·释草》“䆃，采也”条却认为《字林》承《说文》之误[③]。

③鲤、鳣、鳢、鲩、鰋、鲇，《尔雅》之首列也，许慎、毛苌分而释之，误矣。〇《尔雅》六名并举，而读者以鳣释鲤，鲇释鰋，鲩释鳢；毛氏、《说文》并蹈此误。《说文》又并下文以鮀为鲇，

---

① 方以智：《通雅》，第1318页。各版本于“䆃”“導”两字互用混乱，今以文意推断“䆃”“導”的使用。

② 段玉裁：《说文解字注》，第326—327页。

③ 王念孙：《广雅疏证》，北京：中华书局，1983年，第329页。

尤误矣。鲤最常食，大小皆有黑点，三十六鳞。鳣自是今之鳇鱼，判然两物，岂能牵合为一？鳣或借为鳝，用杨震“三鳣”，是也。《说文》不知，直曰鲤也。一名䱾，洛侯切，一名鳒，古甜切，又引《诗》“鳣鲔发发”，则并不知鲔何物也。叔重召陵人，宜不明长江中事耳。陆佃曰：“黄鱼谓之玉版。”此亦指鲟之脆骨，而佃不能分也。鲟腮曰玉梭衣。严氏曰：“《本草》以鳣为鳟鱼，俗作鲟，是合鲟、鳟为一，此如今九江敝府作鲊者合二鱼为一处也。”《集韵》或作鱏鱘……郭璞当晋时知有江之鳣鲔，今则知有鲟鳇而已，此古今异称也。《韵会》亦为《说文》所惑，“鲤”注曰“鳣”，真为可笑。……鰋一作鰕，额白鱼。潜谷曰：“其游好偃。”陆佃曰：“鰋偃鲤俯，鳢圆鲂方。”今毛、郑皆以为鲇，许以为鮀，而注鮀为鲇矣。鳠实鲇之大者，许又注魱、鳢为鳠，注鲽为鳢，则鲇、鮀、鲽、鰋、鲤，一物也，有是理乎？鲇，口方无鳞，江东谓之鮧，又名鮠，今南都、江北并称鲇鮠，而鮷、鮧、鳀，皆汉晋以前之语，亦一字也。[1]（《通雅》卷四十七《动物·鱼》）

按：《说文·鱼部》：“鲤，鳣也。”“鳣，鲤也。”“鲇，鰕也。”“鰕，鮀也。”方氏认为许慎误解《尔雅》而致使《说文》“鲤”“鳣”互训之误及以“鲇”释“鰋”之误。《尔雅·释鱼》“鲤、鳣、鰋、鲇、鳢、鲩”，郭璞注：“鲤，今赤鲤鱼。”“鳣，大鱼。似鱏而短，鼻口在颔下，体有邪行甲，无鳞，肉黄，大者长二三丈，今江东呼为黄鱼。”“鰋，今鰋额白鱼。”“鲇，别名鳀。江东通呼鲇为鮧。”[2]可资佐证。

（二）不明重文而误释字义

不明重文而误释字义是指《说文》应沟通为重文的两个被训字，却因许

① 方以智：《通雅》，第1406—1407页。

② 郭璞注：《尔雅》，杭州：浙江古籍出版社，2011年，第64—65页。

慎不明它们是重文关系而分别释义，其中一字释义正确，另一字释义错误；或两个被训字皆非本义。方氏不仅纠正了《说文》释义错误之字，还沟通了该字之重文。其例有：

①胂夤本即寅。○《说文》：“夤，敬惕也。𡖍，籀文。”引《易》曰：“夕惕若夤。”今无此文，应误记。艮其限，列其夤，厉薰心，以夤厉互用也。徐本翼真切，从夕寅声。或曰寅有虎形，故从寅，与虤畏同义。……戴氏祖张氏，以寅、夤皆申声，而夤，则作𦟘，据王辅嗣解《易》，列其夤，当脊肉也，从肉为是，从夕者讹耳。《说文》有胂，后人或讹作胛，夤𦟘应是重文明矣。[①]**（《通雅》卷二《疑始·论古篆古音》）**

按：《说文·肉部》：“胂，夹脊肉也。”方氏认为《说文》“夤”“胂”为重文，“胂”是“夹脊肉”义，“夤”亦当训为脊肉。可备一说。《易·艮》“列其夤”，焦循章句：“夤，胂也，在脊之下半。成蹇，两坎相贯如脊背，形列为谦，第有脊之下半耳。”[②]又陆宗达，王宁说：“《周易·艮卦》：‘未九三，艮其限，裂其夤。’虞翻曰：‘夤，脊肉。’《说文·四下·肉部》：‘胂，夹脊肉也。’‘夤’与‘胂’同。”[③]

②凡前听事，古皆曰庿，后曰寝。○廷，堂下南除也。《说文》曰：“廷，朝中也。”“庭，宫中也。”古者廷不屋，诸侯相朝雨沾衣，失容则废。后世屋之加广焉，实无二也。郭忠恕曰：“廷，去声，庭，平声。”智谓古初无庭字也。古者朝寝堂室，通谓之宫，

---

① 方以智：《通雅》，第127页。

② 焦循撰，李一忻点校：《易学三书：易通释、易章句、易图略》，北京：九州出版社，2003年，第151页。

③ 陆宗达、王宁：《训诂与训诂学》，太原：山西教育出版社，1994年，第203页。

廷在堂下，如今朝贺皆在丹墀，后人加广耳。[①]**（《通雅》卷三十八《宫室》）**

按：方氏认为“庭”是“廷”之后起字，而“实无二”。其说甚是。方氏所言“古者廷不屋”“廷在堂下”，也是正确的。换言之，许慎释“廷”为朝中和“庭”为宫中并非本义。方以智此说，今人印证之，如季旭昇《说文新证》卷二下“廷”下说：“（廷是）‘庭’的初文，门与宫室之间的区域。朝中为其引申义。”[②]

③鲤、鳣、鳢、鲩、鰋、鲇，《尔雅》之首列也，许慎、毛苌分而释之，误矣。〇鳢，连第切，一作蠡、鱶，又作鲖，音冢，误音纣，详见《杂论》[③]**。一作鱑，鱼之挚者，鳞黑驳，首左右各有窍如七星，雌雄相随，将子啖众鱼，能夜向北拱斗，今黑鲤鱼也。《图经》：陶隐居云：“是公蛎蛇所变，至难死，犹有蛇性。鱼胆皆苦，惟鳢胆独甘。”《说文》：“鱶，鲖也。”“鳢，鳠也。”又分鳢、鱶为二物。**[④]**（《通雅》卷四十七《动物·鱼》）**

按：方氏认为“鳢，一作鱶”，即《说文》“鳢”“鱶”为重文，不当分训为二物。《说文》训“鱶”为鲖则是，训“鳢”为鳠则非，方氏所说可从。《说文·鱼部》“鱶，鲖也”，朱骏声《说文通训定声·履部》“鱶”字下曰：“鱶，鲖鱼也。从鱼蠡声。按：此字当为鳢之或体。”[⑤]朱骏声亦以“鳢”“鱶”为重文。又《诗·小雅·鱼丽》“鱼丽于罶，鲂鳢”，毛传：

---

① 方以智：《通雅》，第1145页。

② 季旭昇：《说文新证》，福州：福建人民出版社，2010年，第132页。

③ 见《通雅》卷一《疑始·专论古篆古音》“鲖误音纣”条：鲖从同，自音同，推因古人口齿同、重相混，如穜、穜通用，衝、衝、鐘、鍾皆是一声。（《通雅》，第86页）

④ 方以智：《通雅》，第1406页、第1407页。

⑤ 朱骏声：《说文通训定声》，武汉：武汉市古籍书店影印，1983年，第580页上。

“鳢，鲖也。”[①]《尔雅·释鱼》“鳢”，郭璞注：“鳢，鲖也。”[②]毛传、郭注皆训“鳢”为“鲖”，可证《说文》“鳢，鳠也”误。

第三节 《通雅》纠正《说文》误释字义的方法

《通雅》纠正《说文》误释字义的方法可归纳为三种：一是逻辑推理法；二是文献目验互证法；三是因声求义法。

（一）逻辑推理法

许慎《说文》训释字义，有时与《说文》全书的体例不合；有时同一个字的训释前后不一；有时其释义不合常理，出现了逻辑矛盾。方以智往往据此推知许慎字义误释。其例有：

> **①止即趾。〇象足掌形，二止为步。《说文》曰：“下基也，象艸木出有址，故以止为足。”按足、辵、歪、步之属，皆从止，止乃足，非取象于艸。暄曰：人至足而止，故借为止足。[③]（《通雅》卷一《疑始·专论古篆古音》）**

按：方氏所列从止之字“足、辵、歪、步”，皆非取象于艸。我们又从《说文·止部》“歱、堂、峙、歫、歷、㱻”诸字的释义可知，它们亦皆非取象于艸。然而《说文》释“止”为“象艸木出有址”，方氏认为“止”字释义与从止为部首之字的释义相矛盾，他认为“止即趾”。甚是。类似之分析

① 毛亨传，郑玄笺，孔颖达疏：《毛诗正义》，北京：北京大学出版社，1999年，第608页。

② 郭璞注：《尔雅》，杭州：浙江古籍出版社，2011年，第65页。

③ 方以智：《通雅》，第116页。

见于清代徐灏《说文解字注笺》，其文为："凡从止之字其义皆为足趾，许以为象艸木出有址，殆非也。考阮氏《钟鼎款识·父丁卣》有足迹文作，正象足趾之形。"①

②糲、糳、毇、穄，皆舂数也。〇糲本作糲。糳从毇，丵省，丵音仕朔切，经传通用鑿。《左传》"粢食不鑿"，是也。毇，许委切，粲加禾作穄。《说文》曰："粟重一石，为十六斗大半斗，舂为米一斛曰糲。""糲米一斛，舂为八斗曰毇，九斗曰鑿。"又曰："稻重一石，为粟二十斗，为米十斗曰毇，为米六斗大半斗曰粲。"智按：糲一斛舂为八斗曰毇，又曰粟二十斗为米十斗曰毇，而《说文》解斛字，"十斗也"，岂不牴牾，其抄讹耶？②（《通雅》卷四十《算数》）

按：《说文·米部》："粲，稻重一秳，为粟二十斗、为米十斗曰毇；为米六斗太半斗曰粲。""糲，粟重一秳，为十六斗太半斗，舂为米一斛曰糲。"《说文·毇部》："毇，米一斛，舂为八斗也。"《说文·斗部》："斛，十斗也。"方氏在此条中指出《说文》释义存在的逻辑矛盾有二：一是既称"八斗曰毇"，又谓"十斗曰毇"；二是既以"十斗曰毇"，又"斛"训为"十斗"。因此方氏说："岂不牴牾，其抄讹耶？"方氏所问有理。据裘锡圭的考证："《说文解字》里有些字的注解是以《汉律》为根据的，《汉律》因袭《秦律》的地方很多，所以《秦律》可以用来纠正今本《说文》的一些错误。《说文·米部》：'粲，稻重一石，为粟二十斗，为米十斗曰毇，为米六斗大半斗曰粲。'……《秦律·仓律》里有与上引《说文》有关的一条律文：'稻禾一石，为粟二十斗，舂为米十斗；十斗粲，毁（毇）米六斗大半斗。麦十斗，为䴸三斗。'根据这条律文，《说文》

① 徐灏：《说文解字注笺》，上海：上海古籍出版社，2002年，第253页。
② 方以智：《通雅》，第1219页。"丵"字，黄山本作"莘"（第6册第183页）。

‘粲’字注解里‘毇’‘粲’二字的位置应互易。”[1]裘锡圭据《秦律》纠正今本《说文》“粲”的释义是。方氏没有见到近代出土的《秦律》，所以没能更正《说文》的错误，但是方氏通过《说文》释义逻辑上的牴牾，指出错误，早于裘锡圭。

> **③梅枏古有异名，时英则今之梅花也。〇孙炎曰：“荆州曰梅，扬州曰枏。”智按：今无此称。……《尔雅》三释梅，“时英梅”，注以为“‘雀梅’，似梅而小者也”。智以“时英”正言梅花之梅，与“摽梅”同。盖古梅作某，而枏则名梅，故又曰梅枏。其曰杋檕梅，则山查糖毬也。《说文》既以梅为酸，又谓梅枏为可飡，误矣。[2]（《通雅》卷四十三《植物·木》）**

按：《说文·木部》：“梅，枏也，可食。从木每声。楳，或从某。”“某，酸果也。从木从甘，阙。”依方氏之意，梅与某一字，为酸果，可食。然而《说文》释梅为枏，枏即楠树，不结果，所以其“可食”不合逻辑。《说文》段注的论述可佐证方氏之说。《说文》“梅”字段注曰：“按：《释木》曰：‘梅，枏也。’毛诗《秦风》《陈风》传皆曰：‘梅，枏也。’与《尔雅》同。但《尔雅》《毛传》皆谓梗枏之枏。毛公于《召南·摽有梅》《曹风》‘其子在梅’，《小雅·四月》‘侯栗侯梅’，无传。而《秦》《陈》乃训为枏。此以见《召南》等之梅与《秦》《陈》之梅判然二物。《召南》之梅今之酸果也，《秦》《陈》之梅今之楠树也。楠树见于《尔雅》者也，酸果之梅不见于《尔雅》者也。樊光释《尔雅》曰：‘荆州曰梅，杨州曰枏，益州曰赤梗。’孙炎释《尔雅》曰：‘荆州曰梅，杨州曰枏。’陆机《疏草木》曰：‘梅树皮叶似豫樟。’皆谓楠树也。枏亦名梅。后世取梅为酸果之名，而梅之本义废矣。郭释《尔雅》乃云似杏，实

---

① 裘锡圭：《裘锡圭自选集》，郑州：河南教育出版社，1994年，第148页。

② 方以智：《通雅》，第1297页。“扬”，黄山本作“杨”（第6册第273页）。

酢。《篇》《韵》袭之。转谓酸果有枏名，此误之甚者也。然则许以枏梅二篆厕诸果之间，又云可食，岂非始误与？”[①]

（二）文献目验互证法

文献目验互证法是指方氏纠正《说文》误释字义除引文献外，还引亲眼所见事物为证。方氏常用“今……”来表示当时所见。其例如：

①反坫与台门、回阿相连，凡垒土甓成台可阁物者，皆谓之坫。《说文》以坫为屏，误也。○朱子云：“程泰之小论可取，因看《笔谈》云‘有人误以屏为反坫’，后见《说文》‘坫，屏也’，因问泰之，曰：‘存中辩是，然不是某人误，乃《说文》误耳。’”[②]按《笔谈》引黄东发以《明堂位》“反坫出尊，崇坫康圭”[③]，《士虞礼》“馔于西坫上”，则累土而为之，皆可名坫。疑郑注“坫在两楹，反爵其上”为非。智怪存中不引《尔雅》“垝谓之坫”，注：“堂角也。”亦累土为之。存中又引《汲冢书》曰：“回阿反坫。”注曰：“外向室也。”据反坫与回阿相连，《礼记》反坫与台门相连，《论语》反坫与树塞门相连。智按：此均谓宫室崇饰之制。今人堂内堂外或楹阶作小楯，下甃庳壁，上平以版，或亭阿之内，依隅砌台皆有之。台门之间可以作坫，回阿可以作坫，两楹亦可作坫。《长笺》曰：“今开肆陈物，通谓之坫，俗改为店。”此是其源流也。[④]（《通雅》卷三十八《宫室》）

按：《说文·土部》：“坫，屏也。”又《尸部》：“屏，屏蔽也。”

① 段玉裁：《说文解字注》，第239页。

② 《朱子语类》卷一百三十八：“程泰之《演繁露》，其零碎小小议论，亦多可取，如辨‘罘罳’之类是也。某顷因看《笔谈》中辨某人误以屏为反坫，后看《说文》‘坫’字下乃注云‘屏也’，因疑存中所辨未审。后举以问泰之，泰之曰：‘存中辨是，然不是某人误，乃《说文》误耳。’”

③ 上海古籍出版社《通雅》此条的校语为：“按黄东发南宋末人，沈括北宋时人，不得引其说，且此条今本《梦溪笔谈》无之，显有错误。”

④ 方以智：《通雅》，第1170页。

方氏以为“凡垒土甓成台可阁物者，皆谓之坫”，而非《说文》“屏也”之释义。更据目验“今人堂内堂外或楹阶作小楯，下甃庳壁，上平以版，或亭阿之内，依隅砌台皆有之。台门之间可以作坫，回阿可以作坫，两楹亦可作坫”佐证其说，信而有征。清代郝懿行《尔雅义疏·释宫》云：“垝谓之坫。在堂隅。坫，堨也。……坫者，《说文》云‘屏也’，屏犹障也，累土以为障蔽也。”[①]由此可知，“坫”亦指堂隅之“坫”，而《说文》释为“屏”则是由于累土以为障蔽，其义当为“坫”之引申义。因此方氏所说的“《说文》以坫为屏，误也”，是针对“坫”的本义而言。

②薢茩，草决明也。王逸、许慎以为芰、蔆，非矣。○《懒真子》曰：“士人简尺，以‘解茩’易‘邂逅’，非也。《离骚》‘芰荷’，王逸注：‘芰，蔆也。秦人作薢茩。’音皆苟。仆仕关陕，不闻此呼。后读《尔雅》‘薢茩，英光’，注：‘英明也，或云蔆。关西谓薢茩。’仆谓英光，今草英明，初可为茹，子治目疾，其以解去垢秽名乎？又《尔雅》‘蔆，蕨攈’，注：‘水中蔆芰。’[②]则蔆自不乱薢茩也。然则古误乎？曰：古者信传信，疑传疑，郭璞引《骚》，承王逸之疑耳。”按：《尔雅》“薢茩，英光”，郭注曰：“草决明也。”何待《懒真子》辨耶？今有马蹄决明，青葙子亦名草决明。一种类茳芒子，秋开淡黄花，结角如豇豆长，中有子，此马蹄也。一种茳芒决明，《救荒本草》所言小扁豆也；稍小，不昼开夜合，皆入麯，曰独占豇。升庵以“芰为芡”，谬矣；黄芪亦名芰草，将曰菱芰耶？解后通邂逅，用茩则误。[③]（《通雅》卷四十二《植物·草》）

按：《说文·艸部》：“蔆，芰也。从艸淩声。楚谓之芰，秦谓之薢

① 郝懿行：《尔雅义疏》，北京：中华书局，2017年，第473—474页。

② 《尔雅·释草》：“蔆，蕨攈。”郭璞注：“蔆，今水中芰。”

③ 方以智：《通雅》，第1266页。

苢。”方氏认为许慎把“薐”释为“薢苢”是误释，其说是。方氏所引文献辨析甚明，更据目验“今有马蹄决明，青葙子亦名草决明。一种类茳芒子，秋开淡黄花，结角如豇豆长，中有子，此马蹄也。一种茳芒决明，《救荒本草》所言小扁豆也；稍小，不昼开夜合，皆入麯，曰独占豇”佐证其说。方氏此条纠正《说文》释义之误亦是运用了文献目验互证法。李时珍《本草纲目·草部》第十六卷“决明”条所述与方氏目验所得大致相同。[①]

（三）因声求义法

方氏在运用“因声求义法”时，还注重参考古文字形，并辅以文献佐证。试看方氏纠正《说文》“真”字误释的论述：

> **贞即真。〇真字六经不见，昉于《庄子》，亦昉于黄帝之《经》。许慎《说文》以真为“化形登天”，支矣。愚按：慎独之慎从真，何谓真非古有乎？正亦平声，贞与真通，篆作鼎，因贞悔而设也，古作凢，则贞真之通明矣。文王于《剥》《复》之后，不曰《贞》卦，而曰《无妄》，亦可参也。因真有妄，觉妄归真，果然无妄，真亦不立。慎独之中，安得不研几至此乎？《大畜》天衢，一多相贯之，薪火正因也。柴广进曰：“真从正声，善从神声，体从理声，用从容声，专从中声，通从同声。”即此声明一端，亦可引触。[②]（《通雅》卷一《疑始·专论古篆古音》）**

按：《说文·匕部》：“眞（真），仙人变形而登天也。从匕从目从乚，八，所乘载也。”关于“真”形及义，董莲池《说文解字考正》的观点

① 《本草纲目》卷十六“决明”条：［释名］时珍曰：“此马蹄决明也，以明目之功而名。又有草决明、石决明，皆同功者。草决明即青葙子，陶氏所谓萋蒿是也。”［集解］按《尔雅》：“薢茩，决光。”郭璞释云：“药草决明也。叶黄锐，赤华，实如山茱萸。或曰薐也。关西谓之薢茩。”其说与此种颇不类。又有一种马蹄决明，叶如江豆，子形似马蹄。（《本草纲目》，北京：人民卫生出版社，1979年，第1056—1057页）

② 方以智：《通雅》，第79—80页。

是："'真'金文或从匕从鼎，作、，或从匕从贝从丁，作（均见《金文编》五七五页），而真盘之'真'作，石鼓文承之作，为篆文所本。构形之意虽不能明，但所表绝非'仙人变形而登天'。字不从目，不从乚，所从'八'也不表'所承载'。许说不可信。"[①]季旭昇《说文新证》在分析唐兰、何琳仪诸家的观点后，亦不能决"真"义[②]，季旭昇也列举了"真"的字形：一从贝，一从鼎。张舜徽《说文解字约注》分析"真"字的观点是："仙人变形登天之说，妄诞不经。自秦汉以来，术士多操此说以欺惑世主，故言者日繁，至汉尤盛。许君因俗立训，亦所以明时尚也。真字本义，当为精诚。精与真双声。合精诚二字急言之，则为真矣。今语所称真假，犹古人言诚伪耳。"[③]河永三在分析了"真"与"贞"字的字形、"真"字族的意味指向及"真、贞"的字音后说："我们得出如下结论：'真'是由'贞'字分化而来的；'真'和'贞'（'鼎'）字形成同源关系；后来'仙人''真人'和'真理'等概念，也是由商代贞人演变过来的。"[④]河永三又说："虽然对'贞'字的解释到现在还没统一，但是大致可分为解释为'正'和解释为'卜问'的两派。"[⑤]从诸家的分析可知，只有河永三的分析既结合字形、字音，又系联文献[⑥]，所以得出的结论较可靠。方氏此条运用了"因声求义"和"参照古文字形"两种方法论证"贞即真"："贞与真通"，"贞真之通明矣"，又引柴广进之说"真从正声"，皆在表明"贞""真""正"三字音义相通；"篆作鼑"，"古作𠧪"则指明"贞"的古文字形与"真"同。河永三文章的论证与方氏契合，方氏同时也结合与甲骨文时期最近的文献《周易》"贞卦"来分析"真"义，使之结论更为可信。

① 董莲池：《说文解字考正》，北京：作家出版社，2004年，第323页。

② 详见《说文新证》"真"字的分析。唐兰认为"真"从贝、匕声，匕是殄的古文；何琳仪认为"真"从鼎，声，即"珍"的初文。（《说文新证》，台北：艺文印书馆，2014年，第643—644页）

③ 张舜徽：《说文解字约注》，武汉：华中师范大学出版社，2009年，第1997页。

④ 河永三：《"贞""真"同源考》，《中国文字研究》2014年第1期，第104页。

⑤ 河永三：《"贞""真"同源考》，《中国文字研究》2014年第1期，第108页。

⑥ 河永三运用的文献亦有《周易》。

第三章 《通雅》对《说文》误析字形的辨析

综观学者纠正《说文》误析字形的历史，最早可追溯至唐代的李阳冰，然而李阳冰之书不存，其中部分见解保存在徐锴的《说文解字系传》卷三十六《祛妄篇》中。至宋元明三朝，学者或据金石材料纠正《说文》的字形误析，如戴侗的《六书故》、杨桓的《六书统》、周伯琦的《六书正讹》等，均曾对《说文》的部分字形分析提出过异议。虽然这些学者善于利用金石材料订正《说文》的字形分析，但是由于他们所见到的金石材料有限，所以辨析《说文》误析字形的精辟之论不多。清代学者对《说文》字形的分析较少提出异议，而对《说文》形声字的声符表意则多有阐发。到了近现代，由于甲骨文等古文字的发现，为进一步纠正《说文》字形误析提供了新的材料。

方以智在《通雅》一书中共辨析且纠正《说文》误析字形二十六例，其中有十四例提出了正确见解[①]，后世学者印证之。从辨析《说文》误析字形的研究史可知，至今还没有学者提及方以智《通雅》对《说文》误析字形的纠正，这是令人惋惜的。方氏之后的学者对《说文》误析字形的论述，其实有一部分已见于《通雅》。兹将方氏《通雅》对《说文》误析字形的纠正分析如下。

---

① 此二十六例是：龟、匕、羌、天、若、叒、皀、龠、床、得（㝵）、恒（亘）、名、真、鼓、共、逐、突、毒、壿、肃、也、官、竊、意、器、委。其中“龟”至“鼓”的论析是正确的；“共”到“委”的论析学术界需进一步论证，本书把这十二例待进一步分析的例子附于书后，见表5。

第一节　《通雅》辨析《说文》误析字形的类型

《通雅》辨析且纠正《说文》误析字形的类型表现为两方面：一是纠正《说文》误析被训字或释义之字的形体；二是纠正《说文》误说被训字的六书。

（一）纠正《说文》误析被训字或释义之字的形体

①匕非反人。〇卑履切。《杂记》曰："匕以桑，长三尺，或曰五尺。"《少牢馈食礼》："左手执俎，却右手执匕柄，缩于俎，以受于羊鼎西，司马在鼎东，二手执桃匕柄挹湆，注于疏匕。升，以受尸，尸却手授匕柄，坐祭，齐之。"①此所谓挹湆也。……《说文》误以匕为反人，又谓匕一名柶，非也。柶小于匕，古以扱醴及醓酱，匕之类也。②（《通雅》卷二《疑始·论古篆古音》）

按：《说文·匕部》："匕，相与比叙也，从反人。匕，亦所以用比取饭，一名柶。"方氏认为"匕"非从反人，本义与柶同类，为取饭、醴及醓酱的用具，方氏说是。董莲池指出："'匕'甲骨文作、、等，是饭匙的象形文，用以取饭。许云'相与比叙也，从反人'不确。"③其说可溯源于此。

① 以上一段文字节引于《仪礼·有司彻》，非《少牢馈食礼》，方氏误书。《仪礼·有司彻》："雍人授次宾疏匕与俎，受于鼎西，左手执俎左廉，缩之，却右手执匕枋，缩于俎上，以东面受于羊鼎之西。司马在羊鼎之东，二手执桃匕枋以挹湆，注于疏匕，若是者三。尸兴，左执爵，右取肺，坐祭之，祭酒，兴，左执爵。次宾缩执匕俎以升，若是以授尸。尸却手授匕枋，坐祭，哜之，兴，覆手以授宾。"（郑玄注，贾公彦疏：《仪礼注疏》，北京：北京大学出版社，1999年，第946—947页）

② 方以智：《通雅》，第148页。

③ 董莲池：《说文解字考正》，北京：作家出版社，2004年，第323页。

②鼓鼗多分。〇《说文》又有鼓。按鼓不应有二字。《说文》于“弢”字又曰：“岁，垂饰，与鼓同意。”盖不能自一其说。从支为是。击鼓为鼓，犹著衣为衣，非有二字，岁乃支之讹。[①]（《通雅》卷二《疑始·论古篆古音》）

按：《说文·支部》：“鼓，击鼓也。从支从壴，壴亦声。”《弓部》：“弢，弓衣也。从弓从岁。岁，垂饰，与鼓同意。”方氏认为“鼓”的构字部件“岁”，“乃支之讹”，“从支为是”。方氏此说是正确的。[②]《说文解字考正》“弢”字下说：“‘鼓’之所从岁本作，像手持鼓槌形，渐讹作、（《金文编》三二九页‘鼓’所从），许慎认为‘弢’所从的岁与‘鼓’所从的岁同意，不确。”[③]可为佐证。

（二）纠正《说文》误说被训字的六书

①，古文龟。〇居追、居求二切。《说文》曰：“从它，龟头与它头同。天地之性，广肩无雄，龟鳖之类以它为雄。”按：《说文》以它为蛇。龟鳖皆有雌雄，野人目击其尾接；龟乃有能食蛇者，其头不与蛇同。许氏之说殆牵纽矣。[④]（《通雅》卷二《疑始·论古篆古音》）

按：《说文·龟部》：“龟，旧也。外骨内肉者也。从它，龟头与它头

---

① 方以智：《通雅》，第149页。

② 方以智此说可能来自戴侗的《六书故》。《六书故》卷二十九《工事五·鼓》：“按：鼓不应有二字，《说文》于‘弢’字又曰：‘岁，垂饰，与鼓同意。’盖不能自壹其说，从支为是，击鼓为鼓，犹著衣为衣，非有二字，岁乃支之讹。”（戴侗撰，党怀兴、刘斌点校：《六书故》，北京：中华书局，2012年，第680页）

③ 董莲池：《说文解字考正》，北京：作家出版社，2004年，第508页。

④ 方以智：《通雅》，第121页。

同。天地之性，广肩无雄；龟鳖之类，以它为雄。象足甲尾之形。，古文龟。”方氏认为“从它”之说牵纽，龟头与蛇头不同。究“龟”字字形，“，古文龟”，应是独体象形字。方氏说是。“龟”甲骨文作、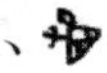、等[①]，此诸形皆通体象形，不可分析从“它”。

②羌乃羊声。〇《说文》曰：“牧羊人也，从羊。，古文。”按羌，羊声，许氏说非。[②]（《通雅》卷二《疑始·论古篆古音》）

按：《说文·羊部》：“羌，西戎牧羊人也。从人从羊，羊亦声。”方氏认为“羌”非从羊得义，而仅是声符，即“羌乃羊声”；许氏分析“羌，从羊”为非。此说是正确的。“羌”甲骨文作、、等[③]，季旭昇释其义曰：“西戎羌人。”又释其形曰：“甲骨文从人，上有羊角形饰物（其字形或作‘羊’，或作‘’），同时也表示着以羊省声为音读（于省吾《甲骨文字释林·释具有部分表音的独体象形字》437页）。……六书：象形兼声。”[④]季旭昇所述正可佐证方氏的观点，“羌”非“从羊”，上面的羊角形仅表示“羌”的读音。许慎把“羌”归入羊部，而不归入人部，是部首归类的错误，把一个象形字误析为会意字，是六书分析的错误。

③萸之为天，讹也。〇朱郁仪辑《古文奇字》，详考《六书统》，古天字共十四文，而无萸字，已明证为讹文矣。乃本字，后作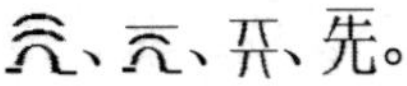。汉以来变体用之，《张平子墓碑》作“页”，《说文》“从一大”，已非本意矣。[⑤]（《通雅》卷十一《天文·释天》）

---

① 李圃、郑明主编：《古文字释要》，上海：上海教育出版社，2010年，第1239页。

② 方以智：《通雅》，第150页。

③ 季旭昇：《说文新证》，福州：福建人民出版社，2010年，第304页。

④ 季旭昇：《说文新证》，福州：福建人民出版社，2010年，第304页。

⑤ 方以智：《通雅》，第421页。

按：《说文·一部》："天，颠也。至高无上，从一大。"方氏认为《说文》分析"天"的构形为"从一大"非本意，是。"天"的甲骨文作、、[1]，是个指事字，《说文》"天"之"从一大"的会意构形分析错误。我们比照"天"的甲骨文、、推测，方氏所谓"天"的本字盖亦是指事字。

第二节　《通雅》探讨《说文》误析字形的原因

《通雅》对《说文》误析字形的原因分析概括起来有二：一是根据讹变的小篆分析字形；二是不明被训字部件所表之义而误析字形。

（一）根据讹变的小篆分析字形

许慎撰《说文》时，未能见到甲骨文这一早期古文字，故难以知晓甲骨文到小篆的演变过程，不免或据讹变的小篆分析字形。方氏在《通雅》中明确指出这一现象。其例如：

> ①钟鼎之即若。〇《说文》："，择菜也，从艸从。""，日出东方，搏木也，籀文。"孙氏"而灼切"。按：书、传不闻以若为择菜者，搏桑、木之说无稽。古钟鼎文凡若皆从，盖从口，而讹为耳。籀，即若字也。《石鼓诗》："而出奇。"正若字。又有，乃箬字也，宋、元诸家主此说。[2]（《通雅》卷二《疑始·论古篆古音》）

① 李圃、郑明主编：《古文字释要》，上海：上海教育出版社，2010年，第3页。

② 方以智：《通雅》，第137页。

按：《说文·艸部》：“若，择菜也。从艸右。右，手也。一曰杜若，香艸。”《叒部》：“叒，日初出东方汤谷，所登榑桑，叒木也。象形。，籀文。”方氏把“若、叒”放在一起讨论，并说“籀，即若字也”，显然不仅意识到这两个字古文同形而《说文》误析了它们的字形，还正确地指明了它们的甲骨文作。方氏分析许慎误析“若”字字形的原因时说：“盖从口，而讹为耳。”方氏指明许慎析字所据为讹变的小篆。方氏分析“若、叒”的正确性可从董莲池的《说文解字考正》中得到印证。《说文解字考正·艸部》“若”下今按：“‘若’甲骨文作、等，像人跪跽用双手理发使顺形，用以表示顺义。……其篆文形体中所从的‘艸’‘又’是由独体的形体割裂后逐渐讹省而成。讹省过程是由而而而而而，许慎释形亦不确。”[①]又《叒部》“叒”下今按：“‘叒’字篆形应为‘若’之讹省。‘若’甲骨文作，像人跪跽两手梳顺其发形，多用为祥顺义。西周金文作（盂鼎）、（舀鼎），籀文遂讹作，篆再讹省作。”[②]

> **②即香。○《说文》皀，孙氏皮及切。合溪曰：“鄉从，《齐侯钟》鄉作，《宋君夫人鼎》餗作，《楙季𣪘》《伯庶父𣪘》《邿𣪘》《牧𣪘》其旁皆作，亦从，疑此特皀字。皀字象形，其下讹而为匕也。”伯琦从之，敬甫从其形而不从其音。夫乌知香之为吸，乃平转为入乎？子方作，朱王孙曰：“古粒字。”[③]（《通雅》卷二《疑始·论古篆古音》）**

按：《说文·皀部》：“皀，谷之馨香也。象嘉谷在裹中之形，匕所以扱之。……又读若香。”方氏“即香”之“”是合溪（即戴侗）所论，

① 董莲池：《说文解字考正》，北京：作家出版社，2004年，第32页。

② 董莲池：《说文解字考正》，北京：作家出版社，2004年，第242页。

③ 方以智：《通雅》，第144页。

即方氏肯定合溪为皀字的字形分析，“‘皀（皀）’字象形，其下讹而为匕也”。董莲池亦持此论，他说：“‘皀’甲骨文作、等，即簋的象形文……西周作（盂鼎‘即’所从），春秋作（石鼓文‘即’所从），战国作（三体石经古文‘既’所从），小篆遂讹作。”[1]董莲池所述，正是其下讹为匕。

（二）不明被训字部件所表之义而误析字形

许慎在《说文》中分析字形时，有一部分错误是由于其对被训字部件所表示的意义理解有误而导致的。方氏往往在指出许慎错误的同时，提出了较为合理的见解。其例有：

> **①胂夤本即寅。〇《说文》：“夤，敬惕也。，籀文。”引《易》曰：“夕惕若夤。”今无此文，应误记。……徐本翼真切，从夕寅声。……戴氏祖张氏，以寅、夤皆申声，而夤，则作，据王辅嗣解《易》，列其夤，当脊肉也，从肉为是，从夕者讹耳。《说文》有胂，后人或讹作胛，夤胂应是重文明矣。[2]（《通雅》卷二《疑始·论古篆古音》）**

按：《说文·夕部》：“夤，敬惕也。从夕寅声。《易》曰：‘夕惕若夤。’”许慎不明“”字上部之“”为肉，而以形符“夕”义说解“夤”的释义，并引《易》“夕惕若夤”佐证其说。段玉裁注解《说文》“夤”字说：“《易》曰：‘夕惕若厉。’《乾》九三爻辞也。厉各本作夤，今正。凡汉人引《周易》‘夕惕若厉’，不暇枚举。许书‘䳑’字下亦作‘夕惕若厉’。此引者，说从夕之意也。夕惕者，火灭修容之谓。凡许书，引《易》‘井者法也’，说荆从井之意。……皆称《周易》以说字形之

① 董莲池：《说文解字考正》，北京：作家出版社，2004年，第200页。

② 方以智：《通雅》，第127页。

意。学者不憭，往往误会于是。改厉为夤。”[1]段玉裁分析了许慎之所以引用“夕惕若夤”的缘由甚明。方氏认为“夕”乃“肉”之讹，可备一说。“肉”的甲骨文作、、等[2]，与方氏所论之“”同为古肉字。方氏此条还列有佐证，即“夤”“胂”是重文[3]，为脊肉义。是。陆宗达、王宁说：“《周易·艮卦》：‘未九三，艮其限，裂其夤。’虞翻曰：‘夤，脊肉。’……‘夤’与‘胂’同。”[4]则论证了“夤”义为脊肉，从肉。

②丬即牀。〇在良切。《说文》：“牀，从木丬声。”李阳冰曰：“右为片，左为丬。”徐锴曰：“《说文》无丬字，李妄也。”夫牂、壯、狀、牀、戕、牆，皆从丬声，唐本《说文》有丬部，张参《五经文字》亦有之。郑樵曰：“殳也，亦判木也，音牆。古作Ⅲ，后作日，又加疒。”敬甫主之。今隶皆作爿，正与木左半之说合，淅即析字，古Ⅲ象形，倢作旁。[5]（《通雅》卷二《疑始·论古篆古音》）

按：《说文·木部》：“牀，安身之坐者。从木爿声。”方氏认为“丬即牀”，许慎分析该字的六书不确。究其原因，这或许是因为许慎不明“丬”之义而导致的。董莲池亦持此论，他说：“‘牀’字所从之‘爿’本‘牀’的象形，为‘牀’之初文，见于殷墟卜辞，写作，‘木’旁则是后来累加上去的意符，故其构形应分析为从木，从爿，爿亦声。”[6]其说可由此溯其源。

① 段玉裁：《说文解字注》，第315页。

② 李圃、郑明主编：《古文字释要》，上海：上海教育出版社，2010年，第424页。

③ 见上文引陆宗达、王宁论述。又《集韵·谆韵》：“膑，夹脊肉也。通作夤。”黄生《字诂·夤》：“黄公绍《韵会》以膑、夤为一字。”

④ 陆宗达、王宁：《训诂与训诂学》，太原：山西教育出版社，1994年，第203页。

⑤ 方以智：《通雅》，第141页。

⑥ 董莲池：《说文解字考正》，北京：作家出版社，2004年，第233页。

第三节 《通雅》纠正《说文》误析字形的方法

《通雅》纠正《说文》误析字形主要应用了两种方法：一是参照古文字法；二是文献论证法。

（一）参照古文字法

参照古文字法是指方氏参照《说文》被训字的古文字形以纠正《说文》误析被训字的字形。其例如：

①亙从月为正。〇古登切，月弦也。《诗》："如月之恒。"引之遂用恆瑟，别作絚、緪。又竟两端曰亘，去声，别作栮。《说文》恒在二部，曰"常也，从心从舟。在二之间上下，心以舟施，恒。"栮在木部，"竟也，古文作亙。"徐锴曰："舟竟两岸。"然古文从月，引《诗》"如月之恒"。按许氏、徐氏之说甚曲而不通。古文从月，乃见于𠄨，其义炳然。从舟，月之讹也。[①]（《通雅》卷二《疑始·论古篆古音》）

按：方氏引"恆"从月之古文𠄨，以纠正"恆"的字形误析，其说可从。《说文解字考正·二部》"恆"下今按："'恆'应从心，亙声。所从之亙，甲骨文作，从二，从月，小篆从舟者乃从月之讹。"[②]此说可溯自方氏。

②得贝为得。〇《说文》作㝵，又作得。郑、赵、杨皆从见。《六书故》作㚖，从贝彐。朱氏曰，从鬲省，又曰从见，又曰从贝，

① 方以智：《通雅》，第121页。

② 董莲池：《说文解字考正》，北京：作家出版社，2004年，第536页。

何无见也？盖古文有、、、诸文，今据正贝形，见乃讹耳。[①]（《通雅》卷二《疑始·论古篆古音》）

按：《说文·见部》："㝵，取也。从见从寸。寸，度之，亦手也。"《彳部》："得，行有所得也。从彳㝵声。㝵，古文省彳。"方氏据"得"的古文字、、、纠正许慎误析"得"的字形。方氏"据正贝形，见乃讹耳"之说，后人多从之。罗振玉说："（㝵）此从又持贝，得之意也。或增彳。许书古文从见，殆从贝之讹。"[②]董莲池在《说文解字考正·彳部》"得"字下说："'得'甲骨文作（《合集》六六）、……'贝'旁讹得十分严重，几乎无从辨识。"[③]又在《见部》"㝵"字下说："'㝵'即'得'之初文。甲骨文作、等，从持贝，表示有所得。……至秦泰山刻石，所见作，'贝'已讹近'见'。"[④]

（二）文献论证法

文献论证法是指方氏利用《说文》误析字形的被训字在文献中的用例论证该字之字形误析。其例有：

令命即令名，领闻即令问。〇《史记》命与名通。《礼》："生子咳而名之。"《左传》"君命太子曰仇"，"叔孙获长狄侨如，以命宣伯"，与名同。《史》曰"命世之宏才"，即名世。《天官书》"免七命"，注："辰星谓之免，星有七名。"《张耳传》"亡命"，谓脱名籍逃亡也。智又按：《说文》"名从口夕"，言"冥不相见，故以口自名"。此说甚曲。朱谋玮谓："鸟以夕而

---

① 方以智：《通雅》，第131页。

② 罗振玉：《增订殷墟书契考释》，《罗振玉学术论著集》第一集，上海：上海古籍出版社，2010年，第262页。

③ 董莲池：《说文解字考正》，北京：作家出版社，2004年，第72页。

④ 董莲池：《说文解字考正》，北京：作家出版社，2004年，第343页。

鸣，作。”[①]则尤曲矣。盖令从△从，命从令，名从命省作㔾，本一字而平去二音也。令无重文，故平去声通用之，命有重文之名，故分用之。又按《长笛赋》：“求偶鸣子。”曹植诗：“鸣俦啸匹侣。”何承天诗：“日夕游无际，归禽命同栖。”命即鸣，则鸣且与命通，益足以破朱氏鸟因夕鸣之惑矣。[②]（《通雅》卷五《释诂·古隽》）

按：《说文·口部》：“名，自命也。从口从夕。夕者，冥也。冥不相见，故以口自名。”方氏认为《说文》“名从夕”之说误。后人多从之。他是从“名”在文献中“命与名通”，不表“从夕”论证而知。林义光在《文源》卷六中说：“名非为夕而设。即之变。象物形。”[③]唐桂馨在《古学丛刊五期·说文识小录》中说：“（名）此字当从人，从口。……《说文》误认为夕者夥矣。凡物不能自名均由人命之。”[④]方氏之“名从命省”，则可备一说。陆宗达、王宁在《“名”“命”“明”“鸣”义相通说》一文中举例论证“命”“名”相通的例子与方氏举的例子相同，有《左传·桓公二年》《史记·天官书》，他们说：“在这些地方，不论是同一典籍的一段文章中的用词，还是不同典籍中相同字句的异文，都以‘命’和‘名’通用。这是因为，‘命’和‘名’的意义，都是‘口中之称’，本可互相置换。”[⑤]他们又说：“古代‘命’与‘令’是一字，而‘令’训‘发号’，所以‘号’和‘命’也一义。……‘鸣’与‘名’‘命’也是一语之孳乳。”[⑥]陆、王二氏所论，亦认为“命”“名”义同，且是一语之孳乳。

---

① 朱谋玮，当为朱谋㙔，此处应是方以智误记。

② 方以智：《通雅》，第231页。

③ 李圃、郑明主编：《古文字释要》，上海：上海教育出版社，2010年，第126页。

④ 李圃、郑明主编：《古文字释要》，上海：上海教育出版社，2010年，第126—127页。

⑤ 陆宗达、王宁：《训诂与训诂学》，太原：山西教育出版社，1994年，第248页。

⑥ 陆宗达、王宁：《训诂与训诂学》，太原：山西教育出版社，1994年，第249页。

第四章 《通雅》对《说文》引文的辨析与疏解

引文是《说文》的重要组成部分，许慎于《说文》中引用文献或证被训字字义，或明被训字读音。《说文》引文之研究，清代《说文》四大家在疏解字义时有所提及，而专书研究《说文》引文，则有清代承培元的《说文引经证例》，近代马宗霍的《说文解字引经考》等。然而传世文献今可考者最早对《说文》引文进行多角度论述的著作始自《通雅》。

方氏在《通雅》中对《说文》引文的研究可分为四个方面：一是辨析《说文》引文之误；二是训释《说文》引文之词义；三是指明《说文》引文之假借；四是沟通《说文》引文之异文。可以说，《通雅》开启了《说文》引文之研究。然而，在《说文》引文研究史上，没有学者提及方氏《通雅》，这是令人惋惜的。下文将揭示《通雅》对《说文》引文研究的先启之功。

第一节 《通雅》辨析《说文》引文之误

（一）辨析《说文》引文文字之误

方氏在《通雅》中辨析《说文》引文文字之误共有四例，其分析均可从，它们是：

①⿱穴豕即罙。〇式针切。《说文》曰：“深也，一曰灶突，从穴从求省。”《类篇》：“又所禁切。俗谓深黑为窨罙。”《商颂》曰：“罙入其阻。”《说文》作罙。按：毛氏曰深也。疑即罙字，作罙无义。[①]（《通雅》卷二《疑始·论古篆古音》）

按：《说文·网部》：“罙，周行也。《诗》曰：‘罙入其阻。’”该引文出自《诗·商颂·殷武》“罙入其阻，裒荆之旅”，毛传：“罙，深。”郑笺：“罙，冒也。”[②]方氏疑《说文》引《商颂》“罙入其阻”之“罙”为“罙”，甚确。马宗霍《说文解字引经考·引诗考》“罙”字下说：“案郑笺虽训‘罙’为‘冒’，与毛异，然不云罙读为罙。则冒之义，当仍主于罙，不主于罙。”[③]马氏说是。马氏又认为“突”隶变成“罙”后，讹变为“罙”，可从。愚以为“罙”又讹变为“罙”，以致《说文》出现此误。

②总曰朱……翘红曰缙。〇缙，亦赤，《说文》引《礼》有“缙缘”。按《礼》止有“縓缘”，二音相近，或即一字，未可知也。[④]（《通雅》卷三十七《衣服·彩色》）

按：《说文·糸部》：“缙，帛赤色也。《春秋传》‘缙云氏’，《礼》有‘缙缘’。”方氏以为《说文》引文《礼》“缙缘”之“缙”为“縓”。马宗霍亦认为此引文《礼》为“縓缘”，他说：“‘縓缘’见《仪礼·丧服传》，又见《礼记·檀弓上》及《间传》。”[⑤]

③乌翅，干腩也；煦煆，即腒脩也。〇《天官·庖人》注：

① 方以智：《通雅》，第142页。

② 毛亨传，郑玄笺，孔颖达疏：《毛诗正义》，北京：北京大学出版社，1999年，第1462页。

③ 马宗霍：《说文解字引经考》，北京：中华书局，2013年，第423—424页。

④ 方以智：《通雅》，第1141页。

⑤ 马宗霍：《说文解字引经考》，北京：中华书局，2013年，第758—759页。

“腒，干雉；鱐，干鱼；刑膴，牒肉大脔。”而《腊人》“膴胖”注则曰：“鱼之反覆。”可谓无定解矣。《说文》：“膴，无骨腊也。扬雄说：‘乌腊也。’《周礼》有膴、判。”[①]判即胖误也。[②]（《通雅》卷三十九《饮食》）

按：《说文》引的“《周礼》有膴、判”应出自《周礼·天官·腊人》。其文曰：“腊人掌干肉，凡田兽之脯腊膴胖之事。凡祭祀，共豆脯，荐脯、膴、胖，凡腊物。”郑玄注：“膴者，鱼之反覆。”[③]据此可知，《说文》所引“《周礼》有膴、判”之“判”本应作“胖”。

④马二百一十六匹为廄。〇徐锴曰：“《周礼》：‘为匹为乘，乘马一师四圉。三乘为皂，一趣马。二皂为系，一驭夫。六系为廄，一仆夫。’凡二百一十六，应《乾》之策。《说文》一十四，误也。”《艺文类聚》曰：“马光景一匹长，故曰匹。”廄，俗作厩。[④]（《通雅》卷四十《算数》）

按：《说文·广部》：“廄，马舍也。《周礼》曰：‘马有二百十四匹为廄，廄有仆夫。’”《说文》之引文是许慎以己意引用《周礼·夏官·校人》，其文为：“凡颁良马而养乘之。乘马一师四圉。三乘为皂，皂一趣马。三皂为系，系一驭夫。六系为厩，厩一仆夫。”郑玄注：“玄谓二耦为乘。……自乘至厩，其数二百一十六匹。《易》‘《乾》为马’，此

---

① 大徐本《说文》：“扬雄说：‘鸟腊也。’”据此条的上下文分析，作“乌”为是，“乌”指干肉的色黑，李学勤主编的《周礼注疏》（北京大学出版社1999年版）亦作“乌”。但查找其他文献时，无一例外作“鸟腊”，故著之。

② 方以智：《通雅》，第1198页。

③ 郑玄注、贾公彦疏：《周礼注疏》，北京：北京大学出版社，1999年，第105—106页。

④ 方以智：《通雅》，第1230页。

应《乾》之策也。”[①]据此知“马二百一十六匹为厩”，不是《说文》所说的“马有二百十四匹为厩”。方氏此条全引徐锴之说，徐锴此说又本于郑玄。《周礼》一厩为二百一十六匹(4×3×3×6=216)，并非《说文》所言二百十四匹为厩。

（二）辨析《说文》引文句读之误

《通雅》中仅一例，例为：

> **以䆃为瑞禾者，误也。〇汉少府有導官，主導择米谷，唐因之。《志》作“䆃官”，从禾。《说文》：“䆃，瑞禾也。”引《封禅书》“䆃，一茎六穗”，故《字林》因之，误久矣。按：相如《封禅书》：“䆃一茎六穗于庖，牺双觡共抵之兽。”牺犹言牺牲之也，与䆃皆虚字，若以䆃为瑞禾，则何以对牺字乎？[②]（《通雅》卷四十四《植物·谷蔬》）**

按：《说文·禾部》：“䆃，禾也。从禾道声。司马相如曰：‘䆃，一茎六穗。’”此例方氏以为《说文》引文误，究其原因是许慎误读《封禅书》之句读。段玉裁亦认为《说文》“䆃”的引文有句读之误，《说文》“䆃”字段注曰：“《史》《汉》，《司马相如传》封禅文曰：‘囿驺虞之珍群，徼麋鹿之怪兽，䆃一茎六穗于庖，牺双觡共柢之兽，获周余珍放龟于岐，招翠黄乘龙于沼。’郑德云：‘䆃，择也。一茎六穗谓嘉禾之米。’郑语最明憭。言于庖者，择米作饭必于庖也。吕忱乃云：‘禾一茎六穗谓之䆃。’盖不读封禅文，而误断许书之句度矣。”[③]段氏不认为是许慎误读《封禅书》之句读，而是吕忱误，与方氏之论异。而王念孙疏证《广雅·释草》“䆃，采

---

① 郑玄注，贾公彦疏：《周礼注疏》，北京：北京大学出版社，1999年，第859—860页。

② 方以智：《通雅》，第1318页。

③ 段玉裁：《说文解字注》，第326—327页。

也”条则认为《字林》承《说文》之误[1]，是也。

（三）辨析《说文》引文歧用之误

《说文》引文歧用之误是指《说文》引文没有证义或明音的作用。其例有：

> ①胂夤本即寅。〇《说文》：“夤，敬惕也。𡖂，籀文。”引《易》曰：“夕惕若夤。”今无此文，应误记。艮其限，列其夤，厉薰心，以夤厉互用也。……许氏以夤附《夕部》，已误引夕惕若之《易》，则从夕又安可据乎？《六书本义》言本为脊肉，而借为寅恭寅时，寅或加夕，古作[illegible]，皆象形。[2]（《通雅》卷二《疑始·论古篆古音》）

按：《说文·夕部》：“夤，敬惕也。从夕寅声。《易》曰：‘夕惕若夤。’”方氏认为许慎“误引夕惕若之《易》”，“今无此文，应误记”[3]。这是因为方氏认为“夤”本为脊肉义，而许慎释“夤”为敬惕义，无证义之用[4]。方氏指出《易》有“艮其限，列其夤，厉薰心”。《周易·艮卦》：“九三：艮其限，列其夤，厉薰心。”王弼注：“夤，当中脊之肉也。”[5]段玉裁注解《说文》“夤”字说：“《易》曰：‘夕惕若厉。’《乾》九三爻辞也。厉各本作夤，今正。凡汉人引《周易》‘夕惕若厉’，不暇枚举。许书‘䑍’字下亦作‘夕惕若厉’。此引者，说从夕之意也。夕惕者，火灭修容

---

① 王念孙：《广雅疏证》，北京：中华书局，1983年，第329页。

② 方以智：《通雅》，第127页。

③ 可结合下一例“《说文》叠字”条方以智的论述：“其引误，或后传写误耳，不则与‘夕惕若寅’同病，无疑矣。”

④ 之所以把此条引文之误置于“辨析《说文》引文歧用之误”，是结合了方以智的论述和段玉裁的论述。其实，《周易》无“夕惕若夤”句，《周易·乾卦》：“九三：君子终日乾乾，夕惕若厉，无咎。”

⑤ 王弼注，孔颖达疏：《周易正义》，北京：北京大学出版社，1999年，第215页。

之谓。凡许书，引《易》‘井者法也’，说荆从井之意。……皆称《周易》以说字形之意。学者不憭，往往误会于是。改厉为夤。”[①]段玉裁分析了许慎之所以引用“夕惕若夤”的缘由，这是因为许慎引《易》“夕惕若夤”的本意在于说明“夤”字“从夕”之意。

②《说文》叠字。〇若“秩秩”三借，尚属疑词。“桃之夭夭”，作枖枖，又作媄媄；“赤舄几几”，作掔掔，又作已已：必有一误。“愉，薄也”，引“私觌，愉愉如也”，则已误以媮薄之偷作愉矣。引《书》曰：“来就惎惎。”音忌。此皆前人有者，不敢并。而义相通者，必分之，故往往冗列。其引误，或后传写误耳，不则与“夕惕若寅”同病，无疑矣。[②]（《通雅》卷十《释诂·重言》）

按：此条方氏辨析《说文》引文歧用之误有三例：一是“桃之夭夭”两引证义；二是“赤舄几几”两引明音；三是误以“私觌，愉愉如也”之“愉”为“愉，薄也”之愉。现分别论证方氏之说。

“桃之夭夭”出自《诗·周南·桃夭》，其文为“桃之夭夭，灼灼其华”，毛传：“桃，有华之盛者。夭夭，其少壮也。”孔疏：“夭夭言桃之少。”[③]《说文》两引“桃之夭夭”，但“夭夭”一作“枖枖”，一作“媄媄”。《说文·木部》：“枖，木少盛貌。从木夭声。《诗》曰：‘桃之枖枖。’”又《女部》：“媄，巧也。一曰女子笑貌。《诗》曰：‘桃之媄媄。’”许慎两引“桃之夭夭”证义，而义各不同，必有一误。《说文》“枖”字段注曰：“《诗》曰：‘桃之枖枖。’按：《韵会》引《说文》从木夭声之下，不言引《诗》‘桃之枖枖’，而云‘通作夭’。引《诗》‘棘心夭夭’，至锴注‘棘心夭夭’始援‘厥草唯夭’，‘桃之夭夭’等语。是

① 段玉裁：《说文解字注》，第315页。

② 方以智：《通雅》，第418页。

③ 毛亨传，郑玄笺，孔颖达疏：《毛诗正义》，北京：北京大学出版社，1999年，第46—47页。

黄氏所据锴本作《诗》曰‘棘心夭夭’，明甚。枖从木夭会意，故称‘棘心夭夭’，说从木夭之意……浅人不知此例，故改‘夭夭’为‘枖枖’，又易‘棘心’为‘桃之’，好学深思者当能知之矣。”①《说文》“媄”字段注认为“桃之媄媄”是形容女子笑貌②，是，与《诗》之“桃之夭夭”义形容女子少壮美貌相通。段氏认为《说文》“枖”之引文为“棘心夭夭”，可佐证方氏“必有一误”说。

“赤舄几几”出自《诗·豳风·狼跋》，其文为“公孙硕肤，赤舄几几”。《说文》两引“赤舄几几”，但是“几几”一作读若“掔掔”，一作读若“已已”，必有一误。《说文·手部》：“掔，固也。从手臤声。读若《诗》‘赤舄掔掔’。”又《已部》：“巹，谨身有所承也。从已、丞。读若《诗》云‘赤舄已已’。”此两处引文之“掔掔”“已已”皆作为“读若”之词表示音同。几，上古见纽脂部；掔，上古溪纽真部；已，上古见纽之部。几、掔上古声通，见纽与溪纽同组；脂部与真部阴阳对转。几、已虽然声纽相同，但是韵部不可通转。据此可知，“巹”下所引“赤舄已已”无明音读之用。

《说文·心部》：“愉，薄也。从心俞声。《论语》曰：‘私觌，愉愉如也。’”今本《论语》亦作“愉愉”，何晏《集解》引郑玄曰：“愉愉，颜色和也。”③《说文》引“愉愉如也”之“愉”不为“薄”义，无证义之用，故方氏说“许慎‘误以媮薄之偷作愉’”。他以为“愉”当作“媮”，训为“薄”义④。《说文解字引经考·引论语考》“愉”下也认为引文之“愉”不为“薄”义，而是假借之用，其文为：“盖古愉与媮通。《说文·女部》云：‘媮，巧黠也。’引申之亦有薄意，许以媮薄为本义，是亦引

① 段玉裁：《说文解字注》，第249页。

② 段玉裁：《说文解字注》，第622页。

③ 皇侃：《论语集解义疏》，徐望驾校注，南昌：江西人民出版社，2009年，第192页。

④ 段玉裁认为铉本《说文》“愉”字有脱文，《说文解字注》“愉”字下曰：“此薄也当作薄乐也。转写夺乐字。谓浅薄之乐也。”段氏认为许慎引用的《论语》此句中的“愉”是“薄乐”义：“《论语》曰：‘私觌，愉愉如也。’《乡党》篇文。觌者，儥之俗字。愉愉，《聘礼》作俞俞。《论语》郑注云：‘愉愉，容色和也。’正薄乐之义。”段氏此论，可备一说。

经说假借也。”[1]

③𡫸，塞外道也。〇陆贽《关中事状》：“倘有贼臣蹈𡫸。”注：“音萃，塞外道也。”此字别无所本，敬舆条奏何为用奇字？必当时语也。《古文尚书》作“𡫸三苗”。《说文》：“𡫸，塞也。《虞书》曰：‘𡫸三苗。’”粗最切。则是窜字，亦音萃乎？《说文》穴部复有窜字，七乱切，此何解乎？盖因俗文而附入之耳。[2]（《通雅》卷十七《地舆·释地》）

按：《说文·宀部》：“𡫸，塞也。从宀𢿱声。读若《虞书》曰‘𡫸三苗’之‘𡫸’。”方氏指出“𡫸三苗”之“𡫸”当为“窜”字，而“𡫸”为粗最切，音萃，与“窜”字字音不同，《说文》用“读若”表明读音相同是不对。段玉裁同之，《说文》“𡫸”字段注曰：“读若《虞书》曰‘窜三苗’之‘窜’。二窜，本皆作𡫸，妄人所改也，今正。《说文》者，说字之书，凡云‘读若’例不用本字。徜《尚书》作𡫸，又不当言‘读若’也，改此者直疑窜‘七乱反’与𡫸音殊，不知《易·讼》象传、宋玉《高唐赋》、班固《西都赋》、魏大飨碑、张协《七命》、潘岳《西征赋》、吕忱《字林》，窜皆音‘七外反’。”[3]段氏从《说文》体例分析了作“窜”之由，且指出“窜”有两音，一为“七乱反”、一为“七外反”，读“七外反”与“𡫸”音近，正为“读若”。

① 马宗霍：《说文解字引经考》，北京：中华书局，2013年，第980页。

② 方以智：《通雅》，第611页。

③ 段玉裁：《说文解字注》，第342页。

第二节　《通雅》训释《说文》引文之词义

部分《说文》引文的词义不易知晓，方氏对此引文中的词予以训释。其例有：

①䫇首，犹言头面净好也。〇《说文》："䫇，好貌。《诗》所谓'䫇首'。"疾正切。《笺》曰："乐工类倡优弄人，一曰䫇。俗用净字。"或疑是靓字。此《诗》应是《逸诗》，然其意可得而解也。或是《诗》之"螓首"，汉人别本作此字。[①]（《通雅》卷十八《身体》）

按：此例方氏释"䫇首"之"䫇"有两解：一是引《笺》说；二是认为"䫇首"为"螓首"。方氏认为"䫇"俗作"净"意可解，但是还有一解。后一种见解段玉裁同之，《说文》"䫇"字段注曰："'䫇首'当作'螓首'。见《卫风·硕人》。传曰：'螓首，颡广而方。'"[②]

②鞁具，犹驾具也。〇鞁车，驾车也。鞴，鞁具也，又谓之鞎。鞁通作犕。《说文》引《易》"犕牛乘马"。《国语》："两鞁将绝。"犹今言双肚带也。[③]（《通雅》卷三十五《器用·戎器》）

按：《说文·牛部》："犕，《易》曰：'犕牛乘马。'"《说文》没

① 方以智：《通雅》，第629页。

② 段玉裁：《说文解字注》，第420页。

③ 方以智：《通雅》，第1071页。

有释“犕”义，只引《易》。方氏认为“鞁通作犕”，即“犕牛乘马”之“犕”为“鞁”义。方氏此说可从。《说文》“犕”字段注曰：“《易》曰：‘犕牛乘马。’此盖与《革部》之鞁同义。鞁，车驾具也。故《玉篇》云：‘犕，服也，以鞍装马也。’”[①]可资为证。

③荏即苏也，亦呼为菩。○《说文》：“荏，桂苏。”而毛、郑以为戎菽，则《管子》之“胡豆”，非矣。菽，豆也；荏，苏也。徐曰：“荏，白苏；桂荏，紫苏。”《方言》：“关东、西谓之苏，或谓之荏，周郑间谓之公蕡，沅湘间谓之蕃，小者谓之蘸菜。”郭璞曰：“公蕡音翡翠，今江东人呼荏为菩，长沙呼野苏为蕃，蘸菜，堇菜也。”按《说文》引《楚辞》“菩萧”，此其通名乎？[②]（《通雅》卷四十二《植物·草》）

按：《说文·艸部》：“菩，艸也。从艸吾声。《楚词》有‘菩萧艸’。”许慎以通名释专名，被训字字义不明了。方氏认为《楚词》之“菩”即荏，指苏，是。《说文解字注》《说文通训定声》疏证“菩”义，说同方氏。

第三节　《通雅》指明《说文》引文之假借

《说文》引文中的被训字有时只是同音假借字。对此假借现象，方氏往往指出了引文中假借字的本字。其例有：

---

① 段玉裁：《说文解字注》，第52页。

② 方以智：《通雅》，第1272页。

①滥耳、滥口，皆谓滥说也。〇《史记·邹衍传》："始也嚂耳。"《战国策》："横人滥口利机。"《淮南》曰："不嚂于辨。"相如："虚词滥说。"嚂即谓滥也。《说文》引《论语》："穷，斯滥矣。"嚂、滥、嚂可通。[①]（《通雅》卷五《释诂·古隽》）

按：《说文·女部》："嚂，过差也。从女监声。《论语》曰：'小人穷，斯嚂矣。'"方氏引作"穷，斯滥矣"，又说"嚂""滥"可通，则是指明了《说文》引文之"嚂"是假借字，本字应为"滥"。《论语·卫灵公》："子路愠见，曰：'君子亦有穷乎？'子曰：'君子固穷，小人穷，斯滥矣。"正作"滥"，何晏《集解》："滥，溢也。"[②]可资佐证引文之本字当为"滥"。

②载发，即载旆。〇《荀子》引作"载发"，《说文》引作"载坺"，以旆叶拨也[③]。[④]（《通雅》卷八《释诂·谜语》）

按：《说文·土部》："坺，治也。一曰臿土谓之坺。《诗》曰：'武王载坺。'"该引文出自《诗·商颂·长发》"武王载旆，有虔秉钺，如火烈烈，则莫我敢曷"，毛传："旆，旗也。"[⑤]方氏指出《诗》之"载旆"，《说文》引作"载坺"，并进一步分析了"旆""拨（坺）"的语音关系，则是指明了"坺""旆"为音近假借，即"以旆叶拨也"。"坺""旆"上古皆为并纽月部。

---

① 方以智：《通雅》，第234页。

② 皇侃：《论语集解义疏》，徐望驾校注，南昌：江西人民出版社，2009年，第309—310页。

③ 依文意，此"拨"字当误，应为"坺"字。

④ 方以智：《通雅》，第339页。

⑤ 毛亨传，郑玄笺，孔颖达疏：《毛诗正义》，北京：北京大学出版社，1999年，第1459页。

③黯黯，重沓也。○《孟子》以“沓沓”解“泄泄”，而《说文》引《诗》竟作“无然呭呭”。《荀子》“辩利非以言是，则谓之詍”，注引《诗》“无然詍詍”。《尔雅》“洩洩”，注引此《诗》。《集韵》亦作呭、詍。此非《诗》有别本，直是前人以意通之耳。[①]（《通雅》卷十《释诂·重言》）

按：《说文·口部》：“呭，多言也。从口世声。《诗》曰：‘无然呭呭。’”方氏以为引文之“呭”为假借，本字当为“泄”，许慎以意通作“呭呭”。《诗·大雅·板》：“天之方难，无然宪宪。天之方蹶，无然泄泄。”正作“泄”，毛传：“泄泄，犹沓沓也。”[②]

④沛沛，犹怖怖也。○升庵引《说文》引《白华》诗：“视我怖怖。”即迈迈。今按：《说文》无“白华”字，而《韩诗》亦作“视我怖怖”，或以为《逸诗》。然怖与迈近。其寔迈迈隽永，状去去而不相顾也。[③]（《通雅》卷十《释诂·重言》）

按：《说文·心部》：“怖，恨怒也。从心市声。《诗》曰：‘视我怖怖。’”方氏认为“怖怖”即为“迈迈”，而原因是“怖”与“迈”近。此近是为音近，“怖”上古滂纽月部，“迈”上古明纽月部，滂纽、明纽同为舌音，故此二字可同音假借。《说文》“怖”字段注曰：“《小雅·白华》：‘念子懆懆，视我迈迈。’《毛传》曰：‘迈迈，不悦也。’《释文》云：‘《韩诗》及《说文》皆作怖怖。《韩诗》云：意不悦好也。许云：很怒也。’今《说文》作恨，似宜依很。迈者，怖之假借。非有韩、许，则毛诗不可通矣。”[④]是可佐证“怖”“迈”音近假借。然而方氏认为今《毛诗》作

① 方以智：《通雅》，第387页。

② 毛亨传，郑玄笺，孔颖达疏：《毛诗正义》，北京：北京大学出版社，1999年，第1145页。

③ 方以智：《通雅》，第395页。

④ 段玉裁：《说文解字注》，第511页。

“迈迈”是用本字，即“迈迈隽永，状去去而不相顾也”。段氏虽然也认为“迈”“怖”为假借，但是段氏认为“迈者，怖之假借”，则“怖怖”是用本字，观点与方氏相反。

第四节 《通雅》沟通《说文》引文之异文

方氏认为典籍中存在大量异文的原因是古人以己意引用前人著作，他说：

> **古人称引，略得其概，则以意摘辞。“予乘四载”，孔注、《尸子》《淮南》《说文》《史》《汉》各异。**孔注谓：“水乘舟，陆乘车，泥乘楯，山乘欙。”《尸子》：“泥行乘蕝。”《淮南子》注：“泽行乘蕝。”《说文》：“山行乘欙，泽行乘辀。”《史记》：“陆行乘车，水行乘舟，泥行蹈橇，山行即桥。”橇音蕝。徐广曰：“桥一作輂。”《汉·沟洫志》：“泥行乘毳，山行则梮。”**瑚琏之制，《明堂位》与《论语》《春秋正义》《左传》注异。**《明堂位》：“有虞氏之两敦，夏后氏之四琏，殷之六瑚，周之八簋。”《论语》：“夏曰瑚，商曰琏。”《说文》作槤。[①]（**《通雅》卷首一《音义杂论·古书参差说》**）

《说文》引文与文献原文亦存在异文的现象，《通雅》每沟通之。此例甚多，兹举三例分析如下：

> **①鼿鼼，一作臬兀……转作杌棿、槷魁。〇《易·困》：“于**

① 方以智：《通雅》，第11—12页。“两敦”之“敦”，黄山本作“对”（第4册第13页）。

鵕甈。”言高而危也。……《说文》：“槷魁，不安也。”引《易》曰：“执魁。”[①]（《通雅》卷六《释诂·谜语》）

按：《说文·出部》：“槷魁，不安也。从出臬声。《易》曰：‘槷魁。’”《说文》引文出自《易·困》。但是《易》原文实作“鵕甈”：“上六：困于葛藟，于鵕甈，曰动悔、有悔、征吉。”[②]此例方氏用“转作”沟通了《说文》引文“槷魁”之异文。方氏训释“鵕甈”为高而危义，引申为“不安”，故读者可据此知晓《说文》释“槷魁”为“不安”义之由。

②沇沇，犹原原也。〇沇沇，水流貌。《集韵》作浣，古作沿。……《文选》：“沇沇溶溶。”孟坚：“原原本本。”学问如水之源，木之本也。《孟子》“原原而来”，《说文》引作“謜謜”。姚孝宁说：“犹‘沿沿而来’。”[③]（《通雅》卷十《释诂·重言》）

按：《说文·言部》：“謜，徐语也。从言原声。《孟子》曰：‘故謜謜而来。’”此例方氏指出《说文》引文亦作“原原而来”。因此可使读者由“原原”义知晓“謜謜”义。方氏此说，《说文解字注》印证之。《说文》“謜”字段玉裁注：“《孟子》曰：‘故謜謜而来。’《万章篇》文。赵曰：‘如流水之与源通。’据此，謜本作源。源古作原。盖许引孟‘原原而来’证从原会意之恉，浅人加之言旁。”[④]

③育子、稚子、胄子。〇《书考异》“教胄子”，《史记》

---

① 方以智：《通雅》，第266—267页。

② 王弼注，孔颖达疏：《周易正义》，北京：北京大学出版社，1999年，第197页。

③ 方以智：《通雅》，第398页。

④ 段玉裁：《说文解字注》，第91页。

作“教稚子”，《说文》作“育子”。[①]（《通雅》卷十九《称谓》）

按：《说文·𠫓部》：“育，养子使作善也。从𠫓肉声。《虞书》曰：‘教育子。’”此例方氏将《说文》之“育子”与《虞书》之异文“胄子”、《史记》之异文“稚子”相沟通，让人知道三词虽异而义则同。

综上，《通雅》对《说文》引文的论述，不仅有利于对《说文》的释读，也有相当例子是有利于对所引书原文的释读，对《说文》研究有一定的学术价值。又从《说文》引文的研究历史而言，方氏的论述早于清代学者，故《通雅》之《说文》引文研究是值得一提的。

① 方以智：《通雅》，第652页。

第五章 《通雅》对《说文》重文的辨析、利用及未明重文的沟通

《说文》收录重文字数多达1163文，占《说文》所收总字数（10516字）的11%；又《说文》收录重文的来源广泛，有古文、籀文、篆文等，可见无论从字数方面还是字形方面，重文都是《说文》的重要组成部分，因此研究《说文》重文者甚众。清代有萧道管的《说文重文管见》、曾纪泽的《说文重文本部考》等，近代有朱孔彰的《说文重文考》、马叙伦的《说文解字六书疏证》等。这些学者的研究，或辨析重文与正篆的关系，或正重文之误，或考重文之源，但是论述利用《说文》重文于小学实践时，则多集中于从《说文》重文的声符互换中探求古音规律。

综观《说文》重文的研究历史，王筠在《说文释例》中的研究可谓独树一帜。该书卷六《同部重文》对《说文》中明确标明为重文的用例进行分析并作了统计。卷七《异部重文》对《说文》分散于异部、音义皆同的重文进行类聚。对于异部重文的沟通，后世学者认为是王筠的一个重要发现。李运富、蒋志远说：“‘异部重文’是王筠的一个重要发现。……王筠对‘异部重文’的阐述，体现了他对《说文》材料的总体把握以及对具体汉字音义关系的洞悉，被黄侃先生誉为‘不刊之作’。”[①]

其实，在王筠《说文释例》沟通的《说文》未明重文中，有十六例已见

① 李运富、蒋志远：《论王筠“分别文、累增字”的学术背景与研究意图》，《励耘学刊（语言卷）》2012年第2期，第149页。

于方以智的《通雅》。方氏《通雅》不仅沟通了《说文》的同部及异部未明重文，还对时贤所总结的利用《说文》重文研究小学的作用有所实践。此外，对于《说文》重文之误，鲜有学者指出，而方氏《通雅》不仅予以揭示，而且还予以纠正。可以说，方氏《通雅》对《说文》重文的研究有一定贡献。然而，在《说文》重文研究史上，没有学者提及方氏《通雅》。现将方氏《通雅》对《说文》重文的研究论述如下。

第一节 《通雅》辨析《说文》重文之误

《说文》正篆下附录的重文中有一部分重文与正篆音义不同，沈兼士称之为许慎的用字之法。沈兼士说：“《说文》重文于音义相仇形体变易之正例外，复有同音通借及义通换用二例，一为音同而义异，一为义同而音异，皆非字形之别构，而为用字之法式。”[①]然而，方以智在《通雅》中对《说文》所列音义不同的重文进行了辨析，直接指明其误，并做分析论证。其例共有两条，均可从。它们是：

①榕当别出，状木始于嵇含，分字始于戴侗。〇《说文》以窠为古松字。《六书故》以古松字为[illegible]，而榕为南方之榕。榕实南方巨木，嵇含已详载矣。柳宗元诗：“榕叶满庭莺乱啼。”《后山谈丛》言：“蔡州壶公观有大木，四垂傍出，人莫能知。张戣闽人，尝至蔡，为余言：‘乃榕木，此木无用，惟枝上垂根，暴之可作火绳以发炮，又可染黑。’”赞宁《志》所云“倒生木、不死树、横枝生

① 沈兼士：《汉字义读法之一例——〈说文〉重文之新定义》，《沈兼士学术论文集》，北京：中华书局，1986年，第240页。

根，下地如柱”，即榕无疑。[①]**（《通雅》卷四十三《植物·木》）**

按：《说文·木部》：“松，木也。从木公声。窉，松或从容。”许慎把“窉”列为“松”的重文。方氏认为“榕”不是“松”的重文，而应别出另立字头。方氏所说是。“松”金文作；货币文作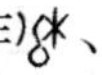、、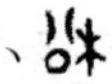、；汗简文作[②]，无一作“榕”者。《本草纲目》卷三十四《木部·松》：“时珍曰：‘松树磥砢修耸多节，其皮粗厚有鳞形，其叶后凋。二三月抽蕤生花，长四五寸，采其花蕊为松黄。结实状如猪心，叠成鳞砌，秋老则子长鳞裂。然叶有二针、三针、五针之别。’”[③]万震《南州异物志》曰：“榕木初生少时，缘榑他树。如外方扶芳藤形，不能自立根本，缘绕他木傍作连结。如罗网相络，然后皮理连合，郁茂扶疏，高六七丈。”[④]由上可知，“松”与“榕”绝不相同，“榕”当别立为字头。

②鶂、鷁、鹢，一字之转。〇《说文》鶂又作鷊，引相如作“䳁”。按鷊即旨鷊，绶鸟也。按此三字音义相因，而鸟实有别。大约鷁为鹢，而鶂鹢，大鶂。又有鶂视风化之说，故为白鶂、苍鶂。而鹢为船首青雀之称，鷊则时借䳁、鶂。《说文》不能辩，反曰鶂又作鷊耳。[⑤]**（《通雅》卷四十五《动物·鸟》）**

按：《说文·鸟部》：“鶃，鸟也。从鸟兒声。《春秋传》曰：‘六鶃退飞。’鷊，鶃或从鬲；䳁，司马相如说鶃从赤。”许慎把“鷊”当成“鶃”的重文。方氏认为“鷊”不是“鶃”的重文，两者有别：鷊为绶鸟；鶃为白鶃。方氏所说是。方氏进一步分析了许慎把“鷊”列为“鶃”重文的原因：

① 方以智：《通雅》，第1282页。
② 李圃、郑明主编：《古文字释要》，上海：上海教育出版社，2010年，第568页。
③ 李时珍：《本草纲目》，北京：人民卫生出版社，1978年，第1917页。
④ 贾思勰：《齐民要术》，缪启愉、缪桂龙译注，上海：上海古籍出版社，2009年，第735页。
⑤ 方以智：《通雅》，第1353—1354页。

“鷊则时借鷁、鶂。《说文》不能辨，反曰鶂又作鷊耳。”《本草纲目》卷四十七《禽部·鸬鹚》：“[正误]一种鶂鸟（或作鹢），似鸬鹚而色白，人误以为白鸬鹚是也。雌雄相视，雄鸣上风，雌鸣下风而孕，口吐其子，庄周所谓白鶂相视，眸子不运而风化者也。”[①]北宋陆佃《埤雅》卷十七《释草·虉》：“小草，五色似绶，故名‘绶草’。……或曰：‘鷊，绶鸟也，故虉有杂色似绶，其字从鷊。’”[②]由上可知，鷊为五色绶鸟、鶂为白色水鸟，所以方氏认为“鷊”不是“鶂”的重文，可从。

第二节　《通雅》对《说文》重文的利用

利用《说文》重文的声符互换探求古音规律的研究较早见于明末方以智的《通雅》。在利用《说文》重文方面，《通雅》是较全面的。既有利用《说文》重文探求古音规律，亦有利用《说文》重文疏证文献词义，更有利用《说文》重文纠正《说文》自身之误。然而，在论述利用《说文》重文于小学实践时，未见时贤论及《通雅》。兹将《通雅》利用《说文》重文的论述分析如下，以揭示《通雅》利用《说文》重文的先驱之功及其贡献。

（一）利用《说文》重文印证及纠正字音

1.印证字音

印证字音是指《通雅》利用《说文》的形声字重文证明某些字的读音在上古相通，共有五例。

①殍音从孚。〇智按：……殍之音孚则本音，孚之与保古当通

① 李时珍：《本草纲目》，北京：人民卫生出版社，1981年，第2576—2577页。

② 陆佃著，王敏红校点：《埤雅》，杭州：浙江大学出版社，2008年，第175页。

声。《说文》曰："㑜，古文保，保从人从采省。"又曰："□，古文孚，从禾。"按：保既从古文孚，孚又从古文保，……□、□、□，以□为声；桴、莩、浮，以孚为声。智论其原，古从□从孚一义，故相借。①（《通雅》卷一《疑始·专论古篆古音》）

按：《说文·人部》："保（保），养也。从人，从采省。采，古文孚。禾，古文保。㑜，古文保不省。"《说文·爪部》："孚，卵孚也。……□，古文孚，从禾。禾，古文保。"方氏此处论证"孚之与保古当通声"是利用了《说文》"俘"为"保"重文及"孚"古文从"禾"之佐证。"孚""俘"与"保"，重唇与轻唇相通，古音皆是帮组幽部，故方氏所说"孚之与保古当通声"，诚是。

②包、孚、乾、干、安、焉、亶、单、耑、叀之原。〇生气在中，孚包于外，故包通孚。字从包与从孚同，如脬与胞、桴与枹、莩与苞、浮与泡、捊与抱之类互通。《左传·隐九年》"及莒盟于浮来"，《公》《谷》作"包来"。包牺一作庖牺、炮牺，即伏羲，孚、俯、付、伏，可知古呼包如孚矣。浮从孚，《中原音韵》收入鱼模，而沈韵在尤，故吴人讥德清，此皆习字书之训而忘其本耳。《说文》餢古文饱，□，古文保；□，又引古文孚。后人讥之，盖本同原相因，即许氏亦未之知也。②（《通雅》卷一《疑始·专论古篆古音》）

按：《说文·食部》："饱，猒也。从食，包声。□，古文饱，从采。"方氏此处论证"包通孚"就利用了《说文》"饱"为"餢"重文之佐证。"包""饱"与"孚""餢"古音皆是帮组幽部，故方氏所说"包通孚"可从。

① 方以智：《通雅》，第110页。
② 方以智：《通雅》，第111页。

③遷方，西方也。〇《前汉·志》：“少阴者，遷方。”《白虎通》云：“西者，遷方也，万物遷落也。”《郊祀歌》：“象载瑜，白集西；食甘露，饮荣泉。”先俞山即西隃，则知汉时读西为遷，故毛晃收入先韵，音遷。余谓当音先，如洗在荠韵，又在铣韵也。《说文》有拪字，遷迻也，可证西之先音。[①]（《通雅》卷十二《天文·月令》）

按：《说文·辵部》：“遷，登也。从辵䙴声。，古文遷，从手、西。”朱骏声《说文通训定声·屯部》“先”下曰：“《楚辞·招魂》叶先还。”[②]“还”通作“遷”。《礼记·曲礼上》“跪而遷屦”，郑玄注：“遷或为还。”[③]《尔雅·释诂下》“遷，徙也”，郝懿行义疏：“遷，通作还。”[④]“先”与“还”叶韵，故“先”与“遷”亦叶韵。又“拪”为“遷”之重文，“拪”从西得声，方氏此处正是利用它佐证“西之先音”。《说文通训定声·屯部》把“遷”“拪”归为谐“西”声字，并“遷”入先韵。又“洗”作“洒”，“西施”作“先施”，亦可证“西之先音”。

④顿于连石，自昔也。〇《续博物志》云：“连当音爛。”今各韵书、字书皆遗此音。《说文》澜或作涟，可知古连、阑音通也。《邻几杂志》曰：“同州民，谓连雨为爛雨。”[⑤]（《通雅》卷十一《天文·释天》）

⑤欗，楝子也。〇《㡃氏》“以欗为灰”，欗即今之川練子也。一名金铃子，一名石茱萸。獬豸食之，蛟龙畏之。智按：古连、

① 方以智：《通雅》，第468页。

② 朱骏声：《说文通训定声》，武汉：武汉市古籍书店影印，1983年，第808页上。

③ 郑玄注，孔颖达疏：《礼记正义》，北京：北京大学出版社，1999年，第50页。

④ 郝懿行：《尔雅义疏》，北京：中华书局，2017年，第218页。

⑤ 方以智：《通雅》，第426页。

蘭相通，连石音爛石，《说文》澜或作漣，可证。[①]（《通雅》卷四十三《植物·木》）

按：《说文·水部》："澜，大波为澜。从水阑声。漣，澜或从连。"段玉裁注："古阑连同音，故澜漣同字。"[②]上二例，方氏正是利用"澜"有重文"漣"证明"古连、阑音通""古连、蘭相通"。方氏此说早于段氏。"连""漣"与"蘭""爛""欄""澜"古音皆属来纽寒部，音同故尔。

2.纠正字音

方氏除利用《说文》重文印证某些字的读音在上古相通外，还利用《说文》重文纠正某些字的读音之误。《通雅》中有一例，如下：

敭历，言明扬阅历也。〇汪太函、李本宁、阮邵武，下笔尝用"敭历中外"，后人袭之，讹为"敡历"，又讹读为"踢历"。殊可笑也。按温公《鉴》："牛仙客加尚书，九龄曰：'惟旧相及敭历中外者为之。'"按：《说文》"敭，古文扬"，与章切。"敡，侮也"，以豉切。今人读"踢历"者固非，即读"试历"者亦非。若以《书序》有"历试诸艰"之文，则当用"历试"，何必"敭历"？[③]（《通雅》卷四《释诂·古隽》）

按：《说文·手部》："揚，飞举也。从手易声。，古文。"又《攴部》："敡，侮也。从攴从易，易亦声。""敭""敡"当是形近通用以致读音错误，故方氏此处纠正"敭"读作"敡""试"之非是利用了《说文》"敭"为"扬"重文之佐证。

① 方以智：《通雅》，第1284页。

② 段玉裁：《说文解字注》，第549页。

③ 方以智：《通雅》，第204页。

（二）利用《说文》重文疏证文献词义

疏证文献词义是指《通雅》利用《说文》的同义或通假重文疏证文献中的词义，共有四例。

> **①谯诟，言谯让垢辱也。谯让，一作诮让。〇《石奋传》："不谯让。"一作诮让。《说文》："谯，娆譊也。读若嚼，才肖切。诮，古文谯。《书》曰：'未敢诮公。'"让，相责让，今读上声。[①]（《通雅》卷四《释诂·古隽》）**

按：方氏此处疏解《汉书·石奋传》"不谯让"之"谯让"为"诮让"，利用了《说文》"谯"为"诮"字重文之佐证。

> **②宿夜即夙夜。宿心即夙心。〇"祭莫重于《武宿夜》。"[②]注："武曲名。"武王至商郊，停止宿夜，士卒皆欢乐，舞以待旦，故名焉。任昉《表》"宿心素志"[③]，即夙心。依《说文》作夙、𡖋，又古文作𠈇、㑛。[④]（《通雅》卷七《释诂·谜语》）**

按：《说文·夕部》："𡖋，早敬也。从丮。持事虽夕不休，早敬者也。㑛，古文夙从人囟；𠈇，亦古文夙，从人西，宿从此。"又《宀部》："宿，止也。从宀𠈇声。𠈇，古文夙。""宿"从𠈇得声，𠈇又为夙之古文，"宿""夙"音相同或相近，故"夙与宿（等）字在上古可以通借互

---

① 方以智：《通雅》，第198页。

② 《礼记·祭统》原文作"舞莫重于《武宿夜》"。郑玄注："《武宿夜》，武曲名也。"孔颖达疏引皇氏曰："师说《书传》云：武王伐纣，至于商郊，停止宿夜，士卒皆欢乐，歌舞以待旦，因名焉。"

③ "宿心素志"出自任昉《为范尚书让吏部封侯第一表》。

④ 方以智：《通雅》，第300—301页。

用”[1]。方氏此处疏解《礼记·祭统》“《武宿夜》”之“宿夜”为“夙夜”，任昉《表》“宿心素志”之“宿心”为“夙心”就是利用了《说文》“㐁”为“夙”字重文之佐证。

③叶用，即协用。○《汉书·五行志》：“向言：《洪范》曰：‘叶用五纪。’”[2]《说文·劦部》：“協，古文作旪，从日十，或作叶。”又与汁通，《周礼》注：“卿士汁日。”《礼记》注：“黑帝汁光纪。”《文选·西京赋》：“五纬相汁。”皆叶字。[3]（《通雅》卷八《释诂·谜语》）

按：《说文·劦部》：“協，众之同和也。从劦从十。旪，古文協，从日十。叶，或从口。”段玉裁改《说文》“協”的释义“众之同和也”为“同众之和也”，并注曰：“（叶）古文協，从口十。字见《周礼·大史》，‘協事’，注曰：‘故书協作叶。杜子春云：叶，協也，书亦或为協，或为汁。’《大行人》‘協辞命’注：‘故书作汁辞命。郑司农云：汁当为叶，书或为叶。’[4]按十口所同，亦同众之意。”[5]段氏之论大体与方氏同，两人论证文献“旪”“汁”“叶”皆为“協”义之由，即“旪”“叶”为“協”之重文。

④襜褕，敝衣也；襌衣，单直身也；袷复，夹衣也；褶袴，戎服也；蔽膝，韠也。○《说文》：“幝，幒也。”幒或作帐。师古

---

① 黄宇鸿：《对〈说文解字〉重文的再认识及其价值》，《广西大学学报（哲社版）》，2003年第4期，第78页。

② 《通雅》此处引《汉书》有误，不是刘向所言，而是刘歆。《汉书·五行志上》：“刘歆以为虙羲氏继天而王，受《河图》，则而画之，八卦是也；禹治洪水，赐《雒书》，法而陈之，《洪范》是也。……次四曰叶用五纪。”颜师古注：“叶读曰叶，和也。”

③ 方以智：《通雅》，第340页。

④ 阮元校《周礼·大行人》注“书或为叶”之“叶”为“汁”。

⑤ 段玉裁：《说文解字注》，第701页。

曰："裈，今之衳也。"①（《通雅》卷三十六《衣服·彩服》）

按：《说文·巾部》："幝，幒也。从巾军声。裈，幝或从衣。"又《说文·巾部》："幒，幝也。从巾悤声。一曰帙。幒，幒或从松。""幝""裈"与"幒""衳"是两组异体字，衣部与巾部相通。方氏此处利用《说文》重文为的是与颜师古的训释"裈，今之衳也"相印证。

（三）利用《说文》重文纠正《说文》之误

方氏利用《说文》的重文纠正《说文》之误包括两个方面：一是证明《说文》所立字头并非本字；二是纠正《说文》之字形误析。

1.利用《说文》重文证明所立字头并非本字

方氏通过分析《说文》重文字义与字头所训之义后，发现《说文》所立字头并非所训之义的本字，反而重文是所训之义的本字。共有两例。

①頄、頯、顴一字。〇馗，渠追、渠爰二切，頯骨也。又作頯。戴氏竟曰与顴一字。《说文》曰："馗，九达道也，似龟背，故曰馗；馗，高也。""頯，权也。"按《尔雅》"九达谓之逵"，亦借作馗，许氏不知其为假借，故为曲说如此。顴、馗通声，犹魁渠、毬鞠、丘区之类。②（《通雅》卷二《疑始·论古篆古音》）

按：《说文·九部》："馗，九达道也。似龟背，故谓之馗。馗，高也。从九、从首。逵，馗或从辵从坴。""馗"从九从首，与"道"义无关；方氏以为"馗，頯骨也"，与从"首"义合，当是。他又以为，"馗"的重文"逵"才是"九达道"义之本字，亦是。"逵"从辵，与"道"义正合。方

① 出自《汉书·司马相如传》："相如身自着犊鼻裈，与庸保杂作，涤器于市中。"颜师古注："即今之衳也，形似犊鼻，故以名云。"方以智：《通雅》，第1102页、第1104页。

② 方以智：《通雅》，第140页。

氏正是从“𩠐”又作“頯”，训“颊骨”义知其非《说文》所训义之本字。

②彬彬，一作份份、攽攽、邠邠。〇《封禅文》：“攽攽穆穆。”攽即彬彬也。《说文》“份，从人，文质备也”，盖附会“文质份份”之言。古作彬。徐铉曰：“俗作斌，非。”彦远用邠邠。晋有江虨，为虎文，实亦彬也。按彡从彡，音彪，音标，音衫，文茂影垂者用之。[1]（《通雅》卷九《释诂·重言》）

按：《说文·人部》：“份，文质僣也。从人分声。《论语》曰：‘文质份份。’彬，古文份从彡、林。林者，从焚省声。”[2]《论语·雍也》篇“文质彬彬”，亦用古文。于“文质备也”之义，彬当为本字，份为假借字。“份”从人，与“文质备”义不合。而“彬”从彡，《说文·彡部》：“彡，毛饰画文也。”与“文质备”义合。方氏又举“彬、虨、彪”这组同源词证成己意。《说文·虍部》：“虨，虎文彪也。”又《虎部》：“彪，虎文也。从虎，彡象其文也。”虨、彪、彬都含有文茂影垂之意，亦可佐证“彬”当为“文质备”的本字。

2.利用《说文》重文纠正字形误析

利用《说文》重文纠正字形误析，《通雅》中有正确的一例，如下：

①亙从月为正。〇古登切，月弦也。《诗》：“如月之恒。”引之遂用恆瑟，别作絚、緪。又竟两端曰亘，去声，别作桓。《说文》恒在二部，曰：“常也，从心从舟，在二之间上下，心以舟施，恒。”桓在木部，“竟也，古文作亙。”徐锴曰：“舟竟两岸。”然

---

① 方以智：《通雅》，第372—373页。

② 孙刻本《说文》“份”的释义“文质僣”之“僣”误，应为“備（备）”。《说文解字系传》《说文解字注》“份”的释义均作“文质備也”。汲古阁本、和刻本《说文》作“文质備也”。作“文质備（或俻）也”是，作“僣”于文辞不通，盖孙刻本《说文》“僣”与“備（或俻）”形近而讹。

古文从月，引《诗》“如月之恒”。按许氏、徐氏之说甚曲而不通。古文从月，乃见于𠄨，其义炳然。从舟，月之讹也。[1]**（《通雅》卷二《疑始·论古篆古音》）**

按：《说文·二部》：“恆，常也。从心从舟，在二之间上下。心以舟施，恆也。𠄨，古文恆，从月。《诗》曰：‘如月之恆。’”方氏引“恆”的重文𠄨纠正“恆”的字形误析，断言“从舟，月之讹也”，方氏之说可从。董莲池《说文解字考正》“恆”下今按：“‘恆’应从心，亙声。所从之亙，甲骨文作亘，从二，从月，小篆从舟者乃从月之讹。”[2]实本方氏之说。

综上所论，《通雅》开启了利用《说文》重文的研究。《通雅》利用《说文》重文于小学实践中至少有以下两点贡献：一是首次利用重文材料探究古音规律。清代学者利用重文，或明上古声纽的规律，如钱大昕等；或明上古韵部的规律，如段玉裁、王念孙等，但是就利用重文的历史而言，方氏早于清代学者。二是最早指出《说文》重文与正篆之间的假借关系，方氏在辨析《说文》重文字义与正篆字义后，发现“尳”“逵”为假借关系。方氏这一论述，先于近代学者沈兼士。沈兼士曾指出：“《说文》重文于音义相仇形体变易之正例外，复有同音通借及义通换用二例，一为音同而义异，一为义同而音异，皆非字形之别构，而为用字之法式。”[3]

在小学研究中，《通雅》利用《说文》重文的先驱之功无人提及，故笔者揭示于此，以为研究《说文》重文者提供参考。

① 方以智：《通雅》，第121页。

② 董莲池：《说文解字考正》，北京：作家出版社，2005年，第536页。

③ 沈兼士：《汉字义读法之一例——〈说文〉重文之新定义》，《沈兼士学术论文集》，北京：中华书局，1986年，第240页。

第三节　《通雅》沟通《说文》未明重文

所谓“未明重文”是指许慎在《说文》中没有标明为“重文”而实际上应该是重文的字组。综观沟通《说文》未明重文的历史，清代王筠《说文释例》卷六《同部重文》、卷七《异部重文》的研究独树一帜。卷六《同部重文》对《说文》中明确标明为重文的用例进行了分析并作了统计；卷七《异部重文》对《说文》分散于异部、音义皆同的重文进行了沟通，并于该卷后附列有《说文》分散于同部而许慎没有沟通的重文。对于异部重文的沟通，无疑是王筠的一个重要贡献。李运富、蒋志远说：“‘异部重文’是王筠的一个重要发现。……王筠对‘异部重文’的阐述，体现了他对《说文》材料的总体把握以及对具体汉字音义关系的洞悉，被黄侃先生誉为‘不刊之作’。”①但是对于《说文》未明重文的个组沟通并不始于《说文释例》，其中有的已见于《通雅》②。

方以智在《通雅》中把分散于《说文》各部音义皆同的字进行系联沟通，或直接标明为重文，或称之为“一字”。《通雅》共沟通《说文》未明重文36组，且大部分论述了重文之间的关系。此36组中，有16组见于《说文释例》。《说文释例》专论《说文》“异部重文”固然值得称道，但是方以智在《通雅》中对《说文》散见重文的个组沟通也应分析论证，以揭示其学术价值。兹将《通雅》沟通《说文》未明重文的标准和类型分析于此。

（一）《通雅》沟通《说文》未明重文的标准

王筠在《说文释例》卷七《异部重文》中论及沟通《说文》异部重文时说：“苟其为字也，两体明白，即别隶之，以觊传之永久而不误。而其义既同，其声又同，细心人读之，无难知为一字也。不料为同部者所蔽，遂谓此外

---

① 李运富、蒋志远：《论王筠“分别文、累增字”的学术背景与研究意图》，《励耘学刊（语言卷）》2012年第2期，第149页。

② 其实，对《说文》未明重文进行个组沟通的最早著作是宋末戴侗的《六书故》。《通雅》和《说文释例》沟通的《说文》未明重文有的见于戴侗的论述。

别无重文，乃出许君意外矣，故辑录之，以俟君子详察焉。”[①]又在该卷末论及沟通《说文》同部重文时说：“有两字同部，《说文》不谓为一字，而案其音义则同者，并附于后。”[②]据此可知王筠沟通《说文》异部及同部重文的标准均为“音义皆同”。其实这一标准，方氏在沟通《说文》未明重文时已用于实践。其例有：

①**疑**、𠤕一字。〇“**疑**，惑也”，鱼其切，“从子从止”。幼子多惑，会意，矣声。……𠤕字亦鱼其切，《说文》曰：“语未定也。”……赵凡夫泥𠤕训“语未定”，而**疑**训“惑”，则凡遇疑词断之当用𠤕字；不知未定之训即是惑意。且许氏《说文》亦自用疑，无用𠤕者，其为重文更何俟辩？[③]（《通雅》卷一《疑始·专论古篆古音》）

按：《说文·子部》：“**疑**（疑），惑也。从子止匕，矢声。”《匕部》：“𠤕，未定也。”方氏认为“**疑**”“𠤕”为重文[④]，并分析了其为重文之由。方氏称“**疑**”“𠤕”的反切皆“鱼其切”，并用“亦”字指明此两字音同。方氏又说“不知未定之训即是惑意”，指明此两字义同。因此，方氏沟通“**疑**”“𠤕”为重文的标准是音义皆同。

②慹服，即慑服。〇《汉书·朱博传》：“豪强慹服。”即慑服。按：《说文》：“慑，失气也，服也。”“㦤，心服也。”皆之涉切。“慹，悑也。”之入切。其实皆一字重文也。《庄子》：“虑叹变慹。”又曰：“慹然似非人。”今刻《南华真经》本作“变

---

① 王筠：《说文释例》，北京：中华书局，1987年，第155页。

② 王筠：《说文释例》，北京：中华书局，1987年，第168页。

③ 方以智：《通雅》，第81页。

④ “**疑**”“𠤕”为重文的佐证见下面的论述。

熱”，焦本正作“慹”，郝氏谓慑服，詟服，与此为一。[①]（《通雅》卷七《释诂·謰语》）

按：王筠在《说文释例》卷七《异部重文》中说：“慑……‘服也’一义，与《人部》㒯同。”[②]但是没有论证。方氏则不但指出“慑”“㒯”“慹”为一字重文，而且还分析了其为重文之由。方氏认为“慹服，即慑服”，引用《说文》“慑”“㒯”“慹”的释义佐证。换言之，方氏认为“慑”“㒯”“慹”三字于“服”义义同，可从。《广雅·释言》“慑，服也”，王念孙疏证：“《秦策》云：‘赵楚慑服。’《史记·项羽纪》：‘诸将皆慴服。’《汉书》作‘詟服’，《陈咸传》作‘执服’，《朱博传》作‘慹服’。并字异而义同。”[③]王氏所述可证方氏观点。方氏指出“慑”“㒯（《说文》徐铉加齿涉切）”皆之涉切；“慹”之入切，旨在说明此三字音同。“慑”“㒯”“慹”上古皆是章纽叶部，即音同。据此，方氏沟通“慑”“㒯”“慹”为重文的标准也是音义皆同。

③页即首，糸即絲，虫、䖵即蟲。○《说文》首、𦣻、页，分三部。“𦣻，头也”；“首，古文，以象发”；“页，头也，从首从人，古文䭫𦣻如此”。孙氏胡结切。夫首之为𦣻，犹孚之为子；𦣻之加人，犹雷之加雨。《说文》俱训头，不当分为三。《说文》页训头，以为古䭫首之首，未尝有他音。孙氏胡结之音非也。李阳冰曰：“页音首。不当音颉。况自有颉字，而页无他义。古今书传未尝有用页字者。凡頭颅颠顶顙额之类俱从页，页之即首明甚。”合溪发明阳冰之说是也。[④]（《通雅》卷二《疑始·论古篆古音》）

---

① 方以智：《通雅》，第299页。

② 王筠：《说文释例》，北京：中华书局，1987年，第165页。

③ 王念孙著，钟宇讯整理：《广雅疏证》，北京：中华书局，1983年，第169页。

④ 方以智：《通雅》，第117页。

按：王筠在《说文释例》卷七《异部重文》中说："页下云'古文䭫首如此'；䭫下云'百同古文百也'……夫以部首而有重文者，有从之之字，即为部首。"[①]王筠认为"首""百""页"为部首重文，与方氏所说的"《说文》俱训头，不当分为三"意同。方氏不仅类聚此三字为重文，还指出"页"音"胡结切"为非，依其意，"页"当音"首"，可从[②]。䫉[③]、𢝊[④]均从页得声。䫉，上古药部；𢝊，上古幽部；首，上古幽部。上古幽部、药部可通转。这是方氏自觉运用《说文》重文音义皆同标准推论的结果。

以上三例表明方氏沟通《说文》未明重文的标准是音义皆同，与王筠在《说文释例》中沟通《说文》未明重文的标准相同。

（二）《通雅》沟通《说文》未明重文的类型

王筠在《说文释例》中沟通的《说文》未明重文很少标明重文之间的关系，而方氏在《通雅》中沟通的《说文》未明重文，则大部分标明了未明重文之间的关系。从方氏沟通《说文》未明重文的论述中，我们大致可以将之分为四种类型：

1.累增

王筠在《说文释例》卷八《分别文、累增字》中说："字有不须偏旁而义已足者，则其偏旁为后人递加也。其加偏旁而义遂异者，是为分别文。……其加偏旁而义仍不异者，是谓累增字。"[⑤]近代学者把未累增偏旁的字称为"初文"。《通雅》沟通《说文》具有累增关系的两字为重文的例子

---

① 王筠：《说文释例》，北京：中华书局，1987年，第154页。"百同古文百也"，两"百"字盖有一误。

② 桂馥《说文解字义证》"页"下曰："头也者。本书'嚣'下云：'页，首也。'王君念孙曰：'页即首字，不知何故转为胡结切，《说文》𢝊即从页声。'馥谓页头声相近。"（《说文解字义证》，上海：上海古籍出版社，1987年，第754页）

③ 䫉，即"貌"字，《读书杂志·逸周书第二》"《文政》篇：远慎而近䫉"，王念孙按："䫉，即貌字也。"貌，上古药部。

④ 《说文·心部》："𢝊，愁也。从心从页。徐锴曰：'𢝊形于颜面，故从页。'"于求切。

⑤ 王筠：《说文释例》，北京：中华书局，1987年，第173页。

有：

①即筆。○《说文》：“聿，手之疌巧也。”孙氏尼辄切。肆与肃皆从聿。“聿，所以书也。楚曰聿，吴曰不律，燕曰弗。从聿，一声。”孙氏余律切。按：书传无聿字，且手之疌巧何以取义于巾？其实筆聿一字，后加竹耳。借为发语词，别作欥。慎之主此说。[①]（《通雅》卷二《疑始·论古篆古音》）

按：方氏认为“其实筆聿一字，后加竹耳”，可谓确论。其说已为后世学者印证之。董莲池《说文解字考正·聿部》“聿”下说：“‘聿’即‘筆’之初文，甲骨文作、（《甲骨文编》一二八页），像手持笔之形。”[②]“聿”为“筆”之初文，“后加竹耳”，即指出二字属于累增关系。

②凡前听事，古皆曰廳，后曰寝。○廷，堂下南除也。《说文》曰：“廷，朝中也。”“庭，宫中也。”古者廷不屋，诸侯相朝雨沾衣，失容则废。后世屋之加广焉，实无二也。郭忠恕曰：“廷，去声，庭，平声。”智谓古初无庭字也。古者朝寝堂室，通谓之宫，廷在堂下，如今朝贺皆在丹墀，后人加广耳。[③]（《通雅》卷三十八《宫室》）

按：方氏认为古有“廷”字，无“庭”字，后“廷”加广，此说可从。季旭昇《说文新证》卷二下“廷”字所述亦认为“廷”是“庭”的初文[④]，印证了方氏的观点。“庭”亦是“堂下”之义，如《论语·八佾》“八佾舞于庭”，刘宝楠正义：“堂下即庭。”[⑤]《玉篇·广部》：“庭，

---

① 方以智：《通雅》，第139页。“聿”，黄山本作“聿”（第4册第157页）。

② 董莲池：《说文解字考正》，北京：作家出版社，2004年，第117页。

③ 方以智：《通雅》，第1145页。

④ 季旭昇：《说文新证》，福州：福建人民出版社，2010年，第132页。

⑤ 刘宝楠撰，高流水点校：《论语正义》，北京：中华书局，1990年，第78页。

堂阶前也。”[①]“廷”是“庭”的初文，后“廷”加广，即指出二字属于累增关系。

2.省文

《说文》正篆下附录的重文中有一小部分标为“某文省”“某文不省”，由此可知正篆与重文是省文关系。然而还有部分同属于省文关系的重文，《说文》并没有标明，方氏则把它们沟通起来，且说明其中一字为另一字的省文，其例有：

①疑、𠤕一字。〇“疑，惑也”，鱼其切，“从子从止”。幼子多惑，会意，吴声。……𠤕字亦鱼其切，《说文》曰：“语未定也。”伯温曰：“从匕，古化字，变化未定，会意。”智以为即疑之省文也。[②]（《通雅》卷一《疑始·专论古篆古音》）

按：方氏认为“𠤕”即“疑”之省文，可从。季旭昇《说文新证》卷八上“𠤕”字所述比较详细地论证了“𠤕”为“疑”的省文，季旭昇认为“疑”之“止”讹为“匕”，后可能省“子”为“𠤕”[③]。季旭昇说是，可见方说之不谬。

②檷、柅、尿，一物也。〇《说文》曰：“柅，实如黎。”“尿，籆柄也。”“檷，络丝趺。”郑夹漈曰：“㞙，籆柄也。”陆氏曰：“读如昵。”一曰柅，止车木。《易》“系于金柅”者，以金为之，卓地为固。《孟子》：“止或尼之。”其通义也。络丝趺，因以为名，温州至今云络柅也。《列子》：“墨尿。”亦见《方言》。尿即㞙之省文耳。墨音眉，因其转滑，寓多诈义。《小

① 通过“汉字全息资源应用系统”查得，https://qxk.bnu.edu.cn/#/danziDetail。

② 方以智：《通雅》，第81页。

③ 季旭昇：《说文新证》，福州：福建人民出版社，2010年，第663—664页。

补》引作“墨屎”，误矣。檷、柅，实一字。[1]（《通雅》卷三十四《器用·杂用诸器》）

按：方氏以为“屎即㞫之省文耳”，可从。“屎”即“㞫”（柅）省“匕”。“屎”“柅”“檷”为一字重文。《集韵·旨韵》：“屎，《说文》：‘篗柄也。’通作柅。”[2]又《方言》卷五“篗，榬也”，钱绎笺疏：“屎、柅、檷，字并同。”[3]

3.变异

由于篆化、书写风格等原因，有些甲骨文这一早期文字至许慎写成正篆时部件发生了变异，甚至讹变成为另一字。加之许慎未见到这些变异字的早期字形，难以洞察它们的演变过程，所以没有说明这类字为重文。方氏则把它们沟通为重文，且说明了它们字形变异的原因。

a.因书写风格不同而未沟通的重文

①𦣠、朙同，又为塱。〇扶放切。又作望。《说文》塱在𡈼部，“臣朝君也；从月从臣，从𡈼；𡈼，朝廷也。又作𦣠”。望在亾部。戴氏曰：“按《易》以‘月几望’为疑于《易》，日月遥相望不得谓之臣朝君，𡈼之为朝廷甚牵强，从臣者，亾之变体也。”智按：《师望敦铭》作[illegible]，《穆公鼎》作[illegible]，《师秦宫鼎》作[illegible]。大约古之书史各以意变，以望于人者惟臣，本反身屈服之形，[illegible]亦从之，而卧塱亦声相转。但今字家定望塱为两用，则愚矣。实古之重文也。[4]（《通雅》卷二《疑始·论古篆古音》）

① 方以智：《通雅》，第1050—1051页。

② 通过“汉字全息资源应用系统”查得，https://qxk.bnu.edu.cn/#/danziDetail。

③ 钱绎撰集，李发舜、黄建中点校：《方言笺疏》，北京：中华书局，1991年，第210页。

④ 方以智：《通雅》，第122页。“又为塱”之“又”，黄山本作“文”（第4册第138页）。

按：方氏认为“望”“朢”为重文，它们之所以有不同字形是“大约古之书史各以意变”。其说可从。《说文解字考正·亾部》“望”下详细描述了这一由“朢”讹变成“望”的过程：“‘望’即‘朢’字异体。西周金文作（无叀鼎）、（麓伯簋），篆文本之作，所从之‘亡’即‘朢’所从之作者又进一步草率书写所讹成（或有意将其改造为‘亡’形以标示其音读）。许慎误将其与‘朢’分为二字，又据所讹之形以释其形义，穿凿附会，不可从。”[①]《说文解字考正》认为“望”是从“朢”草率书写讹变而成或书写者有意而为之，正可佐证方氏“大约古之书史各以意变”之说。但方氏所说的“以望于人者惟臣，本反身屈服之形”，则误。《说文解字考正·壬部》“朢”下今按：“‘朢’甲骨文作、、等（《甲骨文编》三五四页），表目，字像人站立在地上，眼睛竖起，极目远望，是瞭望之‘望’的本字。”[②]“臣”是“目”形之讹，并非反身屈服之形。“卧亦从之”的“卧”也不是反身屈服之形，其偏旁“臣”亦是“目”形之讹，“‘卧’金文作、（《金文编》五八二、五八三页），像人伏身下视，‘臣’表示眼睛”[③]。

②大、亣一字。○《说文》分二部，孙氏音大为徒盖切；亣籀文，孙氏他达切。按古籀特字势少差，许氏分一字为二部，孙氏又别其音，尤非矣。《笺》亦议之，而子才尚分二字者，何也？[④]（《通雅》卷二《疑始·论古篆古音》）

按：《说文·大部》：“大，天大，地大，人亦大。故大象人形。古文大也。”又《亣部》：“亣，籀文大，改古文。亦象人形。”方氏认为

① 董莲池：《说文解字考正》，北京：作家出版社，2004年，第503—504页。

② 董莲池：《说文解字考正》，北京：作家出版社，2004年，第326页。

③ 董莲池：《说文解字考正》，北京：作家出版社，2004年，第327页。

④ 方以智：《通雅》，第123页。

"大""亣"有古文、籀文之分，不确；但他认为此二字字势少差，是可从的。《说文解字考正·亣部》"亣"下今按："'大'甲骨文作大、大等（《甲骨文编》四一八页），像扬其两臂、张其两足的正面人形，此后一直到篆文，均保持与甲骨文相同的写法，并无篆、古、籀之别，且籀文是西周晚期一种文字形体，而西周晚期根本看不到有此种写法的'大'，故许慎以亣为籀文形体不可信。其实不过是'大'字在参与构形时位于其它偏旁之下时的一种篆文写法而已。"[①]董莲池之说是。"亣"是位于其他偏旁之下的一种篆文写法，即书写风格不同，"字势少差"而已。

b.因字形讹变而未沟通的重文

①着为古省。〇郑夹漈曰："着从生从自，是古文姓。"邝氏疑为古省。今篆作眚，借作灾眚。夹漈从自者，或有是重文耳。《说文》省从眉省，敬甫谓省从𡴀，而𡴀是相字，小篆讹作相。戴氏作𡴆，从少囧。则渔仲所云少目之说，得一佐矣。[②]（《通雅》卷二《疑始·论古篆古音》）

按：方氏引郑夹漈（即渔仲）、敬甫、戴氏之说来说明"着（眚）""省"的关系，只是广异说，而非从其说。邝氏疑"着为古省"。方氏则在条目中明确指出"着为古省"，这一观点是正确的。《说文·眉部》："眚（省），视也。从眉省，从屮。𡴆，古文，从少从囧。"《目部》："眚，目病生翳也。从目生声。"《说文解字考正·眉部》"省"下今按："'省'与'眚'乃一字分化。甲骨文作𡴀、𡴀（《甲骨文编》一五九页），从目，生声（'生'字借笔）。西周金文作𡴀（成𡴀鼎）、𡴀（省觚），战国作𡴀……𡴀（《古玺文编》八三页），篆文由此再讹作𡴀。许云'省'字'从眉省，从屮'不确。又，古文所从的'少'亦当是'生'之讹，'囧'乃'目'之讹，即由𡴀而

① 董莲池：《说文解字考正》，北京：作家出版社，2004年，第412页。

② 方以智：《通雅》，第126页。

[illegible]而[illegible]讹成，许慎对古文的构形分析系就讹体为说。”[1]《说文解字考正》认为“眚”之“生”讹成“少”，“目”讹成“囧”，致使变成“省”字，可资佐证“着为古省”。

②胂夤本即[illegible]。〇《说文》：“夤，敬惕也。[illegible]，籀文。”引《易》曰：“夕惕若夤。”……戴氏祖张氏，以寅、夤皆申声，而夤，则作[illegible]，据王辅嗣解《易》，列其夤，当脊肉也，从肉为是，从夕者讹耳。《说文》有胂，后人或讹作胛，夤[illegible]应是重文明矣。[2]（《通雅》卷二《疑始·论古篆古音》）

按：《说文·肉部》：“胂，夹脊肉也。从肉申声。”方氏认为《说文》“夤”亦当训为脊肉，与“胂”是重文。可备一说。许慎之所以没有沟通“夤”“胂”为重文，是因为不明“夤”之“夕”乃“肉”之讹。陆宗达、王宁说：“篆文‘寅’为[illegible]形，古文‘寅’为[illegible]形。宋王俅《集古录》、薛尚功《钟鼎款识法帖》都载齐侯钟有[illegible]字。与古文‘寅’上体同。又载文姬匜有[illegible]字。[illegible]即[illegible]的伪体。臾与[illegible]（申）略同。《周易·艮卦》：‘未九三，艮其限，裂其夤。’虞翻曰：‘夤，脊肉。’《说文·四下·肉部》：‘胂，夹脊肉也。’‘夤’与‘胂’同，知‘寅’即‘申’的别体。”[3]陆、王二氏的论述也认为“夤”“胂”字同，“夤”之义为“脊肉”。

4.异构

《说文》是一部据形释义的字书，所收九千余字以部首为纲分部释训，但是有些形旁义通且形旁可互换的字，许慎因其形旁不同而没有沟通。方氏在《通雅》中明确沟通了《说文》部分因形旁义通互换而字形可异构的重文。其例有：

① 董莲池：《说文解字考正》，北京：作家出版社，2004年，第136页。
② 方以智：《通雅》，第127页。
③ 陆宗达、王宁：《训诂与训诂学》，太原：山西教育出版社，1994年，第203页。

①皮傅，即皮附。○《张衡传》："皮傅《河》《洛》。"本以《左传》："皮之不存，毛将安傅。"《山木篇》："从其强梁，随其曲傅。"《东京赋》"嬴氏傅翼"，注引《周书》"无为虎傅翼"，并与附同。而凡夫争以附益之"附"当用"坿"，以《说文》"附"但训"附娄"耳。不知从土、从阜，有何异乎？[①]（《通雅》卷七《释诂·谜语》）

按：《说文·土部》："坿，益也。从土付声。"《说文·𨸏部》："附，附娄，小土山也。从𨸏付声。"赵凡夫泥于形旁，以附益之附当用"坿"。方氏不以为然，以为"附"与"坿"是重文，从土从阜均可。方氏所论可从。《论语·先进》"而求也为之聚敛而附益之"，刘宝楠正义："《说文》：'坿，益也。'附，与坿同。"[②]《广雅·释诂》"附，益也"，王念孙疏证："附，与下坿字同。《说文》：'坿，益也。'"[③]并认同方氏之说。

②緥，繦緥也，一作强葆、襁褓、繦保。○《说文》："緥，束也。"《墨子》曰："禹葬会稽，桐棺三寸，葛以緥之。"公绍曰："孟康曰：'襁褓，今小儿緥。一作绷。'"《史·鲁世家》："成王少在强葆之中。"注："即襁褓，用布约小儿于背也。"《史·三王世家》："皇子或在繦緥，而立为诸侯王。"《封禅书》："业隆于繦保。"升庵引《说文》作襁褵，又作襁褯。而焦氏《刊误》言："襁緥，别作繦褓，非。"智按：《说文》："褯，緥也。"引《诗》"载衣之褯"，他计切。"襁，负儿衣"，居两

① 方以智：《通雅》，第295页。

② 刘宝楠撰，高流水点校：《论语正义》，北京：中华书局，1990年，第455页。

③ 王念孙：《广雅疏证》，北京：中华书局，1983年，第37页。

切；緥，博抱切。臣铉曰："俗作褓，非。"弱侯守徐说耳。然《说文》有繦字，"觕纇也"，包儿衣非用粗絁为之乎？从衣从糸，原属累加，可以襁緥，即可繦褓。加艸加竹，而独于空侯、目宿，不许用箜篌、苜蓿，何耶？[1]（《通雅》卷三十六《衣服·彩服》）

按：方氏批评焦氏《刊误》认可"襁緥"、不认可"繦褓"，不妥，以为"繦""襁"是重文，"从衣从糸"均可。方氏说是[2]。《说文·衣部》："襁，负儿衣。"《文选·嵇康〈幽愤诗〉》"越在繦緥"，李善注引张华《博物志》："繦，织缕为之，广八寸，长丈二，以约小儿于背上。"[3]李善注所引"繦"义正与《说文》"襁"义合。《论语·子路》"襁负其子而至矣"，陆德明释文："繦，又作襁。"[4]《广雅·释器》"褯谓之褓"，王念孙疏证："《大戴礼·保傅篇》：'周成王在襁褓之中。'《史记·鲁世家》作强葆，《汉书·贾谊传》作繦抱，《司马相如传》作繦保。并字异而义同。"[5]王氏《广雅疏证》与方氏的论述大致相同，而陆德明的《释文》则指明了"繦""襁"为重文。

综上所述，是方氏开启了《说文》重文的研究，特别是沟通《说文》未明重文的研究。方氏在《通雅》中共沟通《说文》未明重文36组（见表4），其中未见于王筠《说文释例》的有20组，而且在此36组中，方氏大部分说明了所以认定为重文之原因，这是王筠所不及的。

---

① 方以智：《通雅》，第1115页。"业隆"之"业"，黄山本作"叶"（第6册第62页）。

② 从方氏此条论述可知，其认为"繦""襁"是在"繦緥（负儿衣）"义下为重文。《说文·糸部》："繦，觕纇也。"方氏认为包儿衣可用粗絁。此"粗絁"用为负儿衣应是"觕纇"的另一种用法，段玉裁认为"繦"之"觕纇"用于负儿衣（即繦緥）是其本义的一种引申用法，其文曰："又引申为繦緥。《吕览·明理篇》：'道多褓緥。'高注：'緥，小儿被也。繦，褛格上绳也。'又《直谏篇》'繦緥'注：'繦，褛格绳。緥，小儿褯也。'褛即缕，格即络。织缕为络，以负之于背，其绳谓之繦。"

③ 萧统编，李善注：《文选》，北京：中华书局，1977年，第327页。

④ 陆德明：《经典释文·论语音义》，通志堂刻本，第15页。

⑤ 王念孙：《广雅疏证》，北京：中华书局，1983年，第234页。

第六章 《通雅》对大徐本《说文》的辨析

许慎所著的《说文解字》，流传至今，已非许慎原本。唐人李阳冰刊改过的《说文》，已亡佚；南唐徐锴之《说文解字系传》是如今能见到的最早《说文》版本；北宋雍熙三年徐铉校订的《说文》则是当今研究《说文》的重要版本。

然而，方以智在《通雅》中提到了《说文》的版本有四种，即蜀本、唐本、小徐本和大徐本。

> 《说文》分别部居，十四篇九千三百五十三文，立一于耑，毕终于亥。永元庚子孟陬，演赞其志。安帝建光元年九月二十，慎子冲上之。……宋雍熙三年，右散骑徐铉等献新校定《说文》三十卷，反切异同，以孙愐为定。元丰，诏知礼院王子韶置局，光禄丞陆佃同修，五年，赐银币百，而书不行。铉弟锴作《说文系传》，朱翱反切，当时称之。熙宁中，李行中制《字源》，吴淑正仪撰《正义》，张有作《复古编》，僧昙域、包希鲁、倪镗、许谦皆有补说。智按：《说文》有唐本、蜀本、二徐本，中有新附。今字学家但执铉

本残书，又未淹贯经籍，何从知其漏与复乎？[①]（《通雅》卷首二《小学大略》）

小徐本《说文》和大徐本《说文》今有传本，但是蜀本《说文》今无传本，唐本《说文》也无完整传本，仅存《木部》《口部》残卷。方以智在《通雅》中却引用了唐本《说文》。兹摘录如下：

①以似巳之原。〇赵㧑谦曰：“……已巳音似。马胡感反。㔾音节。之体莫别，好古君子，论至于此，岂直三叹而已哉？”智按：胡感切者作，以作，巳时之巳作，卩作。李斯作加人。《说文》唐本作，而徐本作。李阳冰曰：“为蛇象形，借为巳止之巳，反巳为目，用也。”刘勰曰：“《子思弟子》‘于穆不似’，音讹之异。”此非《子思弟子》之讹，乃后人所见本，书加人之，则为似矣。王右军帖“此心以驰于彼”，俱用以为巳，可证。[②]（《通雅》卷一《疑始·专论古篆古音》）

②乖又作脊。〇子亦切。《说文》：“乖，背吕也。”读若，即今乖字。唐本作，从大；又有脊字，“背吕也”。李阳冰曰：“乖，背心也，手足之所不及，故谓之乖。，背文，，肉文。”按：乖、脊实一字，后人加肉，犹雲、雷之加雨也。[③]（《通雅》卷二《疑始·论古篆古音》）

③亽|即牀。〇在良切。《说文》：“牀，从木亽|声。”李阳冰曰：“右为片，左为亽|。”徐锴曰：“《说文》无亽|字，李妄也。”夫牂、壯、狀、牀、戕、牆，皆从亽|声，唐本《说文》有亽|部，张参《五经文字》亦有之。郑樵曰：“殳也，亦判木也，音牆。古作Ⅲ，后作目，又加扩。”敬甫主之。今隶皆作爿，正与木左半之说合，

① 方以智：《通雅》，第49—50页。

② 方以智：《通雅》，第91页。“马”，黄山本作“弓”（第4册第104页）。

③ 方以智：《通雅》，第128页。

䢅即析字，古卌象形，僐作旁。[①]（《通雅》卷二《疑始·论古篆古音》）

④㝷合工器寸，以彡为声。〇士箴切。唐本不从口而从几，唐玄度、林罕云古文从寸从尺。推原古读䍜如穰，又读如宁，凡囊襄多从之，字从邛者，示凡器物之状耳。此从又、寸、度器，而彡则参之声也。[②]（《通雅》卷二《疑始·论古篆古音》）

⑤幹、乾、榦之原。〇居寒切。唐本《说文》曰："榦，湿之榦也。"徐本无榦字。又作澣。借为支榦，去声。又作榦。盖古干、虔二音通呼，如虔州即赣州可证。详见前。凡夫不信有《说文》别本，故谓为俗字。余见他书所引《说文》语为今本所无者甚多，凡夫自不广读书耳。[③]（《通雅》卷二《疑始·论古篆古音》）

⑥撢掞挺挏，以手状之。〇《淮南子》曰："撢掞挺挏，世之风俗。"言求利便之状也。撢，徒含切。《周官·撢人》："掌诵王志，道国之政事，以巡天下之邦国而语之。"陆氏他南切，与探同。徐本《说文》曰："探也。"唐本曰："掏也。"孙氏他绀切，掞音闪，可上可去，此用撢掞，当读探毯挺挏，皆上声。[④]（《通雅》卷五《释诂·古隽》）

⑦诂讘，即呫嗫。颞颥，即讘吺。〇吺，汝朱切。《说文》："讘吺，多言也。"唐本殳声，徐本投省声。韩昌黎："口将言而嗫嚅。"殳声是也。驩兜之兜，亦有作吺者，故孙氏音当侯切，而徐投省，则失之远矣。[⑤]（《通雅》卷七《释诂·谜语》）

方以智虽然引用了唐本《说文》，但是并不意味着方以智见过唐本

---

① 方以智：《通雅》，第141页。

② 方以智：《通雅》，第146页。"邛"字，黄山本作"卬"（第4册第165页）。

③ 方以智：《通雅》，第147—148页。

④ 方以智：《通雅》，第221页。

⑤ 方以智：《通雅》，第280页。

《说文》，那是因为方以智所引用的唐本《说文》是来自宋末戴侗的《六书故》。以上所列的七条唐本《说文》，全部引自《六书故》[1]。这也可以从方以智的论述可知：

①诔、讄一字。〇力轨切。《说文》曰："诔，谥也。""讄，祷也。"引《论语》"讄曰祷尔于上下神祇"。今语解不然，非以诔为祷也。诔者谓撰其德行以哀悼之，因而命謚；竟以诔为謚，亦误。合溪曰："谥字宜从益。徐本《说文》作謚，兮声；而谥为笑貌，益声。孙氏伊昔、呼狄二切。唐本无謚，但有谥，行之迹也。……"智按：《史》《汉》皆用谥，《汉书》"赐之令谥"，又作諡，乃知谥、謚、諡，一字重文也。[2]（《通雅》卷二《疑始·论古篆古音》）

方以智在此处直接指明唐本《说文》引自戴侗（合溪）。方以智又说：

①譽、臾、块、凷之原。〇𦥑，去衍切。许氏曰："譽商，小块也，从臾。"古蕢字。引《论语》何臾，象畚形也，《金石韵府》又载《汗简》作，《说文》作，今无此字，岂唐本耶？[3]（《通雅》卷二《疑始·论古篆古音》）

②首首，犹言頯頯也。〇《鬻子》曰："其道首首然。"言首在上，昂昂示人，犹頯为馗骨，常在面上，頯頯然也。公绍曰：《说文》引《庄子》"其顙頯頯"。智按：《说文》无此语，想是唐本、蜀本。[4]（《通雅》卷九《释诂·重言》）

① 可以参见田耕渔：《〈六书故〉所引〈说文解字〉唐本材料辑评》，《四川文理学院学报》2012年第1期。

② 方以智：《通雅》，第137页。

③ 方以智：《通雅》，第125页。

④ 方以智：《通雅》，第354页。

③瘯蠡，一作族絫、瘯瘰、瘯蠃。〇戴合溪引陆德明言："《左传》'不疾瘯蠡'。"《说文》作瘰。或是唐、蜀本。[①]（《通雅》卷十八《身体》）

显然，这三条所引的《说文》，不见于大徐本、也不见于小徐本，戴侗《六书故》亦未提及，所以方以智推测是唐本或蜀本。同样，方以智也没有见过蜀本《说文》，只是推测。

《通雅》中有一例蜀本《说文》的论述，如下：

较若，一作讲若、顜若、觏若、较然。〇较若之较，亦音角，与《诗》"猗重较"同音。《延笃传》："闇于大较。"《律历志》："大推常数。"亦大较也，盖本音角，转为去耳。大较，犹大略也。《孝经注疏》："辜较，犹梗概也。"《孔光传》："较然甚明。"升庵作斠，则以公绍引《说文》："斠，平斗斛也。从斗冓声。徐曰：'斠量之，通作较。'"今《说文》无"徐曰"以下之语，公绍取孟蜀《书林韵会》本，此乃《书林》所引蜀本《说文》也。[②]（《通雅》卷八《释诂·謰语》）

方以智当时见到的《说文》版本有大徐本和小徐本。从方以智引用的《说文》来看，百分之九十八与今传大徐本相契合。方以智在《通雅》中对徐铉校订的《说文》有所辨析。

徐铉校订《说文》的具体过程现已不可明晓，但是从流传至今的大徐本《说文》可知，徐铉校订《说文》至少做了以下三方面的工作：一是增加了新附字402个；二是在部分《说文》释义下加有按语；三是为《说文》9353字添加了反切注音。

① 方以智：《通雅》，第634页。

② 方以智：《通雅》，第325页。

南宋至元、明，虽然研究六书的著作颇多，如宋末戴侗的《六书故》、元杨桓的《六书统》[①]《六书溯源》、元周伯琦的《六书正讹》《说文字原》以及明赵㧑谦的《六书本义》等。这些著作分析和阐释六书理论时，较少提及《说文》版本，但是时有引用唐本、蜀本《说文》和徐锴、徐铉之言罗列不同的释义及字形分析。《六书故》就引用了大徐本《说文》217例（其中指明徐本《说文》43例，《说文新附》43例，徐铉按语131例），其中辨析大徐本版本之误3例，应是正确之论[②]；而辨析徐铉对字形的分析4例，却均值得商榷[③]。清代是《说文》研究的鼎盛期，其中不乏对大徐本《说文》进行研究者：如钮树玉《说文新附考》六卷、郑珍《说文新附考》六卷，多辨析新附字的性质和考证新附字的来源；再如段玉裁的《汲古阁说文订》、陈昌治的《说文校字记》，多辨析徐铉所增反切注音的失误。近现代

① 《六书统》引用徐铉之言八条，但未辨析。

② 这3例是：1.卷十一“㕧”条：“《说文》曰：‘讘㕧，多言也。’唐本殳声，徐本投省声……而徐从投省，音义皆非也。”（分析详见下文）2.卷十五“攸”条：“攸，延秋切。《说文》唐本曰：‘水行攸攸也。’其中作。徐本曰：‘行水也。’其中作，从攴从人从水省。……按《说文》及秦刻石，此为攸之本义，攸长攸远之义皆取此，唐本是也。若曰‘行水’，则已有游字矣，徐本非也。”段玉裁“攸”字注：“戴侗曰：‘唐本作水行攸攸也。’其中从。按：当作行水攸攸也。行水顺其性，则安流攸攸而入于海。”3.卷二十八“酎”字条：“《说文》蜀本曰：‘《月令》孟夏，饮酎。酎从肘省声，三重醇酒也。’徐本曰：‘《月令》孟秋，饮酎。从时省。’误以肘为时。”段玉裁“酎”字注：“（酎）从酉，肘省声。各本作从时省，误。……《明堂月令》曰：‘孟秋天子饮酎。’秋当作夏。”

③ 这4例是：1.卷五“隓”字条：“《说文》曰：‘败城𨸏曰隓。𡏟声。𡐦，篆文。’徐氏曰：‘《说文》无𡏟字，盖二左也。众力左之，故从二左。今俗作隳，非。’……《说文》偶阙𡏟字，徐氏曲为之说，非也。”段玉裁注解“隓”字曰：“许书无𡏟字，盖或古有此文。或累左为声。皆未可知。”《说文解字句读》分析“隓”字言：“《说文》无𡏟字。”2.卷八“兑”字条：“《说文》：‘兑，说也。从儿㕣声。’徐铉曰：‘㕣，古文兖，非声。从口从八，象气之分散。’……徐氏从八口，盖用孙氏音而与㕣声不谐，故其为说曲而不通。”林义光《文源》分析“兑”字说：“兑，即悦之本字，古作（师兑敦），从人口八，八，分也，人笑故口分开。”3.卷三十一“席”字条：“《说文》曰：‘从庶省，㔽，古文，从石省。’徐铉曰：‘席以礼宾客，宾客非一人，故从庶。’按此说甚曲而不通。蹠、摭、蟅皆以庶为声，遮与蔗、鹧亦以庶为声。”从《字源》“”和《汉语大字典》（第2版）“”所列“席”的最早字形分析，“席”是个会意字，并非形声。4.卷三十二“畾”字条：“徐铉曰：‘《说文》无畾字，靁从畾，象回转之形，畾不成字，凡从畾者皆当从靁省。’按《说文》实阙畾字……徐氏只欲盖许氏之阙，遂以畾为不成字，误矣。”段玉裁注解“瓃”字曰：“《说文》无畾字而云畾声者，畾即靁之省也。靁字下曰：‘从雨，畾象回转形。’《木部》櫑字下曰：‘刻木作云靁，象施不穷。’扬雄赋曰：輻轳不绝。凡从畾字皆形声兼会意。”

学者则多对徐铉所加按语之正俗字进行辨析。然而对大徐本《说文》进行较全面辨析早见于《通雅》。

《通雅》辨析大徐本《说文》有三：一是辨析大徐本《说文》收字之由及版本之非；二是辨析徐铉所加按语之非；三是辨析徐铉所增反切之非。兹将《通雅》辨析大徐本《说文》的论述分析如下，以期丰富对大徐本《说文》的研究并揭示《通雅》对大徐本《说文》的辨析之功。

第一节 《通雅》辨析大徐本《说文》收字之由及版本之非

（一）辨析大徐本《说文》收字之由

《通雅》辨析大徐本《说文》收字之由有三例：一是正篆收之“娓”“佋”两字；二是新附收之“嵩”字。

①亹亹，本作亹亹，亦作娓娓。○亹亹，勉也。《易》《诗》作“亹亹”，郑注：“没没也。”《礼记》：“君子达亹亹焉。”《楚辞》：“时亹亹而过中。”《汉书·王莽传》：“亹亹翼翼。”郤正《释讥》：“粲乎亹亹。”通作娓娓，毛晃曰：“不倦也。”徐铉曰：“字书所无，不知所从。当作娓。”[①]崔灵恩《集注》作“娓娓文王”。……《说文》偶遗此字，而徐铉辈遂以娓代亹，误矣。升庵独未见《汉书》与《蜀志》之“亹亹”乎，从文以别之，《说文补》亦载亹字，盖改古文从今文之后，惟《史》《汉》尚存古字，最可信也。[②]（《通雅》卷九《释诂·重言》）

① 方氏引用有省略，徐铉在《左文二十八俗书讹谬不合六书之体》“亹”字下曰：“字书所无，不知所从，无以下笔。《易》云：‘定天下之亹亹。’当作娓。”

② 方以智：《通雅》，第352页。

按：《说文·女部》："娓，顺也。从女尾声。读若媚。"方氏认为许慎《说文》漏收"亹"字，而徐铉校订《说文》时"以娓代亹"，是不正确的。段玉裁亦持此说。《说文》"娓"字段玉裁注："此篆不见于经传，《诗》《易》用亹亹字。学者每不解其何以会意形声，徐铉等乃妄云'当作娓'，而近者惠定宇氏从之。校李氏《易集解》及自为《周易述》皆用娓娓。抑思毛、郑释《诗》皆云'勉勉'，康成注《易》亦言'没没'。亹之古音读如门。'勉''没'皆叠韵字。然则亹为亹之讹体。亹为勉之假借。古音古义于今未泯。不当以无知妄说，擅改宣圣大经。"[1]

②庙以昭穆叙代，因以班行为等辈之称。《说文》作佋穆，《大传》作昭缪。○《左传》曰："太王之昭，王季之穆。"文之昭，武之穆，据父子班行而指其分族也。《汉旧仪》："昭西面，穆东面。"据庙向南而左右指之也。昭穆不可易，而祖考子孙之次序，反可乱越乎？况世已同堂异室，可更泥耶？夏言之议是也。礼因义起，汉儒臆说，岂孔子之意哉？晋讳昭而读韶，或改为佋。《佩觿》曰："《说文》有佋穆。"智谓晋、唐新附耳。[2]（《通雅》卷二十八《礼仪》）

按：此条方氏虽未指明大徐本，却为大徐本所有。《说文·人部》："佋，庙佋穆。父为佋，南面。子为穆，北面。从人，召声。"方氏指明"佋"字非许慎原文，而是因晋避讳"昭"字，改为佋，故方氏说"晋、唐新附耳"。《说文》"佋"字段玉裁注："此篆虽《经典释文》时称之，然必晋人所窜入。晋人以凡昭字可易为曜，而昭穆不可易也，乃读为上招切，且又制此篆窜入《说文》，使天下皆作此。"[3]但是徐铉校订《说文》时不

① 段玉裁：《说文解字注》，第620页。
② 方以智：《通雅》，第878—879页。"太王"，黄山本作"大王"（第5册第373页）。
③ 段玉裁：《说文解字注》，第383页。

能辨别，收“侣”字入正篆。

③崧、嵩一字。〇孙愐、徐铉合为一字者通，戴侗非之[①]，不必矣。《说文》止有崧，嵩乃新附。[②]（《通雅》卷二《疑始·论古篆古音》）

按：《说文新附·山部》：“嵩，中岳，嵩高山也。从山从高，亦从松。韦昭《国语》注云：‘古通用崇字。’”方氏此言“《说文》止有崧”，即方氏所见《说文》有“崧”字，但是今传大徐本《说文》无“崧”字，仅《山部》新附“嵩”字，是徐铉把这两字合而为一了。方氏认为徐铉新附“嵩”字之由是“崧”“嵩”一字，是。《玉篇·山部》：“嵩，同崧。”又《玄应音义》卷三“嵩高”注：“嵩，又作崧。”[③]故徐铉把“崧”“嵩”合而为一。

（二）辨析大徐本《说文》版本之非

方氏在《通雅》中辨析大徐本《说文》版本之非一例，如下：

诂讘，即呫嗫。颞颥，即讘吺。〇吺，汝朱切。《说文》：“讘吺，多言也。”唐本殳声，徐本投省声。韩昌黎：“口将言而嗫嚅。”殳声是也。驩兜之兜，亦有作吺者，故孙氏音当侯切，而徐投省，则失之远矣。[④]（《通雅》卷七《释诂·謰语》）

按：《说文·口部》：“吺，讘吺，多言也。从口，投省声。”方氏认为

---

① 见戴侗《六书故》卷五《地理二》“崧”字条：“孙愐、徐铉合崧与嵩为一字，非也。”

② 方以智：《通雅》，第151页。

③ 宗福邦、陈世铙、萧海波主编：《故训汇纂》，北京：商务印书馆，2003年，第644页。

④ 方以智：《通雅》，第280页。

徐铉作“投省”不确。但是这条辨析方氏实本承戴侗之说。戴侗在《六书故》卷十一“吺”条说：“吺……而徐从投省，音义皆非也。”[①]徐锴《说文解字系传》、段玉裁《说文解字注》“吺”字皆作“从口殳声”，同于唐本《说文》。

第二节　《通雅》辨析徐铉所加按语之非

徐铉所加的按语主要是对《说文》被训字在文献中的代用字进行评说。方氏对徐铉之说不以为然。《通雅》中方氏辨析徐铉“按语之非”有七条，涉及七个被训字：蹇（謇）、昃（昊）、骿（胼）、累（蠡）、梿（琏）、綵（褓）、嫛（婆）[②]。根据方氏对徐铉此七条按语的论述，大致可以分为三类：一是异体，二是正俗，三是通假。

（一）异体

徐铉认为非的字与《说文》的被训字是形旁义通可互换的异体字。

①胝腸，腄厚也。重趼，即重茧。骈𨇨，即胼胝。〇《庄子》：“手足胼胝。”……《说文》引“骿胁”，臣铉等曰：“骿胝。今别作胼，非。”泥甚。[③]（《通雅》卷十八《身体》）

按：《说文·骨部》：“骿，并胁也。从骨并声。晋文公骿胁。”臣铉

① 戴侗：《六书故》，北京：中华书局，2012年，第248页。

② 《说文》被训字的顺序，在《通雅》中按论述的先后罗列。没有加括号的是《说文》的被训字，加了括号的是徐铉认为的俗字。

③ 方以智：《通雅》，第632—633页。

等曰："骿胝字同，今别作胼，非。"方氏认为"骿"字亦可作"胼"，不必非，指徐铉泥于形旁。朱骏声《说文通训定声·鼎部》"骿"字下曰："（骿）字亦作胼。"[①]朱氏认同方氏之说。其实"骨"旁与"肉"旁义通可互换，如骼亦作胳[②]，髀亦作脾[③]，髋亦作臗[④]，均是"骨"旁与"肉"旁互换之例。

②繃，繦緥也，一作强葆、襁褓、繈保。〇智按：《说文》："褅，緥也。"引《诗》"载衣之褅"，他计切。"襁，负儿衣"，居两切；緥，博抱切。臣铉曰："俗作褓，非。"……从衣从糸，原属累加，可以襁緥，即可繈褓。加艸加竹，而独于空侯目宿，不许用箜篌苜蓿，何耶？[⑤]（《通雅》卷三十六《衣服·彩服》）

按：《说文·糸部》："緥，小儿衣也。"臣铉等曰："今俗作褓，非是。"方氏认为"緥"亦可作"褓"，从衣从糸均可，不必非。其说是。《玉篇·糸部》："緥，亦作褓。"《集韵·晧韵》："緥，或作褓。"[⑥]看法与方氏相同。

（二）正俗

徐铉认为"非是"的字是俗体，而《说文》被训字为正体。但是在实际的语言运用中，往往俗体字行而《说文》正体字废，"瑚琏""婆"即是其例。

①日仄，因作日昃、日昗、日侧、日庂，通作日稷。〇按：《说

---

① 朱骏声：《说文通训定声》，武汉：武汉市古籍书店影印，1983年，第865页。

② 《说文》"骼"字段注曰："骼亦作胳。"

③ 《仪礼·士昏礼》"肫髀不升"，陆德明释文："髀，又作脾。"

④ 《玄应音义》卷十七"髋骨"注："髋，又作臗。"

⑤ 方以智：《通雅》，第1115页。

⑥ 通过"汉字全息资源应用系统"查得，https://qxk.bnu.edu.cn/#/danziDetail。

文》引《易》“日昃之离”，铉曰：“俗作𣅽，非。”而《转注略》与才老《韵补》，仍作日𣅽。𣅽乃昃之改体，疑昃亦仄之讹。[①]
（《通雅》卷十一《天文·释天》）

按：《说文·日部》：“昃，日在西方时，侧也。《易》曰：‘日昃之离。’”臣铉等曰：“今俗别作𣅽，非是。”方氏认为“昃”字亦可作“𣅽”。他举《转注略》与《韵补》为证，是。罗振玉分析“𣅽”字言：“从日在人侧，象日昃之形，即《说文解字》之‘昃’。徐铉云：‘今俗别作𣅽，非是。’今以卜辞证之，作𣅽者，正是昃之古文矣。”[②]罗氏说是。

②瑚琏一作瑚楗、胡辇。〇《论语》载“夏曰瑚，商曰琏”，而《明堂位》言“夏后四琏，殷六瑚”。《说文》：“瑚楗也。”里典切。《笺》引汉《韩勑修孔庙礼器碑》有“胡辇器用”句，按此乃匡篚之类，或以木为之。因其实故又从玉，徐铉必以“琏”为俗，非也。[③]**（《通雅》卷三十三《器用·古器》）**

按：《说文·木部》：“楗，瑚楗也。”臣铉等曰：“今俗作琏，非是。”方氏认为“楗”亦可作“琏”，不必以为俗。此条方氏辨析甚明。今“瑚琏”行而“瑚楗”却不常用。

③妗。〇巨今切，亦作㛤。今人谓舅之妻曰㛤。《说文》曰：“䃂，妗也。”孙氏尹廉切。“妗，䃂也，一曰善笑貌。”孙氏火沾切。乡语呼妗婆，音近黚婆。《说文》作“嫛，奢也，一曰小妻

① 方以智：《通雅》，第425页。

② 罗振玉：《增订殷墟书契考释》，《罗振玉学术论著集》第一集，上海：上海古籍出版社，2010年，第154页。

③ 方以智：《通雅》，第1018页。

也”，徐铉曰：“俗作婆，非。”其实未必非，以古有婆娑字，即可推用。今南人以老而统事者呼为婆，以《说文》之“奢”言之，唐窦从一为国奢，盖为乳母之夫，得毋其遗意乎？[①]（《通雅》卷四十九《谚原》）

按：方氏认为“媻”亦可作“婆”，不必以为俗。其从古“婆娑”亦可作“媻娑”推论得知。方氏的这一观点见于张舜徽《说文解字约注》，其文为：“媻训奢者，谓张大其两胯也。此舞者之容，宜与娑篆连文成义。《诗·陈风·东门之枌》：‘婆娑其下。’毛传云：‘婆娑，舞也。’许书无婆篆，媻即婆也。”[②]张舜徽之说实本方氏。今“婆”行而“媻”废。

（三）通假

徐铉认为非是的词与《说文》使用的词因音同或音近可通假使用，方氏引不同版本的文献并用“一作”列举其可通假之词，是也。反而徐铉泥于《说文》以部首类聚的体例以至于所加按语不甚妥当。“蹇蹇”通“謇謇”，“瘯蠡”通“族累”即是其例：

①蹇蹇，一作謇謇。〇《晋·王豹传》引“王臣謇謇”。徐铉曰：“俗作謇，非。”则《楚辞》之博謇，亦讹。李德裕《述梦》诗：“尽规徒謇謇。”凡夫遇《说文》分别之佮、詥、敆例，则定从之。如遇《说文》偶漏之“謇”，则定不许用，非通论也。[③]（《通雅》卷十《释诂·重言》）

按：《说文·足部》：“蹇，跛也。”臣铉等案：“《易》‘王臣蹇

① 方以智：《通雅》，第1445页。
② 张舜徽：《说文解字约注》，武汉：华中师范大学出版社，2009年，第3068页。
③ 方以智：《通雅》，第385页。

蹇’，今俗作謇，非。”《易》之“蹇蹇”非本字，乃是其通假用法。《易·蹇卦》“六二：王臣蹇蹇”，高亨注：“蹇借为謇，謇謇，直谏不已也。”[①]故方氏认为“蹇蹇”亦可作“謇謇”，是。然而徐铉守许说，认为“俗作謇，非”，是错误的。方氏之说亦见于《说文通训定声》，《说文通训定声·乾部》“蹇”字下曰：“又重言形况字。《广雅·释训》：‘蹇蹇，难也。’《易》‘王臣蹇蹇’，《汉书·龚遂传》‘蹇蹇亡已’，《张表碑》‘謇謇匪躬’……又《尔雅·释乐》‘徒鼓磬谓之寋’，《释文》本作謇，亦作蹇。”[②]

②瘯蠡，一作族絫、瘯瘰、瘯瘺。〇戴合溪引陆德明言：“《左传》‘不疾瘯蠡’。”《说文》作瘰。或是唐、蜀本。凡夫以为当作瘯瘺。智按：《说文》：“痤，小肿也。一曰族絫。”铉曰：“今作瘯蠡，非是。”今《内经》曰：“烝成瘕郁，乃痤。”即瘯蠡之病也。[③]（《通雅》卷十八《身体》）

按：方氏认为《说文》之“族絫”亦可通作“瘯蠡”，不必非。其说又见于《说文解字注》，《说文》“痤”字段玉裁注：“（一曰族絫病）《左传》曰：‘牲不疾瘯蠡。’瘯者，族之俗。蠡与絫同部，杜注以‘皮毛无疥癣’释之。”[④]

① 高亨：《周易大传今注》，济南：齐鲁书社，2009年，第297页。

② 朱骏声：《说文通训定声》，武汉：武汉市古籍书店影印，1983年，第701—702页。

③ 方以智：《通雅》，第634页。

④ 段玉裁：《说文解字注》，第350页。

第三节　《通雅》辨析徐铉所增反切之非

辨析徐铉音读之“非是”指方氏认为徐铉所加的反切与《说文》被训字应读之音不相吻合。对此，方氏主要通过考察谐声材料，运用声训方法等予以纠正，其例有：

①沴不当音戾。〇沴字本当音章忍切，其义则戾也，妖气也。《说文》：“水不利也。”孙氏音郎计切，与戾为一字，又即盭字。故今人有用沴戾、沴盭者，博古之士皆笑之，以为是重用戾戾也。不知沴原从㐱，㐱乃止忍切，故轸、胗、畛、紾、袗、鬒、駗、诊皆以㐱谐声。《说文》引《诗》：“㐱发如云。”与夙通。“夙，新生羽而飞也”。由此论之，沴何从独有戾音乎？《类篇》曰：“沴，沕湿相著也。”黴黰之黰亦作沴，其音可知。《说文》《广韵》但以沴有戾义，遂入霁韵，此明是前人之误，而后人泥古不觉耳。[①]（《通雅》卷一《疑始·专论古篆古音》）

按：《说文》“沴”字误入霁韵，即方氏指徐铉据孙愐所加“沴”之反切“郎计切”误。“郎计切”正入霁韵。方氏辨析“沴”不当音“郎计切”而应读“章忍切”甚明，即“不知沴原从㐱，㐱乃止忍切，故轸、胗、畛、紾、袗、鬒、駗、诊皆以㐱谐声”。《说文》“沴”字段玉裁注：“（沴，从水㐱声）按㐱声，本音当在十二部。郑训‘沴’为‘殄’是也。今音郎计者，依如淳音拂戾之戾也。”[②]又朱骏声《说文通训定声》亦把“沴”列入坤部“㐱”声字中，与“珍”“轸”等同韵部。

②以韵训字，不可执一。〇智谓：古人解字皆属借义，如歌诗

---

① 方以智：《通雅》，第89页。

② 段玉裁：《说文解字注》，第551页。

断章，自《左氏》止戈已然，不必责以正体也。若周末至汉，皆以韵解之。如韩婴曰：“君，群也；王，往也；先生，先醒也。”……祖，且也……率以己意牵合。此弱侯之所以痛恨也。然亦有暗合者，皆属借意，不为不可。如祖之为且，且乃借声助词，其谐马韵，乃是周末汉初之音。若古之且夫之且，亦音祖，犹藉古音籍。……《说文》“且”，子余切。乃孙氏误也。且本俎豆之且，象形，因为借义所专，故加半夊作俎，即以曾子之言，可证《说文》子余之误。[①]（《通雅》卷二《疑始·论古篆古音》）

按：方氏认为徐铉所加《说文》“且”之反切“子余切”误，其证据有二：一是音训材料“祖（则古切），且也”；二是“且”是“俎（侧吕切）”的古文[②]，且、俎读音当相同。段玉裁注《说文》“且”字言：“且，古音俎，所以承藉进物者。”[③]段氏亦认为“且，古音俎”。

③雉噫之声，犹兮噫之声也。兮与侯通，侯与唯通。〇《文心雕龙》所引“嗚嗚雉雉”，亦声也，雉雉盖哈哆之转。《淮南》“啳脬哆嗚”，正言开口出声之丑；而高诱音“权葵夸麆”，《说文》音哆为丁可切，皆非也。《毛诗》音扯，口微张貌，得之矣。如哈今音台，不知本音蚩也。[④]（《通雅》卷四《释诂·古隽》）

按：方氏认为“哆”字，徐铉所加的反切“丁可切”不对，应据《毛诗》音扯。方氏此说，亦见于后世学者的论述。《说文通训定声·随部》

---

① 方以智：《通雅》，第134—135页。

② 朱骏声《说文通训定声·豫部》“且”字下曰：“且者，疑即俎字之古文。”又季旭昇在《说文新证》（福建人民出版社2010年版第970页）“且”下释其义曰：“（且）‘俎’之初文，即荐物之器。假借为‘神祖’。”

③ 段玉裁：《说文解字注》，第716页。

④ 方以智：《通雅》，第192—193页。

“哆”字下曰：“[古韵]《诗·巷伯》叶哆侈。”①又《说文解字约注·口部》“哆”字下曰：“慧琳《一切经音义》卷六十‘哆’字下引《说文》：‘张口也，从口，从侈省声。’此与卪部卶下云‘读若侈’同意。今二徐本哆从多声，疑传写者所乱。”②侈，上古昌纽歌部；扯，上古昌纽鱼部，歌部与鱼部通转，故“侈”“扯”两字读音相近。

综上所论，《通雅》对大徐本《说文》进行了较全面辨析，包括收字之由、按语之非及反切注音之非。虽然《通雅》非专门研究大徐本《说文》之作，但是《通雅》辨析的这三个方面，后世学者亦基于此进行论析。且方氏的论述，得到了后世学者的印证。

不仅如此，《通雅》在辨析大徐本《说文》的论述中，这个学术参考价值亦宜提及，即《通雅》论述了《说文》被训字在文献中的代用字的实际情况，指明徐铉所加按语之非，特别是从辨析“骿（胼）、瑚梿（瑚琏）、緥（褓）、媻（婆）”诸字可知，方氏遵循了“实用”“从俗”的原则。徐铉则泥于《说文》正篆，否定了《说文》被训字在文献中的代用字。方氏此番辨析，对汉字字形规范整理有一定的学术参考价值。

应该说，《通雅》对大徐本《说文》的辨析之功是值得一提的，至今未见时贤分析论述。

---

① 朱骏声：《说文通训定声》，武汉：武汉市古籍书店影印，1983年，第484页。

② 张舜徽：《说文解字约注》，武汉：华中师范大学出版社，2009年，第295页。

第七章 《通雅》于《说文》研究之贡献及不足

第一节 《通雅》于《说文》研究之贡献

《说文》学盛行于清代，清代的《说文》研究最早始于顾炎武，其《日知录》卷二十一有《说文》一节[①]。我们通过分析《通雅》对《说文》的研究后发现，《通雅》开启了全面研究《说文》的先河。这是《通雅》的首创之功，因此方以智是继徐锴、徐铉、戴侗、周伯琦等人之后研究《说文》的重要一员。《通雅》对《说文》的研究可谓创建颇多，对清代的《说文》研究有诸多启示。清代《说文》研究的内容，大致有三：一是疏证《说文》字义；二是纠正《说文》之误；三是发明《说文》体例。其研究方法也大致有三：一是因声求义；二是文献考证；三是参照古文字。然而，这些研究内容及方法，在《通雅》中都有迹可循。因此《通雅》在《说文》研究史上具有承上启下之功。

基于此，我们将从两个方面论述《通雅》研究《说文》的贡献：一是从研究《说文》的内容上，二是从研究《说文》的方法上。

---

① 《日知录》卷二十一《说文》一节是概论性质的小论文，与《通雅》卷首一《说文概论》大致相同。顾氏在此节论述了三个问题：一是《说文》的引文与存世文献不一致，二是《说文》释义不确，三是《说文》未收该书使用之字。

（一）《通雅》在《说文》研究内容上的贡献

《通雅》在《说文》研究内容上的贡献主要有：一是疏证《说文》字义，二是辨析《说文》之误，三是沟通《说文》未明重文。

1.疏证《说文》字义

较之于段玉裁撰《说文解字注》，方氏在《通雅》中疏证《说文》要早于段氏将近一百余年。方氏在《通雅》中疏证《说文》被训字183例，且疏证较精当。其中有两例且可补《说文》段注之阙。这两例是方氏引用《说文》释“锴”和“阘嬯”义。换言之，亦可看作对《说文》“锴”“嬯”义之疏证。

①铁落、铁蛾，即铁化也[①]。锴，精铁有白光也。〇锴，好铁也。《春秋传》有“文之锴”。平子赋：“铜铁锡锴。”太冲赋：“铜锴之垠。”《说文》曰：“九江谓铁曰锴。”一曰白铁也。[②]（《通雅》卷四十八《金石》）

按：段氏于“锴”字无疏。方氏此例以“锴”为条目直接疏证《说文》“锴”义为“精铁有白光也”，好铁也。且引左思《吴都赋》“铜锴之垠”，张衡赋“铜铁锡锴”为书证。方氏此例之疏证正可补段注之阙。

②重台，贱称。〇《卮言》：“学羊欣书为重台。”盖梁武评欣书“如婢学夫人”也。《左传》：“晡时为仆，日昳为台。”又曰：“皂臣舆，舆臣台。”重台言婢之婢也。智按：《说文》：“嬯，迟钝也。阘嬯亦如之。”《笺》云：“阘嬯，浙之方言曰阿

---

① 上海古籍出版社于此处出校注：“化”，《本草图经》云：“铁落，俗呼为铁花。”是“化”字或为“花”字之误。

② 方以智：《通雅》，第1422页。

带，平声。改作儓。”马曰驽骀，盖本�台之贱称也。[①]（《通雅》卷十九《称谓》）

按：段氏于《说文》“闟嬯”标明未闻。方氏引“《笺》（《说文长笺》）云”说解“闟嬯”之义。《方言》卷三：“佁（儓），农夫之丑称也。南楚凡骂庸贱谓之田佁。”郭璞注：“俷佁驽钝貌。或曰仆臣佁，亦至贱之号也。”[②]《说文》“嬯”盖本《方言》。方氏此条论述可补段注之阙。

除补《说文》段注之阙的两例外，亦有《说文》段注值得商榷而《通雅》之疏证可备一说者，它们是：

①井幹，言阑干纵横也，或谓之银床。〇《说文》：“韓，井垣也。从韦，取其帀也，倝声。”隶省作韩，今作榦，或作幹。《文选》谢玄晖诗注：“铜雀台一名井榦楼。”《汉书》：“武帝立井榦楼，高五十丈。”音韩。师古曰：“积木高于楼，若井幹之形也。井幹，井上木栏也，亦作韩，其形四角或八角。”又谓之银床，皆井栏也。扬子《重黎》篇“或问茅焦历井榦之死”，司马注曰：“谓始皇杀谏者二十七人，积之如井榦。”支矣。京山解《井卦》，言：“曾见古井以木交午，叠起成井，曰井幹。”[③]（《通雅》卷三十八《宫室》）

按：《说文·韦部》：“韓，井垣也。从韦，取其帀也；倝声。”段玉裁改“韓”的释义作“韓，井桥也”，疏曰：“桥，各本作垣，今依《史记·孝武本纪》索隐正。‘井桥’见《曲礼》《庄子》《说苑》《淮南子》。《曲礼》：‘奉席如桥衡。’注曰：‘桥，井上挈皋，衡上低昂者。’《庄子》

① 方以智：《通雅》，第666页。

② 扬雄撰，周祖谟校笺：《方言校笺》，北京：中华书局，1993年，第23页。

③ 方以智：《通雅》，第1163—1164页。

曰：‘凿木为机，后重前轻，挈水若抽，数如泆汤，其名为槔。’槔本又作桥。《淮南书》：‘今夫桥直植立而不动，俯仰取制焉。’高曰：‘桥，桔皋上衡也。’《说苑》曰：‘为机重其后，轻其前，命曰桥，终日溉韭，百区不倦。’桥，陆《音义》音居庙反。按：其义当同挢，举也。‘井韓’见《史》《汉》，《孝武纪》《封禅书》《郊祀志》《枚乘传》，《庄子·秋水》篇，其字多作井榦。司马彪云：‘井榦，井阑也。’崔譔云：‘井以四边为榦，犹筑之有桢榦。’晋灼曰：‘井上四交之榦，常为汲者所契伤。’是诸家皆说井榦为井阑。按：并韓为木架，四围，中其围横圜木为桥，毌两旁木，有轴可转。中设鹿卢，县绠上下，故言桥而韓见也。”[1]今谓方氏此条疏证要胜于段氏。段氏错改《说文》“韓”的释义“井垣”为“井桥”，且从“桥，各本作垣”至“按：其义当同挢，举也”的疏解亦误。王筠《说文解字句读》“韓”下曰：“垣，《史记》索隐引作‘桥’。桥，居庙反，井上桔槔也，非‘韩’之义。‘垣’乃比象之词，故人不知而改之。盖乡间土井，以木四交而当井口谓之韩。”[2]王筠其后疏证“韓”义与方氏同，且使用之文献亦同。又徐灏《说文解字注笺》“韓”下曰：“桔槔可通作桥，井阑中横木亦可谓之桥，而韓非桥也。井字系构韓形，则韓即井阑明矣。谓之‘井垣’者，即崔譔所云‘犹筑之有桢榦’也，段改非是。”[3]又徐承庆《说文段注匡谬》亦指段氏改“井桥”误，其说同于王筠与徐灏。

②芪母即莐母，今之知母也。〇《说文》有“芪，芪母”；又有“莐，草名”。《玉篇》：“莐母，即知母。”药草也。明是一字，而徐氏别之。[4]（《通雅》卷四十一《植物·草》）

① 段玉裁：《说文解字注》，第236页。

② 丁福保编纂：《说文解字诂林》，北京：中华书局，1988年，第5669页。

③ 徐灏：《说文解字注笺》，上海：上海古籍出版社，2002年，第566页。

④ 方以智：《通雅》，第1245页。

按：《说文·艸部》“菧，草也”，段玉裁注：“芪母前已见，则此非芪母也。……案：草名之字，不当厕此。”[1]又《说文·艸部》“芪，芪母也”，段玉裁注：“一名知母。”[2]今谓方氏认为“芪母即菧母，今之知母也”，盖是；段氏认为“菧”不是芪母，恐非。《广韵·支韵》引《字林》：“菧，菧母，即知母草。”[3]《说文通训定声·解部》“芪”下曰：“芪，芪母也。从艸氏声。一名知母。”[4]正可佐证方氏之说。

③东壁谓蘧麦、石竹为洛阳花，近矣，而非一也。〇《说文》：“蘧麦。”徐曰：“今瞿麦，又名句麦。”《尔雅》：“大菊，蘧麦也。”若《尔雅》“出隧，蘧蔬”，则菰菌矣。东壁谓蘧麦名石竹子、南天竹草，《日华本草》以为燕麦、杜姥草者误。盖燕麦即雀麦，雀瞿相讹。[5]至曰石竹子，即洛阳花，今名洛阳锦，绝不似竹，有五色。其后此而开者曰翦春罗，大者曰翦绒花，原自不一，瞿麦则野生也。石竹子是王留类。南天竹是种之庭中，结子如珠，秋冬红者。北人以虞美人为鹭粟，毋乃似之。虞美人亦有吴蜀二种。[6]（《通雅》卷四十二《植物·草》）

按：《说文·艸部》“蘧，蘧麦也”，段玉裁注：“三字一句。《释草》曰：‘大菊，蘧麦。’《本草》谓之瞿麦，一名巨句麦。《广雅》谓之紫萎，一名麦句姜。俗谓之洛阳花，一名石竹。”[7]今谓方氏辨“蘧麦”甚明，认为

① 段玉裁：《说文解字注》，第43—44页。

② 段玉裁：《说文解字注》，第35页。

③ 通过“汉字全息资源应用系统”查得，https://qxk.bnu.edu.cn/#/danziDetail。

④ 朱骏声：《说文通训定声》，武汉：武汉市古籍书店影印，1983年，第520页上。

⑤ “石竹子”中的“子”似衍。《本草纲目》卷十六“瞿麦”：“［释名］蘧麦、巨句麦、大菊、大兰、石竹、南天竺草……日华本草云，一名燕麦，一名杜姥草者，误矣。燕麦即雀麦，雀瞿二字相近，传写之讹尔。”（《本草纲目》，北京：人民卫生出版社，1979年，第1060页）

⑥ 方以智：《通雅》，第1268页。

⑦ 段玉裁：《说文解字注》，第24页。

与石竹形似而非一物：蘧麦野生，而石竹子是王留类。段氏不辨两者之异，谓“蘧麦”俗谓洛阳花，一名石竹，非。

2.辨析《说文》之误

方氏在《通雅》中辨析《说文》误释字义三十五例；辨析《说文》误析字形十六例。可以说在纠正《说文》错误方面，《通雅》的研究独树一帜。值得一提的是《通雅》纠正《说文》错误的论述屡次得到后世学者的印证。比如《通雅》纠正《说文》误释字义的论述每见于清代学者的《说文》研究中；《通雅》纠正《说文》误析字形的论述时见于近现代学者的《说文》研究中。可以说，《通雅》是辨析《说文》错误这一研究的先导之作。

《通雅》辨析《说文》误析字形在上文中已做了穷尽性分析，现在我们把《通雅》辨析《说文》误释字义未出现在上文中的例子列出，并比照《说文解字注》的论述，以见方氏辨析《说文》误释字义的先驱之功。

> **①敲、攷、敂，声义相因。〇轻重如其声。敲，口交切，《说文》：“横击也，击头也。”又作擊，《公羊传》曰：“以斗擊而杀之。”或又作搞。攷，苦老切，敂，击也。通作考。《诗》曰：“子有钟鼓，弗鼓弗考。”敂即叩，又作扣。訌，苦厚切，又去声，小击也。《说文》曰：“扣，牵马也。”此乃惑于扣马之说。[①]（《通雅》卷一《疑始·专论古篆古音》）**

按：《说文·手部》：“扣，牵马也。从手口声。”段玉裁注：“《周礼·田仆》：‘凡田，王提马而走，诸侯晋，大夫驰。’注曰：‘提犹举也。晋犹抑也。使人扣而举之抑之，皆止奔也。驰，放不扣。’《史记》：‘伯夷、叔齐扣马而谏。’”[②]段氏就许慎所释“牵马”义进行疏解。然而，方氏以为“此乃惑于扣马之说”。方氏通过系联“扣”的同源词“敲、攷、

① 方以智：《通雅》，第101页。此例论述，方氏的观点大概来源于戴侗的《六书故》。

② 段玉裁：《说文解字注》，第611页。

皱”后，质疑“扣”非“牵马”义。方氏认为“皱即叩，又作扣”，“皱，击也”，那么“扣”亦当训“击”义。据《慧琳音义》卷六十六“扣钵”注，其引用《说文》为：“扣，击也。”又卷八十四“扣齿”注引用《说文》：“扣，击之。”[①]《广雅·释诂》“敂，击也”，王念孙疏证：“敂者，《说文》：‘敂，击也。’《学记》云：‘叩之以小者则小鸣，叩之以大者则大鸣。’《墨子·公孟篇》云‘扣则鸣，不扣则不鸣’，敂、叩、扣并通。”[②]王念孙之疏证与方氏的观点相同。

②不有十四音。〇不，方于切。《诗》云：“鄂不韡韡。”郑氏曰：“承华者曰鄂，不当作柎。柎，鄂足也。”夹漈曰：“不象华萼蒂形，与萼通。”疏：“柎作跗，又作趺。”故束皙用白华绛趺。唐诗“红萼青趺”，因之。又俯九切。《说文》曰：“不，鸟飞上翔不下来也。”亦作否，借为否词。……而鸟不下来乃许氏之说也。谐声之字，惟𠂹从华不，绝无从鸟不与否辞者。[③]（《通雅》卷一《疑始·专论古篆古音》）

按：《说文·不部》：“不，鸟飞上翔不下来也。从一，一犹天也。象形。”段玉裁注：“凡云不然者，皆于此义引申假借。……又《诗》‘鄂不韡韡’，笺云：‘不当作柎。柎，鄂足也。古声不、柎同。’从一，一犹天也。他处云‘一，地也’。此以在上，知为天。象形。谓不也。象鸟飞去而见其翅尾形。”[④]方氏认为《说文》误释“不”字义，本义应为“华不”义[⑤]，是。段氏依许慎的字形分析疏证许意则不妥。

① 宗福邦、陈世铙、萧海波主编：《故训汇纂》，北京：商务印书馆，2003年，第859页。

② 王念孙：《广雅疏证》，北京：中华书局，1983年，第88页。

③ 方以智：《通雅》，第105页、第107页。

④ 段玉裁：《说文解字注》，第584页。

⑤ “不”之本义为“华不”，近现代学者多从之。刘心源《奇觚室吉金文述卷二》：“（不）象花柎形。《诗·常棣》‘鄂不’笺：‘不当作柎。柎，鄂足也。”王国维《观堂集林卷六·释天》：“帝者，蒂也；不者，柎也。”（李圃、郑明主编：《古文字释要》，上海：上海教育出版社，2010年，第1084页）

③郎，新息也。○“鲁会吴伐齐，师于郎。”《说文》：“姬姓之国。在淮北，今汝南新郎。”近时汝宁府有息县，是新息，正当单作息。郎，乃齐地也。《后汉书》马文渊封息侯，亦单作息。[①]（《通雅》卷十三《地舆·方域》）

按：《说文·邑部》：“郎，姬姓之国，在淮北，今汝南新郎。”段玉裁注：“《左传·隐十一年》：‘郑息有违言。’杜曰：‘郎国，汝南新息县。’按：此经作息，注作郎国也。《释文》云：‘郎音息。一本作息。’此为注作音也。自墨书朱字不分，而学者惑矣。《左传》用古文假借字，杜解用《说文》本字，不与经同，此郑氏注经之例也。《左正义》引《世本》曰：‘息国，姬姓。’许云‘姬姓之国’，本《世本》也。息侯伐郑，君子谓其不亲亲，以其同姓也。《左传》云：‘息妫者，谓息所娶之陈妫也。’今河南光州息县。淮水在县南五里，故息城在县北三十里。……今汝南新息是也。新息，大徐作新郎，误。”[②]方氏与段氏皆指出“汝南新郎”应为“汝南新息”。方氏辩“息”地与“郎”地之不同：息在汝南，又称新息；郎在齐地。《说文》以郎在汝南，非是。“姬姓之国，在淮北，今汝南新郎（息）”者，“正当单作息”。段氏认为“汝南新郎”是大徐之误，而非许慎之误。

④蕲即芹，当归、芎䓖皆有蕲名。○《本草》曰：“芎䓖一名蕲茝，苗曰麋芜。”《左传》曰：“有山鞠穷。”长卿赋作穹穷。《说文》作营䓖。《荀子》谓“兰槐之根，是为芷”。兰槐，《离骚》所谓兰茝也。苗为兰茝，根为芷也。白芷一名茝。芷又载蘸、莞、泽芬诸名。《九歌》曰：“辛夷楣兮药房。”王逸注：“药，白芷也。”《淮南子》曰：“乱人若芎䓖之于藁本，蛇床之于蘪芜。”芷、茝、麋、离各为一物，自《尔雅》“蕲茝，麋芜”并

① 方以智：《通雅》，第495页。

② 段玉裁：《说文解字注》，第291页。

言，然后纷淆。《说文》曰：“麋芜，楚谓之蓠，齐谓之茝，晋谓之虈。”故又曰：“江蓠，麋芜也。”《尔雅》曰：“莞，苻离，其上蒚。”乃谓莞席。《本草》但见苻离之名，略与蓠同，遂又并之芷下，误矣。芹，渠巾切，古作蘄，水草也。麋芜似芹，故有蘄茝之名。当归似蘄而粗大。《广雅》曰：“山蘄，当归也。”当归亦有蘄名，岂可直以当归、芎䓖为芹乎？[①]（《通雅》卷四十一《植物·草》）

按：《说文·艸部》：“虈，楚谓之蓠，晋谓之虈，齐谓之茝。”段玉裁注：“此一物而方俗异名也。茝，《本草经》谓之白芷。茝、芷同字，𦣞声、止声同在一部也。《内则》曰：‘佩帨茝兰。’掌禹锡曰：‘范子计然云：白芷出齐郡。’王逸《九思》曰：‘芳虈兮挫枯。’《埤苍》曰：‘齐茝一曰虈。’按：屈原赋有茝有芷又有药，王注曰：‘药，白芷也。’《广雅》曰：‘白芷，其叶谓之药。’《说文》无药字，嚣声、约声同在二部，疑虈药同字耳，但又曰楚谓之蓠，下即系以蓠篆，云‘江蓠，蘼芜’，以茝、江蓠、蘼芜为一物，殊不可晓。《离骚》曰：‘扈江蓠于辟芷兮。’非一物明矣。”[②]又《说文·艸部》：“蓠，江蓠，蘼芜。”段玉裁注：“相如赋云：‘芷若射干，穹窮昌蒲，江离麋芜。’又云：‘被以江离，糅以麋芜。’是各物明矣。而说者云：江蓠、蘼芜皆芎䓖苗也，有二种，似藁本者为江蓠，似蛇床而香者为蘼芜，则芎䓖、江蓠、蘼芜为一。徐之才《药对》亦云：‘蘼芜，一名江蓠，芎䓖苗也。’而《说文》以蘼芜释江蓠，且以江蓠即楚人谓茝者，但楚谓茝为蓠，不云谓茝为江蓠也，盖因《释草》有‘蘄茝，蘼芜’之文而合之，茝与蘄茝又未必一物也。”[③]方氏分析“芷、茝、麋、蓠各为一物”要先于段氏；且方氏论述《说文》因《尔雅·释草》“蘄茝，蘼芜”文而误释字义的原因亦早于段氏。

① 方以智：《通雅》，第1239—1240页。

② 段玉裁：《说文解字注》，第25页。

③ 段玉裁：《说文解字注》，第25页。

⑤雎鸠，鸳鷖之类，非鹗也。〇雎鸠、王雎为鹗，曰沸波、下窟鸟。《禽经》曰："雎鸠，鱼鹰也。"尝疑"鸷鸟累百，不如一鹗"，雕也，岂水上之鸠乎？王雎名鹗，因附《尔雅》"白鷢"而讹也。《尔雅》"杨鸟，白鷢"，注："如鹰，尾上白。"《说文》曰："鷢，王雎也。"智按：皆互相揣附也。……智按：《尔雅》："雎鸠，王雎。"王即玉也，其属玉乎？据《尔雅》"王雎"矣，又据别条"白鷢"耶？皆因毛臆而许附之，郭、陆附之，故疑至今。[1]（《通雅》卷四十五《动物·鸟》）

按：《说文·鸟部》："鷢，白鷢，王雎也。"段玉裁注："《释鸟》曰：'鷹，白鷢。'郭云：'似鹰，尾上白。'按《释鸟》云'雎鸠，王雎'，与'鷹，白鷢'划分二鸟。许乃一之，恐系转写讹误，非许书本然也。当为正之曰：'鷢者，白鷢，杨也。鴡者，鴡鸠，王鴡也。'乃合。"[2]方氏与段氏皆指出《说文》"鷢"释义之误。方氏认为许慎附会"毛臆"而误，段氏则推测不是许慎之误，而是"转写讹误"。

⑥鼯鼺为飞生，鼫鼠为拱鼠，非一物也。〇《说文》误以为鼫鼠五技而穷。故张揖《广雅》、崔豹《古今注》遂曰："蝼蛄，一名硕鼠。"邢昺亦谓蔡邕合之，而后人遂以鼯、鼫为一物。智按：《尔雅》鼫鼠为鼠属，于《鸟篇》又曰"鼯鼠，夷由"，则非一物明矣。陆玑于《相鼠疏》曰："河东大鼠，能人立，交前两足于颈。"或曰即雀鼠；或曰貔狸，即今黄鼠称珍味者。……鼯，肉翅蝙蝠，翅、尾、顶、胁毛紫赤色，背上苍艾色，腹下黄，喙颔杂白，脚短，长尾三尺许，飞且乳，亦曰飞生鼠，声如人呼，食火烟，此其蝙蝠之大者乎？飞生鼠一名鼺，所谓能飞不能过屋，能缘不能穷

---

① 方以智：《通雅》，第1356—1357页。

② 段玉裁：《说文解字注》，第154页。

木，能游不能渡谷，能穴不能掩身，能走不能先人，五技而穷者。一曰夷由，谓其能以高赴下，不能从下上高，故夷由也。[①]（《通雅》卷四十六《动物·兽》）

按：《说文·鼠部》："鼫，五技鼠也。能飞，不能过屋；能缘，不能穷木；能游，不能渡谷；能穴，不能掩身；能走，不能先人。"段玉裁注："《释兽》鼠属有鼫鼠，孙炎云：'五技鼠也。'舍人、樊光同。《易·晋》：'九四，晋如鼫鼠。'《九家易》以五技鼠释之。《荀卿》云：'梧鼠五技而穷。'《诗·魏风》'硕鼠硕鼠，无食我黍'，郑笺云：'硕，大也。'不言五技。是《诗》硕鼠非鼫鼠。崔豹《古今注》乃云：'蝼蛄，一名鼫鼠，有五能而不成技术。'此语殊误。蝼蛄不妨名鼫鼠，要不得云有五技也。"[②]方氏认为《说文》"鼫"释义错误，五技鼠当为鼯之释义。是。段氏疏证"鼫"义，列鼫鼠与鼯鼠而不下断语，不妥。陆佃《埤雅》卷十一《释虫·鼠》对"鼫鼠"与"鼯鼠"辨析甚明，其文为："鼫鼠兔首，似鼠而大，能人立，交前两足而舞，害稼者，一名'雀鼠'。……鼯鼠，《尔雅》所谓'鼯鼠，夷由'，状如小狐，肉翅，翅、尾、项、胁毛皆紫赤色，脚短爪长，飞且乳者，亦或谓之'飞生'。或曰一名'飞蠝'，其状如兔而鼠首，以其髯飞，性食火烟，能从高赴下，不能从下升高。……《荀子》曰：'鼯鼠五技而穷。'即此是也。"[③]又罗愿《尔雅翼》卷二十三《释兽·鼯》："鼯状如小狐，翼大率如服翼，翅、尾、项、胁毛紫赤色，背色苍艾，腹下黄，喙颔杂白，脚短爪长，尾三尺许。好暗夜行，飞且乳，亦谓之飞生。声如人呼，食火烟，能从高赴下，不能从下上高。东吴诸郡皆有之。又谓之梧鼠。《荀子》曰：'梧鼠五技而穷。'谓能飞不能上屋，能缘不能穷木，能游不能渡谷，能穴不能掩身，能走不能先人。虽多技能，皆有穷极

① 方以智：《通雅》，第1370—1371页。

② 段玉裁：《说文解字注》，第478—479页。

③ 陆佃著，王敏红校点：《埤雅》，杭州：浙江大学出版社，2008年，第111—112页。

也。……一名夷由，一名鼯，又名飞蝠，又名鼺鼠。详其性，乃食烟火。”[①]陆佃与罗愿亦指出五技而穷者鼯鼠，非鼫鼠。

⑦鲤、鳣、鳢、鲩、鰋、鲇，《尔雅》之首列也，许慎、毛苌分而释之，误矣。〇《说文》又并下文以鮀为鲇，尤误矣。……鰋一作鰕，额白鱼。潜谷曰："其游好偃。"陆佃曰："鰋偃鲤俯，鳢圆鲂方。"今毛、郑皆以为鲇，许以为鮀，而注鮀为鲇矣。鳠实鲇之大者，许又注鲰、鳢为鳠，注鲽为鳢，则鲇、鮀、鲽、鰋、鲤，一物也，有是理乎？鲇，口方无鳞，江东谓之鳀，又名鮠，今南都、江北并称鲇鮠，而鮷、鳀、鳀，皆汉晋以前之语，亦一字也。[②]（《通雅》卷四十七《动物·鱼》）

按：《说文·鱼部》："鮀，鲇也。"段玉裁注："《释鱼》《毛传》皆曰：'鲨，鮀也。'许以魦系乐浪潘国，释鮀为鲇，于古说不同，盖有所受之也。《春秋传》名鮀者字子鱼。玉裁又按：鲨见于《诗》。《尔雅》《毛传》皆曰：'鲨，鮀也。'许当无异说。不当训鮀为鲇，而以鲨为出乐浪潘国。盖鲇，鰕也。鰕，鲇也。许同《尔雅》《毛传》。"[③]《说文·鱼部》："鰕，鮀也。"段玉裁注："谓之鰕者，以其偃额也。偃者，仰也。玉裁按：鮀也，乃'鲇也'之误，妄人所改也。"[④]方氏与段氏皆指出不当以"鮀"为"鲇"，方氏认为许慎为误；段氏则认为许慎"盖有所受之也"。

3.沟通《说文》未明重文

《通雅》对《说文》重文的研究有三：一是辨析《说文》正篆下所列的重文不确，二是利用《说文》重文疏证词义、印证字音，三是沟通《说文》

① 罗愿著，石云孙校点：《尔雅翼》，合肥：黄山书社，2013年，第286—287页。

② 方以智：《通雅》，第1406—1407页。

③ 段玉裁：《说文解字注》，第578页。

④ 段玉裁：《说文解字注》，第578页。

分散于同部或异部而许慎没有类聚的重文。可以说方氏是对《说文》重文研究的较早学者，后世学者对《说文》重文的研究大体上仍然基于以上三个方面。

指出《说文》正篆下所列的重文与正篆音义不尽相同，早见于方氏。然而这一研究直到相隔约三百年后的近代学者沈兼士才大胆怀疑许慎正篆下音义不同的重文。沈氏的《汉字义读法之一例——〈说文〉重文之新定义》全面整理了《说文》正篆下音义不尽相同的重文。可以说，沈氏此项研究的先导者应是方氏。

在利用《说文》重文方面，方氏是较全面的。既有利用《说文》重文疏证词义、印证字音；又有利用《说文》重文纠正许慎所立字头不确。尤其值得一提的是印证字音。因为方氏利用《说文》重文证上古音的通转，可谓为清代的古音学研究开辟了一条新路子。对于现当代学者的《说文》重文研究，方氏亦有先导之功。如范进军以为《说文》重文作用有五：一是有助于识别古字；二是有助于辨别古义；三是有助于分析字形结构；四是有助于古音研究；五是有助于认识汉字的分化和发展[①]。所列五点，基本上都能从方氏《通雅》中寻其踪迹。

在沟通《说文》分散于同部或异部的未明重文上，方氏前承宋末戴侗《六书故》，后启清代王筠。王筠《说文释例》卷六、卷七、卷八全面地对《说文》分散于同部和异部的未明重文进行了沟通。王筠沟通《说文》未明重文的数量达到214组，是方氏沟通《说文》未明重文数的近六倍。虽然《说文释例》在沟通《说文》未明重文的数量上明显多于方氏，但是从沟通《说文》未明重文的范围上看，《通雅》有胜于《说文释例》之处。王筠沟通的《说文》未明重文限于《说文》释义明确的字，正如其说“而其义既同，其声又同，细心人读之，无难知为一字也”[②]，且较少归类及分析论证。然而，《通雅》不仅沟通了《说文》释义明确的字为重文，还沟通了《说

① 范进军：《说文解字古今音读》，西安：三秦出版社，1995年，第312—314页。

② 王筠：《说文释例》，北京：中华书局，1987年，第155页。

文》误释字为重文，比如沟通“䏌”“肿”（《说文》释“䏌”为“敬惕也”是假借义，本义是肿）、“廷”“庭”（《说文》所释“廷”“庭”义非本义）、“鳢”“鱶”（《说文》误释“鳢”为“鳠”）为重文。

（二）《通雅》在《说文》研究方法上的贡献

清代学者之所以在《说文》的研究上成绩斐然，除研究者自身的学识外，更重要的一点是方法上的先进。整个有清一代，《说文》学兴盛的原因之一是学者们自觉地运用“因声求义”之法，又随着甲骨文、金文等早期文字的出土，近现代学者则更多的是参照古文字以纠正《说文》之误。此二法，方氏均运用于研究《说文》之中。因此可以说《通雅》研究《说文》所运用的方法，清代及近现代的学者继承了并发扬光大。

1.因声求义①

梁启超说：“密之最大的发明，在以音求义。”②方氏之所以能熟练地运用“因声求义”，是因为方氏对古音分部及声纽分合有一定的研究。周远富的《〈通雅〉古音考》就详细分析并归纳了方氏对上古音的研究成果③，其归纳的第七条阐明了方氏“因声求义”的先导之功。李建国在《汉语训诂学史》一书中曾辟专节论述《通雅》④，其论述的重点也在阐述方氏的“因声

① 此处用“因声求义”作标题，是采用当今学术界的术语。而本书前面使用“以音求义”，是沿用梁启超的观点。为了使行文的内容与标题一致，故前面用“以音求义”，此处用“因声求义”。

② 梁启超：《中国近三百年学术史》，北京：商务印书馆，2011年，第185页。

③ 周远富在《〈通雅〉古音考》第七章《〈通雅〉古音学之评价》中总结了方氏的古音研究成果：综上所述，方以智在贯通经史，折衷古今的学术思想指导下，在古音学领域作了如下成就：1.彻底抛弃“叶声”说，为古音学走上科学的道路扫除了迷障。2.综考经史文献与古今方域语音流变，初步建立了历史语音学观念；在中国语言学史上第一次提出分期理论。3.考察音变注重音史、音证、音理的结合。4.第一次全面探讨了汉语唇音、舌齿音与喉牙音的古今差异，认识到上古轻重唇音相混、古皆音和、喉牙音不相区别等问题，启发了钱大昕等人的古纽研究。5.将古韵归为七部，较郑庠六部、吴棫九部有所进步；对古韵通转现象进行了比较深入的研究，为顾炎武等人的古韵研究提供了参考。6.提出古调“四声通转”说，主张古有四声，与顾炎武“四声一贯”说相呼应。7.第一次将古音学成果科学地应用于文字训诂，因声求义，明假借、求语源，为王念孙等因声求义之先导。这些继承和创造在他所处的历史时代，处于领先地位。（《〈通雅〉古音考》，郑州：河南人民出版社，2008年，第133页）

④ 见《汉语训诂学史》第四章《训诂学的中衰——宋元明时期》第七节《方以智和〈通雅〉》。

求义”之法，他说：“直到元代戴侗在《六书故·六书通释》中讨论假借字时提出‘因声以求义’，这个方法重现于世。但因为戴氏对古音缺乏研究，所以他的训定假借，是非参半。方以智则在戴侗的基础上明确提出‘欲通古义，先通古音’的主张，给因声求义注入了共时语言研究的精神，使之更趋严谨而科学，因此他在应用因古音以求古义时显得左右逢源，得心应手，成就极大。清代乾嘉学者重倡‘因声求义’，姑且不论清儒是否径由方氏的著作得到启示，仅就方氏早于他们百年就重倡因声求义，发其先声这一点而言，就已很说明问题了。”[1]

从最早评价《通雅》的梁启超，到当代的李建国、周远富等人，均肯定了《通雅》运用“因声求义”的贡献。他们的观点，在方氏《说文》研究中得到了印证。我们保守地采用李建国的看法，应该说方氏是最早使用“因声求义”的方法大面积地研究《说文》的学者，较之于清代乾嘉学者运用“因声求义”研究《说文》，要早百年。

兹举两例与《说文解字注》对比，以说明其因声求义。

①安哉之器，盖言𩚨也。〇《太平御览》：“李尤有《安哉之铭》曰：‘安哉令名，甘旨是盛。埏埴之巧，甄陶所成。食彼美珍，思此鹿鸣。’”则为饮食之器明矣。智以古哉与裁、载通。《说文》：“𩚨，设饪也，从丮从食才，读若载。”慎之曰：“见《石鼓文》。”考《石鼓》“𩚨卤𩚨北”，谓“载西载北”也。……文有讹异，或作虚字用。然证知《说文》有本，证知哉、载、𩚨同音，而安哉之为安𩚨，近是矣。黄、方、阴、凌韵书，皆未收“安哉”，与仲雍之孰哉。上古未必如今日佻巧，其用哉，非才意必是载意。曰𩚨者，正谓载熟食于器也。[2]（《通雅》卷三十四《器用·杂用诸器》）

① 李建国：《汉语训诂学史》，上海：上海辞书出版社，2002年，第214页。
② 方以智：《通雅》，第1056页。

《说文·丮部》："䎗，设饪也。读若载。"段玉裁注："饪，宋本作食，《玉篇》同。《广雅·释言》曰：'䎗，设也。'又《释诂四》曰：'饥，词也。'钱氏大昕定饥为䎗字之误。古用为发语之载也，如《石鼓诗》载作䎗。"[①]

按：方氏与段氏皆指出《石鼓诗》之"䎗"即"载"，是。而方氏所论益详。方氏正是利用"䎗""哉"同音，印证了"安哉之为安䎗"。

②穦𥢶，止酒之程也。〇《说文》："稽𥢶，止也。一曰木名。"《通释》云："穦𥢶者，诎曲不伸之意。"《字书》曰："曲枝果也。"枳椇，枝上作房，似珊瑚，核在其端，曰木密。其木近酒，能薄酒味，盖象枳椇之诎曲，为酒经程，寓止酒之义。股俎亦似椇，故《急就》曰："稽檠程檠。"乃𥢶之讹耳。《韩诗外传》："齐桓置酒，令大夫后者饮一经程，管仲后当饮一经程，饮其半而弃其半。"赵德麟曰："陶器有酒经，晋安郡人饷酒云：一经二经，至五乃五瓶也。""修酌"注："齐人命浩酒曰涤。"如今号酒也。[②]（《通雅》卷三十九《饮食》）

《说文·禾部》："穦，多小意而止也。"段玉裁注："小意者，意有未畅也，谓有所妨碍，含意未伸。《广韵》穦𥢶皆训曲枝果。按：穦𥢶字或作枳椇，或作枳枸，或作枳句，或作枝拘，皆上字在十六部，下字在四部，皆诘诎不得伸之意。《明堂位》：'俎殷以椇。'注：'椇之言枳椇也，谓曲桡之也。'《庄子·山木》篇：'腾猿得柘棘枳枸之间，处势不便，未足以逞其能。'宋玉《风赋》：'枳句来巢，空穴来风。'枳句、空穴皆连绵字。空穴即孔穴。枳句来巢，陆机《诗疏》作句曲来巢，谓树枝屈曲之处鸟用为巢。《逸庄子》作桐乳致巢，乃讹字耳。《淮南书》：'龙夭矫，燕枝拘。'亦屈

① 段玉裁：《说文解字注》，第113页。
② 方以智：《通雅》，第1181页。

曲盘旋之意。其入声则为迟曲。積与枳、枝、迟，椒与椇、句、枸、拘、曲皆叠韵也。積椒与迟曲皆双声字也。《急就篇》：‘沽酒酿䤈稽极程。’王伯厚云：‘稽极当作積椒。’盖诎曲为酒经程，寓止酒之义。又按：《释地》：‘枳首蛇。’枳本或作積。此则借積枳为岐字，亦同部假借也。故郭释以岐头蛇。”[①]

按：方氏与段氏皆指出“積椒”有诎曲之义，为酒经程，故有“止酒”之义。曲枝果者，枳椇也。“枳椇”与“積椒”双声叠韵（段氏所述甚详），两家疏证“積椒”之“止酒”义皆因声以求。

2.参照古文字

现当代的《说文》研究，主要研究方法之一就是参照甲骨文、金文等早期文字以纠正《说文》之误。现当代学者根据甲骨文、金文等古文字分析字形，揭示字形的演变过程，因此所作出的结论比较可靠。其实《通雅》中已有参照古文字形纠正《说文》错误的论述与实例。方氏在谈及研究《说文》的材料时屡次提到金石、碑刻。方氏说：

> 小学有训诂之学，有字书之学，有音韵之学，从事《苍》《雅》《说文》，固当旁采诸家之辩难，则上自金石、钟鼎、石经、碑帖，以至印章、款识，皆所当究心者。[②]（《通雅》卷首二《小学大略》）
>
> 智按：《说文》有唐本、蜀本、二徐本，中有新附。今字学家但执铉本残书，又未淹贯经籍，何从知其漏与复乎？智决之曰：溯其源，当因古籀而推之；备小篆，当遍考诸籍以补之。[③]（《通雅》卷首二《小学大略》）

① 段玉裁：《说文解字注》，第275页。

② 方以智：《通雅》，第41页。

③ 方以智：《通雅》，第49—50页。

不仅如此，方氏还注重把“参照古文字形”的方法与“因声求义”的方法相结合，并辅以文献佐证。再看方氏辨析《说文》“真”字误释的论述：

> 贞即真。〇真字六经不见，昉于《庄子》，亦昉于黄帝之《经》。许慎《说文》以真为“化形登天”，支矣。愚按：慎独之慎从真，何谓真非古有乎？正亦平声，贞与真通，篆作鼑，因贞悔而设也，古作凡，则贞真之通明矣。文王于《剥》《复》之后，不曰《贞》卦，而曰《无妄》，亦可参也。因真有妄，觉妄归真，果然无妄，真亦不立。慎独之中，安得不研几至此乎？《大畜》天衢，一多相贯之，薪火正因也。柴广进曰：“真从正声，善从神声，体从理声，用从容声，专从中声，通从同声。”即此声明一端，亦可引触。[①]（《通雅》卷一《疑始·专论古篆古音》）

按：《说文·匕部》：“眞（真），仙人变形而登天也。从匕从目从乚，八，所乘载也。”关于“真”形及义，董莲池《说文解字考正》的观点是：“‘真’金文或从匕从鼎，作、，或从匕从贝从丁，作（均见《金文编》五七五页），而真盘之‘真’作，石鼓文承之作，为篆文所本。构形之意虽不能明，但所表绝非‘仙人变形而登天’。字不从目，不从乚，所从‘八’也不表‘所承载’。许说不可信。”[②]季旭昇《说文新证》在分析唐兰、何琳仪诸家的观点后，亦不能决“真”义[③]，季旭昇也列举了“真”的字形：一从贝，一从鼎。张舜徽《说文解字约注》分析“真”字的观点是：“仙人变形登天之说，妄诞不经。自秦汉以来，术士多操此说以欺惑世主，故言者日繁，至汉尤盛。许君因俗立训，亦所以明时尚也。真字本义，

① 方以智：《通雅》，第79—80页。

② 董莲池：《说文解字考正》，北京：作家出版社，2004年，第323页。

③ 详见《说文新证》“真”字的分析。唐兰认为“真”从贝、匕声，匕是殄的古文；何琳仪认为“真”从鼎，声，即“珍”的初文。（《说文新证》，台北：艺文印书馆，2014年，第643—644页）

当为精诚。精与真双声。合精诚二字急言之，则为真矣。今语所称真假，犹古人言诚伪耳。”[①]河永三在分析了“真”与“贞”字的字形、“真”字族的意味指向及“真、贞”的字音后说：“我们得出如下结论：‘真’是由‘贞’字分化而来的；‘真’和‘贞’（‘鼎’）字形成同源关系；后来‘仙人’‘真人’和‘真理’等概念，也是由商代贞人演变过来的。”[②]河永三又说：“虽然对‘贞’字的解释到现在还没统一，但是大致可分为解释为‘正’和解释为‘卜问’的两派。”[③]从诸家的分析可知，只有河永三的分析既结合字形、字音，又系联文献[④]，所以得出的结论较可靠。方氏此条运用了“因声求义”和“参照古文字形”两种方法论证“贞即真”：“贞与真通”，“贞真之通明矣”，又引柴广进之说“真从正声”，皆在表明“贞”“真”“正”三字音义相通；“篆作鼑”，“古作贞”则指明“贞”的古文字形与“真”同。河永三文章的论证与方氏契合，方氏同时也结合与甲骨文时期最近的文献《周易》“贞卦”来分析“真”义，使之结论更为可信。

通过以上分析论证，我们大致可以梳理出《通雅》在《说文》研究史上的学术贡献有以下几点：

（1）运用“因声求义”的方法疏证《说文》字义。

（2）系统地参照古文字纠正《说文》误析字形及误释字义。

（3）沟通了《说文》未明重文，且利用《说文》的重文疏证词义、印证字音。

（4）辨析了《说文》引文之误。

（5）指证徐铉《说文》按语之非。

① 张舜徽：《说文解字约注》，武汉：华中师范大学出版社，2009年，第1997页。

② 河永三：《“贞”“真”同源考》，《中国文字研究》2014年第1期，第104页。

③ 河永三：《“贞”“真”同源考》，《中国文字研究》2014年第1期，第108页。

④ 河永三运用的文献亦有《周易》。

第二节　《通雅》于《说文》研究之不足

（一）引用《说文》释义未能印证词义

引用《说文》未能印证词义是指方氏引用《说文》释义以证文献词义，而事实上该文献词义与方氏所引用《说文》释义并不相符。其例为：

①脍，大者曰轩，细者曰𦞦，亦曰纤。〇《南史》："赵鬼食鸭𦞦，诸鬼尽著调。"𦞦与调叶，当音萧，细锉肉，糅以姜桂也。盖即《说文》"膗膗"之膗，郑玄误解，定为干鱼耳。[①]**（《通雅》卷三十九《饮食》）**

按：方氏所引《南史》原文为："初，左右刀敕之徒悉号为鬼，宫中讹云：'赵鬼食鸭𦞦，诸鬼尽著调。'当时莫解。梁武平建邺，东昏死，群小一时诛灭，故称为诸鬼也。俗间以细锉肉糅以姜桂曰𦞦，意者以凶党皆当细锉而烹之也。"[②]《说文·肉部》："膗，干鱼尾膗膗也。"段玉裁注："肃肃各本作膗膗，今正。肃肃，干貌。今俗尚有干肃肃之语。《风俗通》说夏马掉尾肃肃，古言也。《庖人》《内则》注曰：'鱐，干鱼。'《笾人》注曰：'鱐者，析干之。出东海。'"[③]又《周礼·天官·庖人》引郑司农注及《礼记·内则》郑玄注并曰："膗，干鱼。"[④]据此可知，《南史》之"𦞦"义与

① 方以智：《通雅》，第1198页。

② 李延寿：《南史》，北京：中华书局，1975年，第1935页。

③ 段玉裁：《说文解字注》，第175页。

④ 《周礼·天官·庖人》："凡用禽献，春行羔豚，膳膏香；夏行腒膗，膳膏臊。"郑司农云："腒，干雉。膗，干鱼。"郑玄注："腒、膗，暵热而干。"（《周礼注疏》，北京：北京大学出版社，1999年，第89页）《礼记·内则》："夏宜腒、膗，膳膏臊。"郑玄注："腒，干雉也。膗，干鱼也。"（《礼记正义》，北京：北京大学出版社，1999年，第843页）

《说文》所释“膗”义不同。方氏在此处引用《说文》“膗”的释义不能印证文献词义。“膗”没有作“细铧肉”解者。方氏误合“劏”“膗”甚明。

②顉颐折頞，顉即颔也。○子云《解嘲》言：“蔡泽以噤吟而笑唐举。”[①]注：“顉颐之貌。”又曰：“蔡泽顉颐折頞。”[②]《说文》：“顉，低头也。”五感切。《左传》：“迎于门者，顉之而已。”颌，颔也；䫲，颐也；㖤，䫲也；顩，面黄也，户感切。按：颔是班超“燕颔”、《楚词》“顑颔”之颔，而今《左传》作“颔之”，何与“顉”混。《集韵》又作胎、䏻。若诸字为重文，何故又互训耶？必后人各附矣。[③]（《通雅》卷十八《身体》）

按：《汉书·扬雄传》：“蔡泽，山东之匹夫也，顉颐折頞，涕涶流沫。”颜师古注：“顉，曲颐也，音钦。”[④]换言之，方氏引用《说文》“顉，低头也”之释义来说明“顉颐折頞，顉即颔也”，则非。“顉颐”之“顉”非《说文》“低头”之义，而是“颐曲上”之义，是方氏误引《说文》“顉”字之“低头”义以释扬雄《解嘲》之“顉颐”也。

（二）疏证《说文》释义出现错误

疏证《说文》释义出现错误是指方氏在《通雅》中以《说文》被训字或其释义中字词为条目，引文献或下己意疏证其义时出现错误。

1.误解《说文》字义

误解《说文》字义是指《说文》释义正确，而方氏理解不当，给予错误的疏证。其例为：

---

① 上海古籍本校勘记：“以”字，《汉书·扬雄传》原文作“虽”。

② 上海古籍本校勘记：“顉”字，《汉书·扬雄传》原文作“颔”。今查中华书局1962年版《汉书》，不作“颔”，而作“顉”。

③ 方以智：《通雅》，第626页。

④ 班固著，颜师古注：《汉书》，北京：中华书局，1962年，第2572—2573页。

①极即笈。〇《说文》："极，驴上负也。"凡夫言："其怀素改作笈。"[①]智按：李固负笈从师，何至唐始有笈乎？《广韵》因此训笈为书箱。[②]（《通雅》卷三十四《器用·杂用诸器》）

按：方氏认为极即笈，误。"极"与"笈"是不同的器物。段玉裁在疏证"极"时辨析了"极""笈"的不同。《说文》"极"字段注曰："驴上负也。当云驴上所以负也，浅人删之耳。《广韵》云：'驴上负版。'盖若今驮鞍。或云'负笈'字当用此，非也。《风土记》曰：'笈谓学士所以负书箱，如冠箱而卑者也。'谢承《后汉书》曰：'负笈随师。'然则笈者书箱，人所负以徒步者，不得合为一也。"[③]王筠《说文解字句读》亦曰："极，即吾乡所谓驮架也。"[④]可见"书箱"之"笈"非"驴上负"之"极"，两物不当混淆。"极"是放在驴背上用以载物的木架，因此"极"从木；"笈"是用以装书或装他物便于背负携带的小箱子，多用竹制，因此从竹。

②櫝盝之櫝，即匵。〇《说文》曰："櫝盝，负戴器也。"正作匵，小杯也。《说文》盖以箱笼为杯落耳。今人转杠去声，作槓。[⑤]（《通雅》卷三十四《器用·杂用诸器》）

按：《说文·皿部》："盝，櫝盝，负戴器也。"《说文·匚部》："匵，小杯也。从匚赣声。櫝，匵或从木。"虽然"匵"的异体字是"櫝"，但是"櫝盝"之"櫝"与"匵"是不相同的两个事物，方氏认为它们是一物，误。《说文》释"匵"为小杯，即我们今天所说的杯子；而"櫝盝"之"櫝"即是方氏所说的"箱笼"之类，仅限戴头上，用于载物。段氏玉裁对

① 上海古籍本校勘记：原脱"其"字，今据《刊误补遗》增。
② 方以智：《通雅》，第1033页。
③ 段玉裁：《说文解字注》，第266页。
④ 丁福保编纂：《说文解字诂林》，北京：中华书局，1988年，第6174页。
⑤ 方以智：《通雅》，第1056—1057页。

“檳”“匴”分辨甚明。《说文》“䍃”字段注曰：“檳，小杯也。见《匚部》。此檳䍃之檳乃别一义。《广韵》一送云：‘檳，格木也。’三十六养云：‘儣，载器也，出《埤苍》。’《玉篇》云：‘儣，渠往切，载器也。’载器皆当作戴器，古载戴通用。格木亦谓庋阁之木。《东方朔传》：‘朔曰：是寠数也。’师古曰：‘寠数，戴器也，以盆盛物戴于头者。则以寠数荐之。今卖白团饼人所用者也。’又《杨敞传》：‘鼠不容穴，衔寠数。’师古曰：‘寠数，戴器也。’按：寠数，其羽、山羽二反。檳䍃，渠往、相庚二反。檳与寠双声，䍃与数双声叠韵，一语之转也。负戴器者，谓藉以负戴物之器。”[1]段氏说是。

③緂。〇《说文》：“緂，帛骓色。”引《诗》曰：“毳衣如緂。”今《诗》作菼。合溪以为即今毯字。骓色，谓其苍黑杂色也。[2]（《通雅》卷四十九《谚原》）

按：方氏认为“緂”是苍黑杂色，误。这大概是因《说文》“骓”之释义而误。《说文·马部》：“骓，马苍黑杂色。”段玉裁注：“黑当作白。《释兽》《毛传》皆云：‘苍白杂毛曰骓。’苍者，青之近黑者也。白毛与苍毛相间而生，是为青马。虽深于青白杂毛之驄，未黑也。若黑毛与苍毛相间而生，则几深黑矣。《释言》曰：‘菼，骓也。’《王风》传曰：‘菼，薍也，萑之初生者。’《艸部》曰：‘菿者，萑之初生。一曰骓。’此以同色名之。观萑苇之初生之色，则知苍白之不可易矣。”[3]段氏说是。“緂”亦是苍白杂色之帛。

2.误申《说文》字义

误申《说文》字义是指《说文》释义已误，而方氏仍旧依《说文》误释

① 段玉裁：《说文解字注》，第212页。
② 方以智：《通雅》，第1449页。
③ 段玉裁：《说文解字注》，第461页。

进行疏证。《通雅》中有一例。现论述如下：

> 申总从申束，以形会意。〇《长笺》曰："申本形作，像艸木萌芽如申之形。许氏强从臼会意，远矣。古文有作者，有作者，或作者，则许氏滥觞也。"或以七月属申，与十二时之申则萌芽不合，不知先有屈申之义而后借此以为十二时之申。《说文》言："申，神也。吏晡时听事，申旦政也。"此语为拙，若"体自申束，从臼"六字之训，未尝不是。盖象人身之申，臼象腰脊也。或曰：与古文不合。余曰：上古缪篆取态，且安知非上古象萌芽之申，而斯篆会通象人身之申乎？字，孙氏居玉切，盖合臼为一字，以申度之，则臼自为一篆矣。智又考《周礼》注："信圭，音申，刻人形申也；躬圭，刻人形屈也。"《晋书·乐志》："七月之辰谓之申，申者身也，言万物身体皆成就也。"此可合看《说文》申束之意。敬甫以申为取字，则尤非。[①]（《通雅》卷二《疑始·论古篆古音》）

按：《说文·申部》："申，神也。七月，阴气成，体自申束。从臼，自持也。吏臣餔时听事，申旦政也。，古文申；，籀文申。"方氏之"盖象人身之申，臼象腰脊也"是申述许说"体自申束，从臼"义。然而许说已误，方说亦误。叶玉森在《殷墟书契前编集释》卷一中说："（申）之异体作等形。象电燿屈折。"[②]叶玉森之说，当今学界普遍认同。又董莲池《说文解字考正》"申"字下说："'申'甲骨文作、（《甲骨文编》五六七页），像闪电曲折激射之形，即'电'之初文。闪电列阙而伸延，引申为伸；闪电令人畏惧而神秘莫测，引申为神。又借作地支

① 方以智：《通雅》，第127—128页。"刻人形申也"之"申"字，黄山本作"伸"（第4册第144页）。

② 李圃、郑明主编：《古文字释要》，上海：上海教育出版社，2010年，第1366页。

之‘申’。……许慎以‘神’释‘申’，是误以引申义为本义，至于‘阴气成，体自申束。从臼，自持也’云云系穿凿附会，不可从。”[①]“申”本为闪电激射之形，可正许说，亦可纠方说。

（三）纠正《说文》时出现错误

纠正《说文》时出现错误是指方氏在《通雅》中纠正《说文》释义时见解错误。方氏纠正《说文》误释字义三十五例的正确分析已见前文论述，但也另有一例出现错误。兹分析如下：

> **戊茂古通。〇郑樵曰：“戊，亡抚切，即武字。许氏中宫六甲五龙之说妄矣。”赵彦卫曰：“戊本读茂，茂避唐讳，读如武，或如务。”宋永亨《搜采异闻录》：“《五代史》：‘梁开平时，司天监言：日辰内戊字，请改为武。’[②]朱温父名诚，以戊类成也。”按：茂以戊为声，《诗》：“吉日维戊。”与阜、丑叶，赵说是也。魏、吴作，楙晟也，象根柢分布形，后加艸作茂。[③]（《通雅》卷二《疑始·论古篆古音》）**

按：《说文·戊部》：“戊，中宫也。象六甲五龙相拘绞也。”方氏引郑樵之说指出“许氏中宫六甲五龙之说妄矣”，是。然而他认为《说文》“戊”是“后加艸作茂”，为“茂”的初文，“象根柢分布形”，亦不确。郭沫若在《释支干》一节中说：“戊象斧钺之形，盖即戚之古文。”[④]郭氏说是。“戊”甲骨文作、、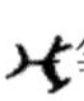等，正象斧钺之形。

---

① 董莲池：《说文解字考正》，北京：作家出版社，2004年，第588页。

② 《旧五代史·梁书·太祖纪》：“癸卯，司天监奏：‘日辰内有戊字，请改为武。’”（薛居正等撰：《旧五代史》，北京：中华书局，1976年，第52页）

③ 方以智：《通雅》，第149页。

④ 郭沫若：《郭沫若全集》考古编第一卷《甲骨文学研究·释支干》，北京：科学出版社，1982年，第172页。

附　录

表1：《通雅》直接疏证《说文》的例子

表1中，我们列出段氏玉裁《说文解字注》之疏证，期与《通雅》之《说文》疏证对比。

《通雅》对《说文》的疏证	《说文解字注》的疏证
（1）擿即掷。○直只、治革二切，投也。《说文》："搔也。"①又作摘。《庄子》："擿玉毁珠。"又作掷。古无掷，故借提，见《史》《汉》。②（《通雅》卷二《疑始·论古篆古音》）	《说文·手部》："擿，搔也。从手適声。一曰投也。"段注曰："（一曰投也）今字作掷。凡古书用投掷字皆作擿。许书无掷。"③
（2）幺无二字。○《说文》："𠀐，小也，象子初生之形。"陆机赋："弦幺徽急。"注："小也。"《尔雅》："幺，幼。"注："豕后生者俗呼幺豚。"班彪论："幺麿。"即今所用么麽也。又有幺贝，亦小贝也。俗讹作么，丁度乃云："么乃词令名，有小么令。"幺么不同。夫六么本于骰子之小点，岂有二字之理？《韵会小补》复收此说，而不正之，故为说破。《鹖冠子》曰："无道之君任用么麽。"退之诗曰："么麽微蠢斯。"④（《通雅》卷二《疑始·论古篆古音》）	《说文·幺部》："幺，小也。象子初生之形。"段注曰："《通俗文》曰：'不长曰幺，细小曰麽。'许无麽字。（象子初生之形）子初生，甚小也。俗谓一为幺，亦谓晚生子为幺，皆谓其小也。"⑤

① 《说文·手部》："擿，搔也。一曰投也。"此例方氏引用《说文》"擿"义不全。在此例中方氏疏证了"擿"之"一曰投也"义。

② 方以智：《通雅》，第146页。

③ 段玉裁：《说文解字注》，第601页。

④ 方以智：《通雅》，第150页。

⑤ 段玉裁：《说文解字注》，第158页。

续表

《通雅》对《说文》的疏证	《说文解字注》的疏证
（3）奇侅一作奇胲、奇咳、奇賌；兼垓、兼晐、胲存，皆以兼该立义也。〇賌犹该也。《庄子》："胲而存。"言该备也。《汉·艺文志》有《五音奇胲用兵》二十三卷、《五音奇胲刑德》二十一卷。《淮南子·兵略训》："明于星辰日月之运，刑德奇胲之数。"注："奇賌，奇秘非常术也。"《史记·仓公传》："教唐安以奇咳。"[1]即奇胲，盖谓奇秘兼賌也。《说文》："侅，奇侅，非常也。"……虚舟子曰："漆园寓言游心，归于极物而止，西乾本藏表法，而滑疑以护其神，非大奇咳耶？遣放消心，知则不惑。"[2]（《通雅》卷三《释诂·缀集》）	《说文》"侅"字段注曰："《汉书·艺文志》五行家有《五音奇胲用兵》二十三卷、《五音奇胲刑德》二十一卷。如淳曰：'胲，音该。'《史记·扁鹊仓公列传》：'臣意即避席再拜谒，受其脉书上下经、五色诊、奇咳。'《集解》曰：'奇，音羁。咳，音该。'按，据张守节《正义》，则《史记》'奇咳'本亦作'奇胲'，《肉部》训'胲'为足指毛皮，然则'侅'正字，'胲'其假借字耳。《淮南·兵略训》：'明于星辰日月之运，刑德奇賌之数，背向左右之便，此战之助也。'注云：'奇賌之数，奇秘之数，非常术。'其字又作賌，亦假借也。"[3]
（4）昆于，犹昆吾也。〇《说文》："䰟，昆干，不可知也。"[4]古浑切。《笺》云："未详。"余久疑之。一日见《六书索隐》载："䰟，昆干，不可知也，禹父名，今作鲧、鯀、鮌，并非音混；古浑乃孙氏之音，浑亦可上声也。"王昭明《同文备考》亦引《说文》"昆干，不可知也"，夅为古文混。张氏曰："夅乃鱓字。今草鱼曰鱓鱼。䰟正从夅，小篆作罘，加鱼，笔改为罛也。"	段玉裁改《说文》"䰟"之释义"昆干"为"䲅干"，注曰："'䲅干'，各本作'昆干'。今依《篇》《韵》正。'䲅干'，盖古语，读如'魂寒'二音，不可知之意也，若云'汗曼'。"[5]

① 《史记·扁鹊仓公列传》："临菑召里唐安来学，臣意教以五诊上下经脉，奇咳，四时应阴阳重，未成，除为齐王侍医"（《史记》，北京：中华书局，1959年，第2817页）

② 方以智：《通雅》，第167页。

③ 段玉裁：《说文解字注》，第368页。

④ 《通雅》卷首一《音义杂论·注释正字说》：因昆吾知昆于。许氏曰："壶，昆吾，圆器。""䰟，昆于，不可知。"智按：吾、于通转。卷四和卷首一"䰟"字引用不一：一为"昆干"；一为"昆于"。此处作"昆干"当误，应为"昆于"。

⑤ 段玉裁：《说文解字注》，第413页。

续表

《通雅》对《说文》的疏证	《说文解字注》的疏证
按：《说文》："壶，昆吾，圆器也。"始知昆吾、昆仑者，古皆以为圆浑之通称。故山象之而名崑崙，奴言其状混仑，犹言混沌也。昆吾是圆椎之象，如汉执金吾，程大昌考为金釦之仗，执金吾为驾前侍卫也。智见《茶经》"撾，若今河陇军人木吾"，可知当时呼圆椎之类为吾。师古谓金吾为鸟名，误岂待言哉？吾之声多通为于，古称我为吾，亦为予。《瓠子歌》吾山，即鱼山。驺虞一作驺吾。吾丘寿王，《文选》作虞丘。可证也。如淳于之形，敦敦然圆浑，故呼之。其匾者曰盂，亦谓其圆也。《说文》训歠，盖言为圆椎混仑之状不可知耳。屈原言鲧倖直，或状其厚貌浑沦而名之。证昆干为昆于，确然无疑。錞于音淳，似有淳于县也。古淳与敦同，自当读錞于为敦于。又按吾于之声，嘬唇点舌，则为都卢。唐人以觜尖为都卢。《国语》曰："侏儒扶卢。"韦氏谓："扶，缘也。"上高竿者，汉曰都卢。师古曰："都卢国人善缘。"陈后山以唐人名都卢缘，谓矛戟之柲也。按《考工记》之庐读作卢，洪景卢奇之。凡圆者谓之卢。古语因吾于而转也。戈戟之柄圆，故谓之卢，不必引攒竹为柲也。瓠曰瓠卢，后以其可盛曰壶卢，头圆故名头卢，后人加骨加页别之，可证。[1]（《通雅》卷四《释诂·古隽》）	

① 方以智：《通雅》，第189—190页。

续表

《通雅》对《说文》的疏证	《说文解字注》的疏证
（5）久之，犹拄之也。〇《说文》："久，从后灸之，象两胫后有距也。"引《周礼》"久诸墙以观其挠"。今《考工》"卢人灸诸墙，以眡其挠之均也"，注："灸，拄也，横拄之两墙间，以审其卢柄本京强弱均否？"许氏所云从后灸之，亦谓从后拄之也。[①]（《通雅》卷四《释诂·古隽》）	《说文》"久"字段注曰："《考工记》：'灸诸墙，以视其桡之均。'郑曰：'灸犹柱也，以柱两墙之间。'许所称作久。"[②]
（6）坴梁，即陆梁也；陆溺，犹陆沉也。〇《史记》"南越陆梁"，言屈强也。《说文》"坴"训下："一曰坴梁。"此自是古人口语也。[③]（《通雅》卷四《释诂·古隽》）	《说文·土部》："坴，土块坴坴也。从土先声。读若逐。一曰坴梁。"段注曰："（一曰坴梁地）《始皇本纪》三十三年'发诸赏逋亡人、赘壻、贾人，略取陆梁地为桂林、象郡、南海，以适遣戍'，字作'陆'。按：'坴梁'，盖其地多土块，而土性强梁也。"[④]
（7）啻諟，犹谛视也。〇《说文》："啻，諟也。"《方言》："瘱譪，审也。譩譪，諟也。吴、越曰譩譪。"郭璞曰："亦审諟，互见其意也。音帝。"智按：谛、揥、譪一字，互见者，互见也。[⑤]（《通雅》卷五《释诂·古隽》）	《说文·口部》："啻，语时不啻也。一曰啻，諟也。"段注曰："（一曰啻，諟也）《言部》曰：'諟，理也。'亦用諟为审谛字。"[⑥]

① 方以智：《通雅》，第190页。

② 段玉裁：《说文解字注》，第237页。

③ 方以智：《通雅》，第204—205页。

④ 段玉裁：《说文解字注》，第684页。

⑤ 方以智：《通雅》，第218页。

⑥ 段玉裁：《说文解字注》，第58页。

续表

《通雅》对《说文》的疏证	《说文解字注》的疏证
（8）肸蠁，一作肸响、翕响、肸芗。〇《说文》："肸蠁，布也。从十从㒳。㒳者，振㒳也。"引《甘泉赋》："肸响丰融。"又《子虚赋》："肸响布写。"注："盛作也。"《汉书》本作肸蠁。太冲《蜀都赋》："景福肸蠁之兴作。"则有鬼神仿佛之意，注："如虫群起而多。"又《郊祀》[1]："罔不肸餙。"师古曰："肸，振也。"《玉篇》作"肹响"。《说文》曰："蠁，知声虫也。"蠁子入土为蝇。毛氏曰："古响即向，羊舌肸，字叔向。"是也。肸，孙愐羲乙切。六臣注引司马彪曰："肹，过也。"吕延济曰："肹蠁，中天游气也。"《论衡》曰："晓俗以鸿文，犹振聋以肸蠁也。"《甘泉赋》："芗呹肸以棍根兮。"注："芗与响同。"《笛赋》："纷纶翕响。"[2]（《通雅》卷六《释诂·謰语》）	《说文·十部》："（肸）肸蠁，布也。从十从㒳。"段玉裁改"肸"的释义为"肸蠁，布也"，注曰："李善注《上林赋》《甘泉赋》皆引'肸蠁，布也'，今据正。《上林赋》曰：'肸蠁布写。'彪注曰：'肸，过也。芬芳之过若蠁之布写也。'《甘泉赋》：'芗呹肸以掍批。'芗盖同蠁。按：《虫部》'蠁，知声虫也'。肸蠁者，盖如知声之虫一时云集。《蜀都赋》'翕响'义同。春秋晋羊舌肸，字叔向。"[3]
（9）戟挶，通为拮据。〇《说文》有"戟挶"之语，即拮据之通声也。[4]（《通雅》卷八《释诂·謰语》）	《说文·手部》："据，戟挶也。"段注曰："《鸱鸮》：'予手拮据。'传曰：'拮据，戟挶也。'"[5]

① 上海古籍本校勘记："郊祀"下疑脱"歌"字，当补。

② 方以智：《通雅》，第256页。

③ 段玉裁：《说文解字注》，第89页。

④ 方以智：《通雅》，第320页。

⑤ 段玉裁：《说文解字注》，第602页。

续表

《通雅》对《说文》的疏证	《说文解字注》的疏证
（10）愵然、欿然，即蹵然。○《说文》："欿，愵然也。《孟子》：'曾西欿然。'"梁氏曰："古人借声，汉儒论义，故各附会之。"……宜《闲居杂编》之顣然、歠然，皆可用也。彼用蹵然，谓其蹵蹵之容也。[①]（《通雅》卷八《释诂·谜语》）	《说文·欠部》："欿，愵然也。《孟子》曰：'曾西欿然。'"段注曰："此以叠韵为训。《心部》曰：'愵，忧也。'欿然，心口不安之貌也。《孟子》曰：'曾西欿然。'见《公孙丑》篇。今作蹵。赵注：'蹵然犹蹵踖也。'蹵踖同踧踖。"[②]
（11）粼粼，一作磷磷、潾潾。○"白石粼粼"，陆德明作磷磷。《说文》："水生石间粼粼也。"韩氏《韵》作"潾潾"。[③]（《通雅》卷九《释诂·重言》）	《说文·巜部》："粼，水生厓石间粼粼也。"段注曰："厓者，山边也。"[④] 按：《说文解字注》与《通雅》的疏证角度不同，方氏说解"粼粼"义，段氏说解"厓"义。
（12）歊歊，即歗歗，通熇熇。○《说文》："歊歊，气出貌，高声。"《西都赋》："吐金景，歊浮云。"《汉书》言："王根歊歊。"公绍引作"歗歗"。子云《解嘲》曰："泰山不嶕峣，则不能浡滃云，而散歊蒸。"歊音浇，气上出也。[⑤]（《通雅》卷九《释诂·重言》）	《说文·欠部》："歊，歊歊，气出貌。从欠高，高亦声。"段注曰："扬雄《解嘲》曰：'泰山之高，不嶕峣则不能浡滃云而散歊烝。'亦作歗。《汉书·叙传》：'曲阳歗歗。'师古曰：'气盛也。'"[⑥]

① 方以智：《通雅》，第329页。

② 段玉裁：《说文解字注》，第411页。

③ 方以智：《通雅》，第359页。

④ 段玉裁：《说文解字注》，第568页。

⑤ 方以智：《通雅》，第369页。

⑥ 段玉裁：《说文解字注》，第411页。

续表

《通雅》对《说文》的疏证	《说文解字注》的疏证
（13）硌硌，通作芊芊，阡阡、仟仟。〇《说文》："硌，望山谷，硌硌青也。""芊，草盛也。"《笺》引陆机赋："青丽硌眠。"今《文选》作"精丽芊眠"。而《南都赋》又有"青冥盰瞑"。又《选》诗"远树暖阡阡"，李善本作"仟仟"。《列子》曰："郁郁芊芊。"唐诗："古碑无字草芊芊。"李白赋："移草兮芊眠。"升庵拘《说文》之解而疑之，不知皆借千，加谷、加艸，可通用也。[①]（《通雅》卷九《释诂·重言》）	《说文·谷部》："硌，望山谷硌硌青也。从谷千声。"段注曰："望山谷千千青也。各本千千作硌硌，今正。《高唐赋》：'仰视山颠，肃何芊芊。'李注云：'《说文》曰：硌，望山谷千千青也。千与芊，古字通。'按：'千''芊'为古今字。俗用'芊'改'千'，《楚词》及陆机《文赋》皆用'千眠'字，《南都赋》作'盰瞑'。谢朓诗：'远树暖阡阡。'《广雅》乃有'芊芊'字耳。"[②]
（14）滌滌，一作蔽蔽、菽菽、濯濯，言滌尽也。踧踧，通作……㣙㣙、愸愸，言行躅也。〇宗吾本《说文》引《诗》："踧踧山川。"又"蔽蔽"，同上。《释文》引《诗》："菽菽山川。"智按：《说文》："蔽，草旱尽也。《诗》：'蔽蔽山川。'"《诗考》《考异》所引俱同。其杨氏误记邪？……《说文》："行㣙㣙也。"音狄。《荀子》："狄狄然，莫莫然。"《楚辞》："记潏潏其前后兮，悼来者之愸愸。"与惕通；然此详文意，乃是行貌。[③]（《通雅》卷十《释诂·重言》）	《说文》"蔽"字段注曰："《诗》曰：'蔽蔽山川。'《大雅》文。今《诗》作涤涤，毛云：'涤涤，旱气也。山无木，川无水。'按：《玉篇》《广韵》皆作蔋，今疑当作蓧。草木如荡涤无有也。"[④] 《说文·彳部》："㣙，行㣙㣙也。"段注曰："'㣙㣙'盖与《小弁》'踧踧'同，行平易也。"[⑤]

① 方以智：《通雅》，第374页。

② 段玉裁：《说文解字注》，第570页。

③ 方以智：《通雅》，第384—385页。

④ 段玉裁：《说文解字注》，第39页。

⑤ 段玉裁：《说文解字注》，第77页。

续表

《通雅》对《说文》的疏证	《说文解字注》的疏证
（15）庚庚，犹伉伉也。〇《说文》："秋时万物庚庚有实。"汉文卜曰："大横庚庚。"言文伉起也。庚庚有实，正言其伉伉而盛起也。《后汉书》："难经伉伉刘太常。"亦言其名盛起之意。[①]（《通雅》卷十《释诂·重言》）	《说文·庚部》："庚，位西方，象秋时万物庚庚有实也。庚承己，象人脐。"段注曰："庚庚，成实貌。服虔《汉书注》曰：'庚庚，横貌也。'"[②]
（16）矻矻、仡仡，犹搰搰也。〇矻，逆讫、苦忽二切，多石不夷也。《汉书·王褒传》："终日矻矻。"言用力状也。《说文》："马行仡仡。"引《诗》"崇墉圪圪"[③]。《书》曰："仡仡勇夫。"仡仡亦言用力勇貌，声固相通耳。……《莊子》曰："搰搰然用力甚多。"郭象曰："用力貌。"[④]（《通雅》卷十《释诂·重言》）	《说文·马部》："駻，马行仡仡也。"段注曰："《人部》曰：'仡，勇壮也。'《吉日》'儦儦俟俟'，《人部》作'伾伾俟俟'，《韩诗》作'駓駓騃騃'。……《方言》曰：'痴，騃也。'"[⑤] 按：《说文解字注》与《通雅》的疏证角度不同。方氏疏证"仡仡"义，段氏疏证"騃"义。
（17）趣趣，即與與，通为于于、吾吾。因而有成行之鱼鱼、衙衙。〇《叙传》曰："长倩懊懊。"弋于切。《说文》作趣，余吕切，"趣步趣趣也"。……黄公绍曰："與與如也，舒也，威仪适中也。"《玉篇》曰："谨谨貌。"智谓懊懊，舒徐有余之貌。[⑥]（《通雅》卷十《释诂·重言》）	《说文·心部》："趣，趣步趣趣也。"段注曰："趣，疾走也。趣步趣趣，谓疾而舒也。《马部》'驀'下曰：'马行徐而疾。'义正相类。《汉书》：'长倩懊懊。'苏林曰：'懊懊，行步安舒也。'《论语》：'與與如也。'马注曰：'與與，威仪中适之貌。'與與即趣趣之假借。"[⑦]

① 方以智：《通雅》，第394页。
② 段玉裁：《说文解字注》，第741页。
③ 《说文·土部》："圪，墙高也。《诗》曰：'崇墉圪圪。'"
④ 方以智：《通雅》，第396页。
⑤ 段玉裁：《说文解字注》，第466页。
⑥ 方以智：《通雅》，第402页。
⑦ 段玉裁：《说文解字注》，第507页。

续表

《通雅》对《说文》的疏证	《说文解字注》的疏证
（18）𥈅𥈅、宀宀、緜緜。〇《说文》："矈，目旁薄緻宀宀也。"武延切。"𥈅"字："𥈅𥈅不见也。"声义皆同。别本遂有㒙㒙。《韵会》音緜。《集韵》作矈矈。①（《通雅》卷十《释诂·重言》）	《说文》"矈"字段注曰："矈宀叠韵。《自部》曰：'宀宀不见。'按：宀宀，微密之貌。"② 《说文》"𥈅"字段注曰："𥈅与𦣦音义皆同。《毛诗》绵绵，《韩诗》作民民。按：绵绵、民民皆谓密也，即𥈅𥈅不见之意。"③
（19）纳纳，包容也。〇《说文》："丝湿纳纳也。"裴逊之诗："纳纳如海流。"杜诗："纳纳乾坤大。"正取诸此。然刘子政《九叹》曰："裳襜襜而含风，衣纳纳而掩露。"盖谓其缝裌纳纳，何必言丝湿乎？叔重在子政后二百余年，当以子政为是。④（《通雅》卷十《释诂·重言》）	《说文·糸部》："纳，丝湿纳纳也。"段注曰："纳纳，湿意。刘向《九叹》：'衣纳纳而掩露。'王逸注：'纳纳，濡湿貌。'《汉·酷吏传》：'阿邑人主。'苏林曰：'邑音人相悒纳之悒。'按：悒纳当作浥纳，媕阿之状，于濡湿义近也。"

① 方以智：《通雅》，第404页。

② 段玉裁：《说文解字注》，第130页。

③ 段玉裁：《说文解字注》，第340页。

④ 方以智：《通雅》，第412页。

续表

《通雅》对《说文》的疏证	《说文解字注》的疏证
（20）獿獿、獜獜、猲猲、獷獷，以犬状之也。〇《说文》“獜獜”，引“卢令令”。“猲，犬猲猲而附人也。南楚相惊曰猲，读若愬。”[①]式略切。“獷，犬獷獷不可附也。”古猛切。“獿，犬獿獿咳吠也。”女交切。用此者，班固《叙传》曰：“獷獷亡秦，灭我圣文。”[②]（《通雅》卷十《释诂·重言》）	《说文》“獷”字段注曰：“《吕氏春秋》：‘荆文王得茹黄之狗。’……引伸为凡粗恶貌之称。《汉书》曰：‘獷獷亡秦。’”[③]
（21）扈、鄠，一也。〇《书》曰：“启与有扈战于甘。”《说文》曰：“鄠县有扈谷甘亭。”《舆地记》：“今京兆鄠县有甘水，出南山甘谷，北入渭。”今鄠县属西安府。秦曰甘亭。鲁庄会齐侯于扈。征南曰：“郑地，在荥阳卷县西北。”元为郑州原武县，近朝原武县不隶郑州，而属开封。汉之卷县，属河南郡。又有扈渎，在今上海县北十里，本海盐之东堰，晋袁山松筑垒以御孙恩者。西安府洛南县有玄扈山，古读扈如虎。[④]（《通雅》卷十三《地舆·方域》）	《说文·邑部》：“扈，夏后同姓所封，战于甘者，在鄠有扈谷甘亭。”段注曰：“《尚书·序》曰：‘启与有扈战于甘之野，作《甘誓》。’马融曰：‘有扈，姒姓之国，为无道。’又曰：‘甘，有扈南郊地名也。’《左传》曰：‘夏有观扈。’五观与扈，皆夏同姓也。在鄠，谓夏之有扈在汉之鄠县也。鄠即扈，……皆古今字。姚察《史记训纂》云：‘户、扈、鄠三字一也。’按：扈为周字，鄠为秦字。”[⑤]

① 《说文·犬部》：“猲，犬猲猲不附人也。”大徐本《说文》“犬猲猲不附人也”之“不”误，应为“而”。朱骏声《说文通训定声·豫部》“猲”下曰：“犬猲猲而附人也。从犬舄声。宋本作‘不附人也’。按：猲，良犬也。字亦作猎，作䛉。《字林》：‘䛉，宋良犬也。’《礼仪·少仪》注：‘名谓若韩卢、宋鹊之属，以舄为之。’”朱氏说是，可佐证《通雅》所引用《说文》。《玉篇·犬部》《广韵·烛韵》《集韵·烛韵》皆曰：“䛉，宋良犬也。”又《集韵·药韵》：“䛉，或作猎、猲。”

② 方以智：《通雅》，第415页。

③ 段玉裁只在“獷”下引用了“獷獷”的重言形况字。（《说文解字注》，第474页）

④ 方以智：《通雅》，第494页。

⑤ 段玉裁：《说文解字注》，第286页。

续表

《通雅》对《说文》的疏证	《说文解字注》的疏证
（22）郋，新息也。〇“鲁会吴伐齐，师于郋。”《说文》：“姬姓之国。在淮北，今汝南新郋。”近时汝宁府有息县，是新息，正当单作息。郋，乃齐地也。《后汉书》马文渊封息侯，亦单作息。[①]（《通雅》卷十三《地舆·方域》）	《说文·邑部》：“郋，姬姓之国，在淮北，今汝南新郋。”段注曰：“《左传·隐十一年》：‘郑息有违言。’杜曰：‘郋国，汝南新息县。’按：此经作息，注作郋国也。《释文》云：‘郋音息。一本作息。’此为注作音也。自墨书朱字不分，而学者惑矣。《左传》用古文假借字，杜解用《说文》本字，不与经同，此郑氏注经之例也。《左正义》引《世本》曰：‘息国，姬姓。’许云‘姬姓之国’，本《世本》也。息侯伐郑，君子谓其不亲亲，以其同姓也。《左传》云：‘息妫者，谓息所娶之陈妫也。’今河南光州息县。淮水在县南五里，故息城在县北三十里。……今汝南新息是也。新息，大徐作新郋，误。”[②]
（23）溵疆：溵，水名，一作濦，又作濦，于谨切。〇《说文》曰：“水，出颍川阳城少室。”今登封县东，至今陈州商水县入颍。隋之溵州，则又在汝阳县。[③]（《通雅》卷十六《地舆·地名异音》）	《说文·水部》：“濦，水。出颍川阳城少室山，东入颍。”段注曰：“今大溵水在郾城县南，至商水县东二十里合颍水。小溵水在临颍县西南，东流合于颍水。”[④]

① 方以智：《通雅》，第495页。

② 段玉裁：《说文解字注》，第291页。

③ 方以智：《通雅》，第564—565页。条目中有两个“濦”字，上古本于此处出校勘记：此处两作“濦”字，于文义不协，当有一误。

④ 段玉裁：《说文解字注》，第534页。

续表

《通雅》对《说文》的疏证	《说文解字注》的疏证
（24）漯，即漯，他合切。〇《说文》曰："水，出东郡东武阳。"元为开德府朝城县。今朝城属东昌府之濮州，本商王畿地也。《汉·志》作漯。《禹贡》："浮于济漯。"[①]（《通雅》卷十六《地舆·地名异音》）	《说文·水部》："濕，水。出东郡东武阳，入海。桑钦云：出平原高唐。"段注曰："今山东曹州府朝城县县东南有东武阳城是也。"[②]
（25）五阮，即五原。〇《说文》："阮，代郡五阮关也。"升庵云："《诗》'侵阮徂共'，即五原之地。今作原。"智按：张氏曰："阮，国名；共，阮之地名。皆在今泾州，今有共池。"《诗地理考注》云："《氏族略》：'阮，商诸侯，在泾渭之间。'"汉五原郡边河西，今时延安府神木县皆其地。本秦九原郡，汉改五原，而绛州、辽州皆有九原山，乃同名也。五阮自为五原，而侵阮之阮，则别一阮耳。升庵想未考也。[③]（《通雅》卷十六《地舆·地名异音》）	《说文》"阮"字段注曰："《地理志》：'代郡有五原关。'阮者正字，原者假借字也。《成帝纪》作五阮关。"[④]
（26）山胁，今之冲坂也。〇《说文》："坡者曰坂。一曰泽漳。一曰山胁。"[⑤]韩信并山，谓傍山胁也。今山冲小坂是也。[⑥]（《通雅》卷十七《地舆·释地》）	《说文·𨸏部》："阪，坡者曰阪。一曰泽障，一曰山胁也。"段注曰："（一曰山胁也）山胁，山胛也。"[⑦]

① 方以智：《通雅》，第575页。

② 段玉裁：《说文解字注》，第536页。

③ 方以智：《通雅》，第586页。

④ 段玉裁：《说文解字注》，第735页。

⑤ 大徐本《说文·𨸏部》："阪，坡者曰阪。一曰泽障，一曰山胁也。"《通雅》所引作"坡者曰坂"。"坂""阪"是异体字。

⑥ 方以智：《通雅》，第615页。

⑦ 段玉裁：《说文解字注》，第731页。

续表

《通雅》对《说文》的疏证	《说文解字注》的疏证
（27）酸痟，犹酸削也。胫痠，骨酸也。〇《周官》：“春时有痟首疾。”《管子》曰：“其泉白青，其人终无痟酲。”《说文》曰：“酸痟，头痛。”郑玄曰：“酸削也。”[①]（《通雅》卷十八《身体》）	《说文·疒部》：“痟，酸痟，头痛。”段注曰：“《周礼·疾医》：‘春时有痟首疾。’注云：‘痟，酸削也。首疾，头痛也。’疏曰：‘春时阳气将盛，惟金沴木，故有痟首之疾。’”[②]
（28）疻痏，伤痕也。〇诸氏：荣美切。《薛宣传》：“廷尉引《传》曰：‘遇人不以义而见疻者，与痏人之罪钧，罪不直也。’”[③]《说文》曰：“痏，疻痏也。”应劭曰：“以丈与手殴人，剥其皮肤，青墨而无瘢痕，《律》谓之疻痏。”《类篇》曰：“疻，血肿也。”《吕览》：“齐王疾痏。”[④]（《通雅》卷十八《身体》）	《说文·疒部》：“痏，疻痏也。”“疻，殴伤也”，段注曰：“‘疻痏’二字各本无，依全书通例补。《汉书·薛宣传》：‘廷尉引《传》曰：遇人不以义而见疻者，与痏人之罪钧。恶不直也。’应劭曰：‘以杖手殴击人，剥其皮肤，起青黑而无创瘢者，《律》谓疻痏。’”[⑤]
（29）夹脊曰胂。……膝耑曰髌。〇膑一作髌，音牝，《说文》“膝耑也”，去声。黄氏曰：“膝盖骨为柱者，髋髀之下，如屋有柱也。”《尔雅》曰：“骭疡为微。”宁戚“至骭”，是卩胫骨也。胫，去声。《灵枢经》：“下至髑骭长九寸。”音曷于，与骭混。凡夫曰：“髌训混髖，髖，丘愧切，膝，胫间骨也。”[⑥]（《通雅》卷十八《身体》）	《说文·骨部》：“髌，膝耑也。”段注曰：“膝，胫头节也。《释骨》云：‘盖膝之骨曰膝髌。’……膑者，髌之俗，去膝头骨也。”[⑦]

① 方以智：《通雅》，第631页。

② 段玉裁：《说文解字注》，第349页。

③ 《汉书·薛宣传》：“传曰：‘遇人不以义而见疻者，与痏人之罪钧，恶不直也。’”应劭曰：“以杖手殴击人，剥其皮肤，肿起青黑而无创瘢者，《律》谓疻痏。遇人不以义为不直，虽见殴与殴人罪同也。”（《汉书》，北京：中华书局，1962年，第3395—3396页）

④ 方以智：《通雅》，第632页。

⑤ 段玉裁：《说文解字注》，第351页。

⑥ 方以智：《通雅》，第639页、第640页。

⑦ 段玉裁：《说文解字注》，第165页。

续表

《通雅》对《说文》的疏证	《说文解字注》的疏证
（30）两膊间曰脾，肩甲即肩胛。〇《说文》："髆，肩甲也。"补各切。按肩甲，即肩胛。刘平水曰："背胛与胸胁相会阖。"《后汉·张宗传》："中矛贯胛。"注："背上两膊间。"膊即髆。戴仲若以瓦官像面瘦乃胛肥。大令《桓江州帖》："胛痛不可堪，而比作书。"则是臂膊明矣。[①]（《通雅》卷十八《身体》）	《说文》"髆"字段注曰："《释名》作'肩甲'，《灵枢经》作'肩胛'。《水经注》云：'如人袒胛，故谓之赤胛山。'胛者，甲之俗也。应劭《汉书注》曰：'大宛天马汗血，汗从前肩髆中出，如血。'"[②]
（31）祝褶，因为祝由、祝尤、咒尤。〇《说文》："褶，祝褶也。"即祝由。《内经》有祝由。徐文长引《物原》曰："禁咒名越方，汉武信南越，而禁咒方始。"智按：《后汉传》："赵炳善越方。"《汉书》有禁方。古有祝科，至汉通外国而更奇，如西域幻人之类。《南史》："薛伯宗徙痈柳树上。"洪迈《夷坚志》："溧阳巫犁灶灰而骨鲠愈。"亦其类也。今太医院第十三科为祝尤，又曰咒尤，为咒而愈病，如《周礼》之祝也。[③]（《通雅》卷十八《身体》）	《说文》"褶"字段注曰："惠氏士奇曰：《素问》黄帝曰：'古之治病，可祝由而已。'祝由，即祝褶也。"[④]
（32）有各本异载而实同者。〇言㫃即言偃，《说文》："㫃，㫃蹇之貌，古人名偃，字子游。"谓旗之九斿也。[⑤]（《通雅》卷二十《姓名·人名》）	《说文·㫃部》："㫃，旌旗之游，㫃蹇之貌。从中，曲而下垂㫃相出入也。读若偃。古人名㫃，字子游。"段注曰："旌旗者，旗之通称。旌有羽者，其未有羽者，各举其一以该九旗也。"[⑥]

① 方以智：《通雅》，第640页。
② 段玉裁：《说文解字注》，第165页。
③ 方以智：《通雅》，第643页。
④ 段玉裁：《说文解字注》，第6页。
⑤ 方以智：《通雅》，第686页、第688页。
⑥ 段玉裁：《说文解字注》，第308页。

续表

《通雅》对《说文》的疏证	《说文解字注》的疏证
（33）缀祭曰醊食。〇《后汉·张武传》："祭醊。"《广韵》："醊，祭也。"《说文》："餟，祭酹也。""酹，缀祭也。"[①]颜师古曰："醊谓连续之祭也，音缀。"《武纪》："其下四方为餟食。"《史·封禅书》："为醊食群臣从者。"一作腏，《郊祀志》作腏，与餟醊缀并同。《后·志》："中八陛，陛五十八醊，合四百六十四醊。"[②]（《通雅》卷二十八《礼仪》）	《说文》"餟"字段注曰："《酉部》曰：'酹，餟祭也。'《史记·孝武帝纪》：'其下四方地为餟食。'《封禅书》作'醊食'，《汉·郊祀志》作'腏'。《方言》：'餟，馈也。'"[③] 《说文》"酹"字段注曰："《食部》'餟'下曰：'酹，祭也。'与此为转注。《广韵》曰：'以酒沃地。'《史记》：'其下四方地为餟食。'盖餟、酹皆于地。餟谓肉，故《汉书》作'腏'。"[④]
（34）鐖，刉也。〇《说文》："鐖，以血有所涂祭也。"引《周礼》肆师掌祈珥者衅礼之事。旧书祈为鐖。徐曰："假借作祈，本作鐖字也。"《礼记》："成庙则衅之。雍人举羊升屋，自中屋刲羊血乃降，门夹室皆用鸡。"或作刉。《周礼》："小子：珥于社稷，祈于五祀。"郑注："珥当为衈，祈或为刉。"《士师》："凡刉珥衅礼之事，用牲毛者曰刉，羽者曰衈。"《集韵》亦作氛，又作禨。"肆师祈珥"，郑玄注："祈当作进禨之禨。"按：鐖、刉、祈、氛、禨相通，鐖、刉、氛是一字，音鐖。[⑤]（《通雅》卷二十八《礼仪》）	《说文》"鐖"字段注曰："详《刀部》'刏'下。鐖盖亦刏字之异者。"[⑥] 《说文·刀部》"刉，划伤也"，段注曰："《周礼·士师》职'凡刉珥'，《小子》职作'珥祈'，祈或为刉。《肆师》职作'祈珥'，祈或作几。按：郑读珥皆为衈，云作'刉衈'为正字。'刉衈者，衅礼之事。用牲，毛者曰刉，羽者曰衈。'《小子》'衈于社稷，刉于五祀'，谓始成其宫兆时也。《杂记》：'雍人举羊升屋，中屋南面，刲羊，血流于前。门、夹室皆用鸡，其衈皆于屋下。割鸡。门，当门。夹室，中室。'是刉衈之事也，许云'划伤'者，正谓此礼不主于杀之，但得其血涂祭而已。《血部》无'衈'字，盖许依经作珥。"[⑦]

① 大徐本《说文·酉部》："酹，餟祭也。"
② 方以智：《通雅》，第892页。
③ 段玉裁：《说文解字注》，第222页。
④ 段玉裁：《说文解字注》，第751页。
⑤ 方以智：《通雅》，第892页。
⑥ 段玉裁：《说文解字注》，第214页。
⑦ 段玉裁：《说文解字注》，第179页。

续表

《通雅》对《说文》的疏证	《说文解字注》的疏证
（35）洞箫，本是筒箫。〇《说文》："筒，通箫也。"徒弄切。箫本编排而成，形象凤尾，曰凤箫。《尔雅》所谓言也，后加作管。筒乃单竹，故曰通箫。后乃通作洞箫。王子渊作《洞箫赋》。[①]（《通雅》卷三十《乐器》）	《说文》"筒"字段注曰："筒，通箫也。所谓洞箫也。……《汉·章帝纪》：'吹洞箫。'如淳曰：'洞者，通也。箫之无底者也。'"[②]
（36）古以木片为札，削竹为策。……插羽之牍，谓之羽檄。书刀谓之削。〇木片曰札。《说文》曰："牒也。"《汉书》曰："谷子云笔札。"光武一札十行。汉人皆以此为简牍。削竹为策，编策为简，与柬通。成帙为册，册必有卷。……羽檄之书，《说文》曰："二尺书也。"颜子籀曰："以木简为书，长尺二寸。"此近是。《魏武奏事》云："有急则臿羽曰羽檄。"吐蕃用金箭，急则加银鹘。升庵曰："云南急递插鸡毛，乃羽书之遗也。"[③]（《通雅》卷三十一《器用·书札》）	《说文·木部》："札，牒也。"段注曰："《片部》曰：'牒，札也。'二字互训。长大者曰椠，薄小者曰札，曰牒。《释名》曰：'札，栉也，编之如栉齿相比也。'《司马相如传》曰：'上令尚书给笔札。'师古曰：'札，木简之薄小者也。'"[④] 《说文·木部》："檄，二尺书。"段注曰："尺二书。各本作二尺书。小徐《系传》已佚，见《韵会》者作尺二书，盖古本也。李贤注《光武纪》曰：'《说文》以木简为书，长尺二寸，谓之檄，以征召也。'与《前书·高纪》注同，此盖出演《说文》，故语加详，云'尺二寸'，与锴本合。但汉人多言尺一，未知其分别之详。"[⑤]

① 方以智：《通雅》，第942页。

② 段玉裁：《说文解字注》，第197页。

③ 方以智：《通雅》，第947—948页。

④ 段玉裁：《说文解字注》，第265页。

⑤ 段玉裁：《说文解字注》，第265页。

续表

《通雅》对《说文》的疏证	《说文解字注》的疏证
（37）楬豆，木柄朴豆也，又为敌名。曰楬櫫者，表识也。〇楬，苦瞎切。《说文》曰："楬，桀也。"[①]引《春秋传》："楬而书之。"孙氏其谒切。《尹子心传》注："楬，著姓名。"是也。[②]（《通雅》卷三十三《器用·古器》）	段玉裁改"楬"的释义为"楬櫫也"，注曰："楬櫫也。三字句。……《职金》：'楬而玺之。'注曰：'楬，书其数量以著其物也。今时之书有所表识，谓之楬櫫。'……《汉·酷吏传》曰：'瘗寺门桓东，楬著其姓名。'"[③]
（38）小瓯曰盉，即卣也。〇《说文》"盉"，于救切，"或作盍"[④]。按：即《博古图》之卣，卣之中尊也。吴慎之作酉。古人不知茶瓯之称，所谓瓯，小盆盎之类也。[⑤]（《通雅》卷三十三《器用·古器》）	《说文·皿部》："盉，小瓯也。从皿有声，读若灰。一曰若贿。盍，盉或从右。"段注曰："甌，小盆也。《廣韵》：'盉，抒水器也。'"[⑥]

① 上海古籍本校勘记："桀"，据《说文》原文当作"櫫"。然而大徐本《说文》正作"桀"，但《说文》段注认为作"桀"者非，作"櫫"是。

② 方以智：《通雅》，第1016页。

③ 段玉裁：《说文解字注》，第270—271页。

④ 《说文·皿部》："盉，小瓯也。"

⑤ 方以智：《通雅》，第1019页。

⑥ 段玉裁：《说文解字注》，第212页。

续表

《通雅》对《说文》的疏证	《说文解字注》的疏证
（39）盉镬声转，盖小镬也。〇《说文》："盉，调味器。"《玉篇》以盉为咊。陆法言以盉为调五味镬。董逌曰："伯王毅子作《宝盉》。"据《广韵》："调五味镬。"今以镬为鬵，而以鬵为甞，甞为盆之大者。孙强以盉为大镬，而镬，大鼎也。刘臻、吕忱以鬵为大钟。据《少牢馈食礼》曰："羹定，雝人陈鼎五，三鼎在羊镬之西，二鼎在豕镬之西。"而《礼经》改盉为镬，则失其制久矣。按：实鼎曰胥，实俎曰载。有前体后体、体荐体解，各异盉。盉别一鼎。盉中肉熟，各升于鼎，故取于盉以实鼎，取于鼎以实俎。然后以飨食、以荐熟，礼之成也。盖盉与镬，一声之转，后又有大镬，则盉为小镬，明矣。[①]（《通雅》卷三十三《器用·古器》）	《说文·皿部》："盉，调味也。从皿禾声。"段注曰："从皿，调味必于器中，故从皿。古器有名盉者，因其可以盉羹而名之盉也。《广川书跋》引《说文》：'调味器也。'沾器字非。"[②]段说不可从。大徐本《说文》"盉"的释义当夺"器"字。《说文解字约注》"盉"下张舜徽曰："《广韵》八戈：'盉，调五味器。'盖盉字从皿，自以器名为本义。古铜器中，亦实有以盉为名者，是器可以调味，因引申为凡调和之称。"[③]张舜徽说是。"盉"字从"皿"，依《说文》据形释义的体例，当有"器"字。又董逌《广川书跋》卷二《盉铭》："昔许慎以盉为调味器。"与《通雅》所引用《说文》同。

① 方以智：《通雅》，第1023页。"咊"字，黄山本作"味"（第5册第538页）。

② 段玉裁：《说文解字注》，第212页。

③ 张舜徽：《说文解字约注》，武汉，华中师范大学出版社，2009年，第1224页。

续表

《通雅》对《说文》的疏证	《说文解字注》的疏证
（40）笭篂、笭籯，皆笭箵也。〇《说文》曰："笭，车笭也，一曰笭籯。"① 《博雅》曰："笭篂，竹席也。"又曰车中筵。刘氏曰："舟中篢曰笭箵，箵省亦作笭箐。"②智考笭箵，小笼也。又《唐新语》曰："渔具总曰笭箵。"《元结传》载自释语曰："能带笭箵，全独而保生；能学謷齖，保宗而全家。"则箵与笭箐之音合。要论之，舟中蓬箬之席为笭，又呼笭箵，或作籯、篂、箐，皆其声相借也。渔具蓑网，亦近蓬箬参差之状，故因而呼之。③（《通雅》卷三十四《器用·杂用诸器》）	《说文》"笭"字段注曰："一曰笭，籯也。竹笼。"④
（41）满爰，竹器。言满而易援也。〇《说文》曰："篰，满爰也。"《博雅》曰："满爰，篰也。"徐锴曰："满爰，简牍也。"或非之。盖今虎林呼竹庄之类，可以盛简牍，是细篾箱簏也；犹之扑满为受钱之器，亦曰铭，其名不可解耳。⑤（《通雅》卷三十四《器用·杂用诸器》）	《说文》"篰"字段注曰："《广雅》曰：'篱篓，篰也。'曹宪上音满，下音缓。《广韵》曰：'篱篓，简也。''篰，牍也。'《玉篇》曰：'篰，竹牍也。'按菡爰，汉人语，俗字加竹。"⑥

① 大徐本《说文·竹部》："笭，车笭也，一曰笭，籯也。"

② 依文意，"箵省"应作"笭箵"。

③ 方以智：《通雅》，第1029页。

④ 段玉裁：《说文解字注》，第196页。

⑤ 方以智：《通雅》，第1033页。

⑥ 段玉裁：《说文解字注》，第190—191页。

续表

《通雅》对《说文》的疏证	《说文解字注》的疏证
（42）抒井𣂁，今之水兜也。〇《说文》："𣂁，量物之器，一曰抒井𣂁。"《笺》曰："《方言》：'篮曰𣂁。'武林谓之水兜。"[①]（《通雅》卷三十四《器用·杂用诸器》）	《说文》"𣂁"字段注曰："小徐曰：'抒井，今言淘井。𣂁，取泥之器。'玉裁按：依《说文》：'浚，抒也。'则小徐说是。依《手部》：'抒，挹也。'则汲井亦可云抒井。《缶部》曰：'㼜，汲瓶也。'《春秋传》言具绠缶，《周易》言羸其瓶，是其物用缶久矣，而其始，用革也。"[②]
（43）檷、柅、屎，一物也。〇《说文》曰："柅，实如黎。""屎，篗柄也。""檷，络丝趺。"郑夹漈曰："屎，篗柄也。"陆氏曰："读如昵。"一曰柅，止车木。《易》"系于金柅"者，以金为之，卓地为固。《孟子》："止或尼之。"其通义也。……檷、柅，实一字。丝之筳即篗柄，合溪何疑焉。《说文》："收丝者也。"《方言》曰："篗，榬也。"亦作篗，又作䉶、䈅、篗。今江南收丝，似小搅车，中有柄，听丝旋其外，而中轴自转，总曰络子。[③]（《通雅》卷三十四《器用·杂用诸器》）	《说文·木部》："柅，木也。实如梨。"段注曰："今字以为檷字。"[④] 又"檷，络丝檷也。"段玉裁改"檷"的释义为"络丝柎也"，注曰："柎各本作檷。今依《易释文》《玉篇》《广韵》正。《释文》作趺。柎趺古今字。柎，咢足也。络丝柎者，若今络丝架子。《姤》：'初六，系于金柅。'"[⑤]

① 方以智：《通雅》，第1033页。

② 段玉裁：《说文解字注》，第108页。

③ 方以智：《通雅》，第1050—1051页。

④ 段玉裁：《说文解字注》，第244页。

⑤ 段玉裁：《说文解字注》，第262页。

续表

《通雅》对《说文》的疏证	《说文解字注》的疏证
(44)釭、锏、钻，铁锢也，《急就章》连用之。〇《苍颉篇》："钻，持也。"《说文》："铁銸也。"音义与钳通。以铁片合两头木缝锢之，亦曰钳，亦曰鐍。师古曰："以铁有所辅助，若桥梁之形也。"此谓两缝或转角处以铁片两头钩钉之耳。[1]（《通雅》卷三十五《器用·车类》）	《说文·金部》："钻，铁銸也。"段注曰："《周礼·典同》注：'飞钻涅闇。'疏引《鬼谷子》'飞钳'。"[2]
(45)帗、敝、幓，残也。〇山谷注《急就》曰："帗、幓，裂也。"《说文》："幓，残帛也。""敝，败衣也。"帗，《说文》作⿰巾乀，当隶作帗。[3]（《通雅》卷三十六《衣服·彩服》）	《说文》"幓"字段注曰："《广韵》曰：'幓缕桃花。'《类篇》曰：'今时剪缯为华者。'按：与碎音义略相近。"[4] 《说文》"敝"字段注曰："一曰败衣。引伸为凡败之称。"[5] 《说文·巾部》："帗，幓裂也。"段注曰："谓残帛裂也。《急就篇》曰：'帗敝囊橐不直钱。'"[6]

① 方以智：《通雅》，第1077页。

② 段玉裁：《说文解字注》，第707页。

③ 方以智：《通雅》，第1113页。

④ 段玉裁：《说文解字注》，第359页。

⑤ 段玉裁：《说文解字注》，第364页。

⑥ 段玉裁：《说文解字注》，第359页。

续表

《通雅》对《说文》的疏证	《说文解字注》的疏证
（46）衣外饰曰襮，即谓表也。〇《说文》："襮，黼领也。"引《诗》："素衣朱襮。"今《诗》作襮，毛氏曰："领也。诸侯绣黼，丹朱中衣。"《尔雅》因《毛传》，许氏因《尔雅》，故后人以《尔雅》为人所增附，盖此类也。襮与表、穮、褒声转，重之为袍。《说文》："穮，古文表。"又作褾、裱。毛，字本从毛。《朱褒传》"褒衣大袑"，谓在外之宽袍也。襮亦音抱，可思其声。《吕览》："狄入卫，食懿公之肉，舍肝。弘演啼曰：'臣请为襮。'"襮正表暴之义。[①]（《通雅》卷三十六《衣服·彩服》）	《说文》"襮"字段注曰："白与黑相次文谓之黼。黼领，刺黼文于领也。《唐风》：'素衣朱襮。'《释器》曰：'黼领谓之襮。'毛传曰：'襮，领也。诸侯绣黼丹朱中衣。'笺云：'绣当为绡。绡黼丹朱中衣，中衣以绡黼为领，丹朱为纯也。'按：或借为表暴字，云'表襮'。"[②]

① 方以智：《通雅》，第1116页。

② 段玉裁：《说文解字注》，第390页。

续表

《通雅》对《说文》的疏证	《说文解字注》的疏证
（47）最细曰纤，……并丝曰缣，扁绪曰緀。〇《淮南子》曰："素之质白，缣之性黄。"此以缣为今之生丝绡矣。《说文》："缣，并丝缯。"此以为今之双丝矣，当以《淮南》为是。二丈为端，二端为匹，兼义也。《说文》："緀，扁绪也。"唐贡豫州双丝绫，绵州双紃，兼丝也。杭越白编，扁绪也。郭璞曰："短度绢曰叶输。"言薄也。薄者扁绪，今杭州杭绪应是此类。[①]（《通雅》卷三十七《衣服·布帛》）	《说文》"缣"字段注曰："谓骈丝为之，双丝缯也。"[②] 《说文》"緀"字段注曰："见绦下。"[③]《说文·糸部》："绦，扁绪也。"段注曰："《广雅》作编绪。《汉书》及贾生《新书》作偏诸，盖上字作编、下字作诸为是。诸者谓合众采也。《贾谊传》曰：'今民卖僮者，为之绣衣丝履偏诸缘。'服虔曰：'偏诸如牙条，以作履缘。'又'白縠之表，薄纨之里，緁以偏诸。'晋灼曰：'以偏诸緁著衣。'然则偏诸之为绦明矣。《杂记》注曰：'紃，若今时绦也。'《毛诗》《左传》正义曰：'王后亲织玄紞。即今之绦绳，必用杂采线织之。'按：紴、絾盖其阔者，绦其狭者，紃其圆者。"[④]

① 方以智：《通雅》，第1130页。

② 段玉裁：《说文解字注》，第648页。

③ 段玉裁：《说文解字注》，第657页。

④ 段玉裁：《说文解字注》，第655页。

续表

《通雅》对《说文》的疏证	《说文解字注》的疏证
（48）月白曰缥，浅黄曰缃，苍艾曰綦，绿艾曰缥，绿曰繱……石辗之曰砑。○砑，以石辗缯色光泽也。小颜音鲜，《说文》尺战切，“石扞缯也。”正与辗近。盖繱即葱色，《说文》：“繱，浅青色。”今曰翠蓝柳蓝。《诗》言“葱珩”，言其色也。[①]（《通雅》卷三十七《衣服·彩色》）	《说文·石部》：“砑，以石扞缯也。”段注曰：“衦各本作扞，今正。《衣部》衦下曰：‘衦，摩展衣也。’《广韵·二仙》曰：‘砑，衦缯石也。’《急就篇》有砑字，注曰：‘砑，以石碾缯，色尤光泽也。’今俗谓之研。”[②] 《说文·糸部》：“繱，帛青色也。”段注曰：“《尔雅》：‘青谓之葱。’葱即繱也，谓其色葱。葱，浅青也。深青则为蓝矣。《市部》曰：‘大夫赤市葱衡。’用《玉藻》文也。”[③]

① 方以智：《通雅》，第1142页。

② 段玉裁：《说文解字注》，第452页。

③ 段玉裁：《说文解字注》，第651页。

续表

《通雅》对《说文》的疏证	《说文解字注》的疏证
（49）積椒，止酒之程也。〇《说文》："稽椒，止也。一曰木名。"《通释》云："積椒者，诎曲不伸之意。"《字书》曰："曲枝果也。"枳椇，枝上作房，似珊瑚，核在其端，曰木密。其木近酒，能薄酒味，盖象枳椇之诎曲，为酒经程，寓止酒之义。般俎亦似椇，故《急就》曰："稽檠程檠。"乃椒之讹耳。《韩诗外传》："齐桓置酒，令大夫后者饮一经程，管仲后当饮一经程，饮其半而弃其半。"赵德麟曰："陶器有酒经，晋安郡人饷酒云：一经二经，至五乃五瓶也。""修酌"注："齐人命浩酒曰涤。"如今号酒也。[①]（《通雅》卷三十九《饮食》）	《说文·禾部》："積，多小意而止也。"段注曰："小意者，意有未畅也，谓有所妨碍，含意未伸。《广韵》積椒皆训曲枝果。按積椒字或作枳椇，或作枳枸，或作枳句，或作枝拘，皆上字在十六部，下字在四部，皆诘诎不得伸之意。《明堂位》：'俎殷以椇。'注：'椇之言枳椇也，谓曲桡之也。'《庄子·山木》篇：'腾猿得柘棘枳枸之间，处势不便，未足以逞其能。'宋玉《风赋》：'枳句来巢，空穴来风。'枳句、空穴皆连绵字。空穴即孔穴。枳句来巢，陆机《诗疏》作句曲来巢，谓树枝屈曲之处鸟用为巢。《逸庄子》作桐乳致巢，乃讹字耳。《淮南书》：'龙夭矫，燕枝拘。'亦屈曲盘旋之意。其入声则为迟曲。積与枳、枝、迟，椒与椇、句、枸、拘、曲皆叠韵也。積椒与迟曲皆双声字也。《急就篇》：'沽酒酿醪稽极程。'王伯厚云：'稽极当作積椒。'盖诎曲为酒经程，寓止酒之义。又按：《释地》：'枳首蛇。'枳本或作積。此则借積枳为岐字，亦同部假借也。故郭释以岐头蛇。"[②]
（50）芥荃，芥脆也。〇《说文》："纂，一曰短黑。读若以芥为虀，名曰芥荃。"初刮切。按荃训芥脃也，即今之芥辣。脃俗作脆。[③]（《通雅》卷三十九《饮食》）	《说文·黑部》："纂，黄黑而白也。从黑算声。一曰短黑。读若以芥为齑，名曰芥荃也。"段注曰："（读若以芥为齑，名曰芥荃也）《艸部》曰：'荃，芥脃也。'是其物也。"[④]

① 方以智：《通雅》，第1181页。

② 段玉裁：《说文解字注》，第275页。

③ 方以智：《通雅》，第1193页。

④ 段玉裁：《说文解字注》，第488页。

续表

《通雅》对《说文》的疏证	《说文解字注》的疏证
（51）八寸曰咫。○《说文》曰："（咫）中妇人之手长八寸，谓之咫，周尺也。"《国语》曰："隼集陈庭，楛矢贯之，石砮长尺有咫。"《广韵》引贾逵曰："八寸曰咫。"《郑志》"纯三只，只八寸"，只即咫也，《集韵》一作䟡、䟗。[①]（《通雅》卷四十《算数》）	《说文》"咫"字段注曰："贾逵、韦昭注《国语》，杜预注《左传》，说皆同。案：咫之言犹近也。《晋语》：'吾不能行也咫。'《楚语》：'是知天咫。'《周书》：'大子晋视道如咫。'"[②]
（52）莎，香附也。○《夏小正》曰："薃者莎蒨，媞者其实。"《尔雅》："薃侯，莎；其实，媞。"《说文》曰："莎，镐侯。"《本草》一名水香棱，叶如三棱，根名香附子。"三棱"即《上林赋》"蒋芧青薠"之"芧"也。香附苗似细兰草，青薠似莎而大，相如用薠薛。顾野王曰："莎也。"[③]（《通雅》卷四十一《植物·草》）	《说文》"莎"字段注曰："《夏小正》：'正月缇缟。缟也者，莎随也。缇也者，其实也。先言缇而后言缟者，何也？缇先见者也。'《释草》：'薃侯，莎，其实，媞。'按：缟、薃、镐，同字，许读《尔雅》镐侯为句。镐侯双声，莎随叠韵，皆累呼也。单呼则曰缟，曰莎。其根即今香附子。"[④]
（53）莔母即莐母，今之知母也。○《说文》有"莔，莔母"；又有"莐，草名"。《玉篇》："莐母，即知母。"药草也。明是一字，而徐氏别之。[⑤]（《通雅》卷四十一《植物·草》）	《说文·艸部》："莐，艸也。"段注曰："莔母前已见，则此非莔母也。……案：艸名之字，不当厕此。"[⑥]

① 方以智：《通雅》，第1214页。
② 段玉裁：《说文解字注》，第401页。
③ 方以智：《通雅》，第1243—1244页。
④ 段玉裁：《说文解字注》，第45页。
⑤ 方以智：《通雅》，第1245页。
⑥ 段玉裁：《说文解字注》，第43—44页。

续表

《通雅》对《说文》的疏证	《说文解字注》的疏证
（54）荏即苏也，亦呼为菩。〇《说文》："荏，桂苏。"而毛、郑以为戎菽，则管子之"胡豆"，非矣。菽，豆也；荏，苏也。徐曰："荏，白苏；桂荏，紫苏。"《方言》："关东、西谓之苏，或谓之荏，周郑间谓之公蕡，沅湘间谓之䓘，小者谓之蘸葇。"郭璞曰："公蕡音翡翠，今江东人呼荏为菩，长沙呼野苏为䓘，蘸葇，堇葇也。"[①]（《通雅》卷四十二《植物·草》）	《说文·艸部》："苏，桂荏也。"段注曰："'桂'上锴本有苏字，此复写隶字删之未尽者。苏，桂荏，《释草》文。《内则》注曰：'芗，苏桂之属也。'《方言》曰：'苏亦荏也，关之东西或谓之苏，或谓之荏。'郭璞曰：'苏，荏类。'是则析言之则苏、荏二物，统言则不别也，桂荏今之紫苏。"[②]
（55）荅，小豆也。〇《说文》："荅，小赤也。"《董仲舒注》云："菽是大豆，有两种，小豆名号三四种。"[③]时珍以为赤小豆。《穆天子传》："黑水之阿，爰有野麦，爰有答仪。"答，即荅也。[④]（《通雅》卷四十四《植物·谷蔬》）	《说文》"荅"字段注曰："《礼》注有麻荅。《广雅》云：'小豆，荅也。'假借为酬荅。"[⑤]

① 方以智：《通雅》，第1272页。

② 段玉裁：《说文解字注》，第23页。

③ 上海古籍本校勘记：董仲舒西汉人，在许慎前，不当为《说文》作注，此《董仲舒注》，似是指董仲舒文集之注。

④ 方以智：《通雅》，第1319页。

⑤ 段玉裁：《说文解字注》，第23页。

续表

《通雅》对《说文》的疏证	《说文解字注》的疏证
（56）薇，小巢菜也。○《说文》曰："薇，似藿。"《诗》之《采薇》，作于岁莫，至夏而刚也。《公食大夫礼》"铏芼：豕以薇"，非《尔雅》"薇，垂水"。元恪曰："薇，山菜，非垂水。"《广志》曰："薇叶似萍。"《本草》有薇，有白薇，疑即苦益菜，冬晚抽牙，至春柔美，夏而刚，宜芼豕。项安世曰："今之野豌豆也，蜀人谓之小巢菜，豌豆谓之大巢。"子瞻曰："巢元修嗜之，因名元修菜。"《诗正义》亦云："茎叶似小豆，蔓生。"[①]（《通雅》卷四十四《植物·谷蔬》）	《说文·艸部》："薇，菜也。似藿。"段注曰："谓似豆叶也。陆玑《诗疏》曰：'薇，山菜也。茎叶皆似小豆，蔓生，其味亦如小豆，藿可作羹，亦可生食。今官园种之，以供宗庙祭祀。'项安世曰：'薇，今之野豌豆也。蜀人谓之大巢菜。'按：今四川人掐豌豆嫩梢食之，谓之豌豆颠颠。古之采于山者，野生者也。《释草》云'垂水'，薇之俗名耳，不当以生于水边释之。"[②]
（57）莱，即《尔雅》之釐也。○《尔雅》曰："釐，蔓华。"《说文》曰："莱，蔓华。"则莱即釐矣。古莱音釐。《韵会》引《草木疏》曰："莱，藜也，叶可茹。兖州曰莱蒸。"一名落帚；旧说莱为夫须，乃苔也。按是灰涤菜，而蒿莱亦可通称。[③]（《通雅》卷四十四《植物·谷蔬》）	《说文》"莱"字段注曰："今《释草》作'釐，蔓华'，许所见作莱。《小雅》'北山有莱'之莱，未知即此与不也，经典多用为艸莱字。"[④]

① 方以智：《通雅》，第1326页。

② 段玉裁：《说文解字注》，第24页。

③ 方以智：《通雅》，第1326页。

④ 段玉裁：《说文解字注》，第46页。

续表

《通雅》对《说文》的疏证	《说文解字注》的疏证
（58）巂周也，燕燕也，乙也，别三名也。〇《说文》曰："巂周，燕也。"户圭切，"从屮，象其冠也，冏声。"别作规雉。《尔雅》本文曰："巂周，燕燕，乙。"陆玑曰："巂周，子规也；燕燕，则乙也。《说文》失《尔雅》之句读，误以周燕释巂。"智又按：孙炎曰："《尔雅》别三名也。"曰燕燕者，古人重言之……巂周或是燕名，陆元恪何据而以为子规，倘因规巂音近乎？后人因陆玑之解，则不当从许慎之句读而复用其所说周燕为子规矣。[①]（《通雅》卷四十五《动物·鸟》）	《说文》"巂"字段注曰："巂周，燕也。各本周上无巂，此浅人不得其句读，删复举之字也。《释鸟》：'巂周，燕燕，鳦。'孙炎、舍人皆云：'一物三名。'郭景纯、陆德明误读《说文》，灭去'一曰'二字，乃以子巂释巂周矣。巂周、子巂，异物而同字。《文选·七命》：'燕髀猩唇。'李云：'《吕氏春秋》曰：肉之美者，巂燕之髀。'此燕名巂周之证，今《本味篇》不同。"[②]
（59）鸧名秃鹙，一名扶老，或以为爰居。〇秃鹙，《说文》作"鸧"，俗曰鹚鸹，如鹈鹕，爪如鸡，取其毛为鹙翎。[③]（《通雅》卷四十五《动物·鸟》）	《说文·鸟部》："鸧，秃鸧也。鹙，鸧或从秋。"段注曰："《小雅》毛传：'鹙，秃鹙也。'张尚对孙皓曰：'鸟之大者有秃鹙。'《古今注》曰：'扶老，秃秋也。大者头高八尺。'李时珍说其形甚详，云'头项皆无毛'。此其称秃之故乎？"[④]

① 方以智：《通雅》，第1336—1337页。

② 段玉裁：《说文解字注》，第141页。

③ 方以智：《通雅》，第1356页。

④ 段玉裁：《说文解字注》，第152页。

续表

《通雅》对《说文》的疏证	《说文解字注》的疏证
（60）蛤、蜃、蠙、蠯、蚌……，皆海介物，两壳相合者也。〇蠙、蠯、蚌三字，乃一声之转，实一物也。《鳖人》："掌取互物，共蠯蠃蚳。"《尔雅》曰："蜌，蠯；蚌，含浆。"《说文》曰："蠯，蜌也。修为蠯，圆为蠇。""蚌，蜃属也。"蠙大而产珠多，故曰蠙珠。蠙因作琣、玭、琕。蠯，又作蠤。蛃蚌，又作鲋蜯、鲭蠬。《说文》曰："鲋，蚌也。"[①]（《通雅》卷四十七《动物·虫》）	《说文》"螷"字段注曰："陛各本作蜌，今《尔雅》同。《韵会》作陛，即蚌语之转也。当依《玉部》作玭，玭，'蚌之有声'者也。《释鱼》曰：'蜌，螷。'许无蜌字，故先螷而以陛释之。郭云：今江东呼蚌长而陕者为螷。"[②] 《说文》"蚌"字段注曰："蜃当作螷。《释鱼》曰：'蚌，含浆。'郑注《鳖人》云：'狸物，亦谓鱴刀、含浆之属。'按：珠出于蚌。《玉部》曰'玭，蚌之有声'者。"[③] 《说文》"鲋"字段注曰："蚌者，蜃属。亦名鲋。"[④]
（61）鳖、鮸，皆鲈也。〇鲈，巨口细鳞，似鳜，但四腮耳。海鲈肉粗曰鮸，《说文》："鱼，出薉邪头国。"亦作鳖。梧州出嘉鱼，亦似鲈。[⑤]（《通雅》卷四十七《动物·鱼》）	《说文》"鮸"字段注曰："隋炀责贡四方，海错几尽，首曰鮸鱼。按：今江浙人所食海中黄花鱼，干之为白鲞。即此鱼也。一名石首鱼，首中有二石。许云出薉邪头国者，盖许据所见载籍言之。《江赋》：'鲮鮆顺时而往还。'注云：'《字林》曰：鲮鱼，出南海，头中有石，一名石首。'然则此鱼又名鲮，南海亦有之。"[⑥] 按：方氏、段氏所言皆确。鮸，是鲈形目石首鱼科，鮸属，暖温性中下层鱼类。

① 方以智：《通雅》，第1400页。
② 段玉裁：《说文解字注》，第671页。
③ 段玉裁：《说文解字注》，第671页。
④ 段玉裁：《说文解字注》，第581页。
⑤ 方以智：《通雅》，第1409页。
⑥ 段玉裁：《说文解字注》，第579页。

续表

《通雅》对《说文》的疏证	《说文解字注》的疏证
（62）鳝、鱓、鳗、鲡、鳛，皆一类也。〇鳝别作鳅，鱓别作鲃、鳝。《南史》："王使人吞鲃。"今时珍音鲃为旦，非矣。鳗别作鳗。《说文》："鳛，鳝也。""鳝，鳛也。"《山海经》曰："涿光之山多鳛，鳛如鹊而十翼，衔火。"语曰："鲃则似蛇，鳛闻有翼。"[①]（《通雅》卷四十七《动物·鱼》）	《说文》"鳛"字段注曰："见《释鱼》，郭云：'今泥鳅。'按：《山海经》之鳛鱼，别是一物。"[②]
（63）铁落、铁蛾，即铁化也[③]。锴，精铁有白光也。〇锴，好铁也。《春秋传》有"文之锴"。平子赋："铜铁锡锴。"太冲赋："铜锴之垠。"《说文》曰："九江谓铁曰锴。"一曰白铁也。[④]（《通雅》卷四十八《金石》）	段氏于"锴"字无注。

① 方以智：《通雅》，第1416页。

② 段玉裁：《说文解字注》，第578页。

③ 上海古籍出版社于此处出校注："化"，《本草图经》云："铁落，俗呼为铁花。"是"化"字或为"花"字之误。

④ 方以智：《通雅》，第1422页。

续表

《通雅》对《说文》的疏证	《说文解字注》的疏证
（64）簁。〇所宜、所皆二切，治粒物别粗细也，即今世俗之筛字，又作籭、簛。又所倚切，《说文》曰："簁箄，竹器也。""籭，可以取粗去细。"《广韵》："簁，箩也。"今人亦曰箩筛。[①]（《通雅》卷四十九《谚原》）	《说文·竹部》："簁，簁箄，竹器也。"段注曰："按：簁箄，器名。以上下文例之，是盛物之器，而非可以取粗去细之器也。可以取粗去细之器，其字作籭，不作簁，若《广韵·支韵》云：'簁，下物竹器。'《纸韵》曰：'簁，箩也。'……'今俗作簁'，此皆用簁为籭，古今字变，非许意也。"[②] 《说文·竹部》："籭，竹器也。可以取粗去细。"段注曰："俗云簁箩是也。《广韵》云：'籭，盪也。能使粗者上存，细者盪下。'籭、簁古今字也。《汉·贾山传》作筛。"[③]
（65）簏。〇卢木切。《说文》曰："竹高匧也。"别作箓，今人作盝。杭州乡语至今呼簏，即遇小纸匣亦呼之曰纸簏。《国语》曰："市无赤米，而囷鹿空虚。""圆曰囷，方曰鹿。"方则有角，角鹿通也。[④]（《通雅》卷四十九《谚原》）	《说文·竹部》："簏，竹高箧也。从竹鹿声。箓，簏或从录。"段注曰："匧之高者，竹为之。"[⑤]
（66）泔。〇沽三切，潘也。《说文》曰："周谓潘曰泔。"今人通谓米泔水。又户感切，《汉书》曰："秬鬯泔淡。"[⑥]（《通雅》卷四十九《谚原》）	《说文·水部》："泔，周谓潘曰泔。"段注曰："今各处语言同此。《荀卿子》曰：'曾子食鱼有余曰泔之。'"[⑦]

① 方以智：《通雅》，第1441页。
② 段玉裁：《说文解字注》，第193页。
③ 段玉裁：《说文解字注》，第192页。
④ 方以智：《通雅》，第1441页。
⑤ 段玉裁：《说文解字注》，第194页。
⑥ 方以智：《通雅》，第1445页。
⑦ 段玉裁：《说文解字注》，第562页。

续表

《通雅》对《说文》的疏证	《说文解字注》的疏证
（67）楦。〇《说文》："楥，履法也。"所券切。鞋工木胎为楥头，改作楦，至今呼之。[①]（《通雅》卷四十九《谚原》）	《说文》"楥"字段注曰："今鞋店之楦也。楥、楦正俗字。"[②]
（68）鞔。〇《说文》曰："履空也。"徐曰："履空，履壳也。《吕览》曰：宋子罕之南家为鞔。"缦乐之缦与此同音。今人谓作鞋底曰鞔底。[③]（《通雅》卷四十九《谚原》）	《说文·革部》："鞔，履空也。"段注曰："小徐曰：'履空犹履壳也。'按：空、腔古今字，履腔如今人言鞋帮也。逋旁切。《吕氏春秋》曰：'南家工人也，为鞔者也。'"[④]
（69）籍。〇师交切。《说文》："陈留谓饭帚曰籍，或曰饭器，或作筲。一曰：宋魏谓箸桶为筲。"今则有籍箕之名，合之古饭器之语，是已。饭帚，则今之刷箸也。[⑤]（《通雅》卷四十九《谚原》）	《说文·竹部》："箱，陈留谓饭帚曰箱。从竹捎声。一曰饭器，容五升。一曰宋魏谓箸箭为箱。"段注曰："（陈留谓饭帚曰箱）饭帚者，所以埽残余之饭。……（一曰饭器，容五升）此说谓箱与籍同字也。（一曰宋魏谓箸箭为箱）箸箭者，所以盛饭敧之箭也。《方言》曰：'箸箭，陈楚宋魏之间谓之筲，或谓之籯。自关而西谓之桶檧。'按：筲即籍字。"[⑥]
（70）跻。〇《说文》："跻，曲胫马也，读与彭同。"凡夫曰："《方言》谓匍匐曰跻，江北则近杷字，借曲胫小犬曰矮跻狗，又曰蟹跻狗。"[⑦]（《通雅》卷四十九《谚原》）	《说文》"跻"字段注曰："《广雅》曰：'跻，跻躄也。'"[⑧]

① 方以智：《通雅》，第1446页。

② 段玉裁：《说文解字注》，第262页。

③ 方以智：《通雅》，第1446页。

④ 段玉裁：《说文解字注》，第108页。

⑤ 方以智：《通雅》，第1448页。

⑥ 段玉裁：《说文解字注》，第192页。

⑦ 方以智：《通雅》，第1449页。

⑧ 段玉裁：《说文解字注》，第84页。

续表

《通雅》对《说文》的疏证	《说文解字注》的疏证
（71）筐当。〇《说文》："椢，筐当也。"古悔切。《韩子》曰："玉卮无当。"言无底也，今人犹有此语。[①]（《通雅》卷四十九《谚原》）[②]	《说文》"椢"字段注曰："匡当，今俗有此语，谓物之腔子也。槶亦作簂，亦作蔮。《士冠礼》注云：'滕、薛名蔮为頍。'《释名》曰：'簂，恢也。恢廓覆发上也。鲁人曰頍，齐人曰帨。'按:郑、刘所说椢之一端耳。"[③]
（72）饟。〇《说文》："饟，昼食也。"《杂韵》用"餳"，今岭南作剧半本，啖饭食，曰饟午。[④]（《通雅》卷四十九《谚原》）	《说文》"饟"字段注曰："此犹朝曰饔、夕曰飧也。昼食曰饟，俗讹为日西食曰饟，见《广韵》。今俗谓日西为晌午，顷刻为半晌。犹饟之遗语也。"[⑤]
（73）衮。〇《说文》："炮肉，以微火温肉也。"乌痕切。今俗有此称。[⑥]（《通雅》卷四十九《谚原》）	段玉裁改"炮肉"为"炮炙"，后注解曰："炮炙也，炮炙异义皆得曰衮也。以微火温肉，依《广韵》所引本，《玉篇》同。既云炮炙，又云以微火温肉者，嫌炮炙为毛烧，故又足之，言不必毛烧也。微火温肉所谓炰也，今俗语或曰乌，或曰煨，或曰焖，皆此字之双声叠韵耳。"[⑦]

① 方以智：《通雅》，第1453页。

② 以下五例方氏均用今语说解《说文》字义，而《说文解字注》用文献疏证。

③ 段玉裁：《说文解字注》，第263页。

④ 方以智：《通雅》，第1455页。

⑤ 段玉裁：《说文解字注》，第220页。

⑥ 方以智：《通雅》，第1459页。

⑦ 段玉裁：《说文解字注》，第482页。

续表

《通雅》对《说文》的疏证	《说文解字注》的疏证
（74）连枷，今作连耞。〇打谷之器曰䍐夹，焦氏曰："《正韵》作连耞。"智按：《说文》："柫，连枷也。"[①]（《通雅》卷四十九《谚原》）	《说文·木部》："柫，击禾连枷也。"段注曰："《方言》曰：'佥，宋魏之间谓之欇殳，或谓之度，音量度。自关而西谓之棓，蒲项反。或谓之柫，音拂。齐楚江淮之间谓之柍，音怅快。亦音车鞅。或谓之桲。音勃。'《齐语》：'耒耜枷芟。'韦云：'枷，柫也。所以击草也。'《王莽传》：'必躬载柫。'《释名》曰：'枷，加也。加杖于柄头，以挝穗而出其谷也。或曰罗枷，三杖而用之也。或曰了了，杖转于头，故以名之也。'戴先生曰：'罗连，语之转。今连枷之制，与古同。'"[②]
（75）糕粲，舂䊓。〇《说文》："糕粲，散之也。"今作撒糕，即屑。舂米曰䊓，见《唐韵》，音罚。[③]（《通雅》卷四十九《谚原》）	《说文·米部》："（糕）糕粲也。"段注曰："糕粲双声字。今俗语尚如此。言之敛曰糕，言之侈曰粲，皆单呼也，累呼之曰糕粲。"[④]

① 方以智：《通雅》，第1466页。

② 段玉裁：《说文解字注》，第260页。

③ 方以智：《通雅》，第1466页。

④ 段玉裁：《说文解字注》，第333页。

表2：《通雅》间接疏证《说文》的例子

表2中，我们列出段氏玉裁《说文解字注》之疏证，期与《通雅》之《说文》疏证对比。

《通雅》对《说文》的疏证	《说文解字注》的疏证
（1）蔢霍之音。○郝京山……又曰："《说文》：'蔢，可以香口。'即霍音。"按：《说文》："蔢，薑属。"乃荽也，即今之芫荽，其味辛臭。古人有气触者统谓之香，岂定霍香？[①]（《通雅》卷二《疑始·论古篆古音》）	《说文·艸部》："蔢，薑属。可以香口。"段注曰："《既夕礼》'实绥泽焉'，注：'绥，廉姜。泽，泽兰也。皆取其香，且御湿。'按：绥者，蔢之假借字。一名山辣，今药中三柰也。"[②]
（2）互声之例。○智按：古无甄字。《说文》止有"甄，匋也。从瓦垔声"。居延切。《博雅》曰："甄，陶窑也。"则古以甄为甄无疑，沿汉以来，呼甄为真，故又立甄字。[③]（《通雅》卷二《疑始·论古篆古音》）	《说文·瓦部》："甄，匋也。"段注曰："匋者，作瓦器也。董仲舒曰：'如泥之在钧，惟甄者之所为。'《陈留风俗传》曰：'舜陶甄河滨。'其引申之义为察也、勉也。"[④] 按：段氏疏解为是。方氏认为"古以甄为甄无疑"似不确。
（3）雅故，雅言训故也。○《说文》："古，故也。"徐曰："十口所传，是前言也。"则古已函诂义，而故乃故攴也，攴即旧字。在今连用，可用训故。单用则《尔雅》之诂正矣。[⑤]（《通雅》卷三《释诂·缀集》）	《说文》"古"字段注曰："《邶风》《大雅》毛传曰：'古，故也。'《攴部》曰：'故，使为之也。'按：故者，凡事之所以然，而所以然皆备于古，故曰'古，故也'。《逸周书》：'天为古，地为久。'郑注《尚书》稽古为同天。"[⑥]

① 方以智：《通雅》，第124—125页。
② 段玉裁：《说文解字注》，第25页。
③ 方以智：《通雅》，第132页、第133页。
④ 段玉裁：《说文解字注》，第638页。
⑤ 方以智：《通雅》，第158页。
⑥ 段玉裁：《说文解字注》，第88页。

续表

《通雅》对《说文》的疏证	《说文解字注》的疏证
（4）听然，即辴然也。咍，嗤也。〇“吕安谓嵇康：‘我辈稍有菜色，反为肉食辈所哂。’”通作“听”。《上林赋》：“无是公听然而笑。”注作“龂”，齿本也。又通作“吲”。《晋书》：“王猛辞司徒疏：‘田千秋一言致相，匈奴吲之。’”又通作“矧”。《曲礼》：“笑不至矧。”注：“齿本也，大笑则见。”《宋书·王弘传》：“孙叔未进，优孟见弞。”又通作“辴”。《庄子》：“桓公辴然而笑。”一本作“辴”。左思：“东吴王孙，辴然而咍。”并与“哂”通。此字当从《说文》之“弞”为正，笑不坏面也[①]。通作矧，别作哂、吲、听、辴。辴通作“矧”。[②]（《通雅》卷四《释诂·古隽》）	《说文》“改”字段注曰：“笑不坏颜曰改。各本篆作弞，今正。……今：按《曲礼》‘笑不至矧’，注云：‘齿本曰矧，大笑则见此。’然则笑见齿本曰矧，大笑也。不坏颜曰改，小笑也。二义不当同音。”[③] 按：方氏虽误认“弞”为“矧”的本字，但其他论述则可作为《说文》“弞”的疏证材料。
（5）批伉，椎击其要也。〇《淮南》曰：“解捽者，不在于捌格，在乎批伉。”高诱音沈。韵书皆无此字，《说文》有抌字，竹甚切，“深击也”。又萧韵，又作䜋。今《唐韵·沁韵》惟有揕字。《史记》：“右手揕其胸。”揕即伉也。[④]（《通雅》卷五《释诂·古隽》）	《说文·手部》：“抌，深击也。”段注曰：“《刺客列传》：‘左手把其袖，右手揕其匈。’揕即抌字。”[⑤]

① 大徐本《说文·欠部》：“弞，笑不坏颜曰弞。”

② 方以智：《通雅》，第201—202页。

③ 段玉裁：《说文解字注》，第411页。

④ 方以智：《通雅》，第214页。

⑤ 段玉裁：《说文解字注》，第609页。

续表

《通雅》对《说文》的疏证	《说文解字注》的疏证
（6）媒但，诡谲也。〇《鸿烈解》曰："媒但者，非学谩也，但成而生不信。"高诱曰："但，犹诈也。"智以但与诞通。《说文》："诞，词诞也。"徐曰："妄为大言也。"然又为语词，如"诞置之隘巷"，明借用诞，是发语之诞乃借但之音，而媒但之但，乃借诞之义也。[①]（《通雅》卷五《释诂·古隽》）	《说文·言部》："诞，词诞也。"段注曰："此三字盖有误。《释诂》《毛传》皆云：'诞，大也。'"[②]
（7）谐际，谓谐合交际也。〇《唐书·房琯传》："与吕向隐陆浑，十年不谐际人事。"此字曾见六朝人用之。《庄子》"贵际"，注："贵交际也。"按《说文》："际，壁会也。""㿝，际见之白也。""隙，壁际空也。"则壁相交会之名，故借用之。[③]（《通雅》卷五《释诂·古隽》）	《说文》"际"字段注曰："两墙相合之缝也。引申之凡两合皆曰际。际取壁之两合，犹间取门之两合也。"[④]

① 方以智：《通雅》，第215—216页。

② 段玉裁：《说文解字注》，第98页。

③ 方以智：《通雅》，第235页。

④ 段玉裁：《说文解字注》，第736页。

续表

《通雅》对《说文》的疏证	《说文解字注》的疏证
（8）拆呼，犹罅漏也。[1]〇《韓文》："补苴罅漏。"即罅字。《说文》："罅，裂也，烧缶善裂。"[2]墉作罅。《笺》曰："一字重文。"……《尔雅》："蓊丑罅。"注谓："蝉属，剖拆母背以为孔罅而生。"郑渔仲曰："蛙虫有角甲者，啮桑类。罅，张拆也。此虫之僻，在乎张角拆甲。"此解是矣。郑康成注《易》甲拆曰："拆，呼也。"正以呼为罅。[3]（《通雅》卷五《释诂·古隽》）	《说文》"罅"字段注曰："《考工记·旊人》所谓薜也，引伸为凡裂之称。"[4]
（9）寂寞，一作宋莫、家漠、嗼嗼……〇《说文》本作嗼嗼，即寂寞也，一作宋莫。[5]（《通雅》卷六《释诂·谜语》）	《说文·口部》："嗼，嗼嗼也。"段注曰："按：《歺部》云：'寂蓦。'义略同。"[6]
（10）栖迟，一作棲迟、西迟……〇《说文》："屖迟也，从尸辛声。"徐曰："不进也。"扬雄赋："灵迟逞兮。"迟音栖，逞音迟。《严发碑》"西迟"，即栖迟。[7]（《通雅》卷六《释诂·谜语》）	《说文·尸部》："屖，屖迟也。"段注曰："三字为句。《玉篇》曰：'屖，今作栖。'然则屖迟，即《陈风》之栖迟也。《毛传》曰：'栖迟，游息也。'"[8]

① 原本作"折呼"，但是据方氏此条的论述可知，"折呼"之"折"当为"拆"字误。

② 大徐本《说文》作："罅，裂也，缶烧善裂也。"然而《说文通训定声》所引与《通雅》所引相同，皆作"罅，裂也，烧缶善裂。"余以为《通雅》与《说文通训定声》所引用《说文》为是。"烧缶"是主语，"善裂"是谓语，且它们结构对应。"烧"修饰"缶"，"善"修饰"裂"。大徐本《说文》作"缶烧善裂"，则"烧"为使动用法，即"使缶烧"，然而古代典籍中"烧"为使动用法罕见。

③ 方以智：《通雅》，第236页。

④ 段玉裁：《说文解字注》，第225页。

⑤ 方以智：《通雅》，第246页。

⑥ 段玉裁：《说文解字注》，第61页。

⑦ 方以智：《通雅》，第254页。

⑧ 段玉裁：《说文解字注》，第400页。

续表

《通雅》对《说文》的疏证	《说文解字注》的疏证
（11）参差，一作槮差、参縒、篸差、柴池、差池，又转为蹉跎、雈隤之声。○相如赋："柴池茈虒。"柴池即参差，作差池。《说文》有槮差、参縒、篸差之别，实一字累加也。[①]（《通雅》卷六《释诂·謰语》）	《说文·木部》："槮，木长貌。《诗》曰：'槮差荇菜。'"《竹部》："篸，篸差也。"[②]《糸部》"縒，参縒也"，段注曰："此曰参差，《木部》曰槮差，《竹部》曰篸差，又曰参差管乐，皆长短不齐貌也，皆双声字。《集韵》《类篇》皆引《说文》参縒也，谓丝乱貌。"[③]
（12）踟蹰，一作峙躇……○《说文》："躇，峙躇，不进也。"《刘宋书·乐志》引："五马立峙躇。"《长笺》引《诗》："搔首峙躇。"升庵引"跢跦"。富嘉《丽色赋》用"迟伫"，《茅山碑》用"迟蹰"，陆士衡诗用"踯躅"，五臣本作"彳亍"，又作踯躅。又有擲躅，亦谓其行貌也。[④]（《通雅》卷六《释诂·謰语》）	《说文》"躇"字段注曰："峙见《止部》，云：'躇也。'今按：当云：'峙躇也。'浅人删一字耳。"[⑤]

① 方以智：《通雅》，第256—257页。

② 大徐本《说文》作"篸，差也"。此据段注本。

③ 段玉裁：《说文解字注》，第646页。

④ 方以智：《通雅》，第257页。

⑤ 段玉裁：《说文解字注》，第83页。

续表

《通雅》对《说文》的疏证	《说文解字注》的疏证
（13）龙钟，一作陇种、踜踵、儱偅，转为笼东、泷冻。〇裴度曰："见我龙钟。"元载《别妻诗》："谁不厌龙钟？"退之诗："白首夸龙钟。"或言老，或言泪，或训小人行，总皆状其潦倒笨累耳。《指南》作"儱偅"。《北史》："宇文泰战败，敌兵追及，李穆以鞭击泰，骂曰：'笼东军士，尔主安在？'"笼东犹陇种。《说文》："泷冻，沾渍也。"[①]兵败披靡而退，如冒雨衣湿之状，俗谓水湿为泷冻。……林氏曰："《方言》：'泷涿谓之沾渍。'音笼冢。"此与《说文》相证，可存。[②]（《通雅》卷六《释诂·謰语》）	《说文·水部》："泷，雨泷泷貌。从水龙声。"段注曰："泷泷，雨滴貌也，音转读为浪浪，平声。《方言》曰：'泷涿谓之沾渍。'郭云：'泷涿犹濑滞也。'濑滞当作潥渧。《埤仓》云：'渧潥，漉也。'《通俗文》云：'霝滴谓之潥渧。'又《广韵》《集韵》皆云：'泷冻，沾渍也。'泷冻即泷涿也。《荀卿书》：'东笼而退。'杨倞云：'东笼即泷冻。'"[③]
（14）龃龉，因有鉏铻、鉏鋙、岨峿、齟齬、鉏牙。〇床吕、鱼吕切，本齿相差著也。敌有三十六龃龉，因作鉏铻，专为不相当之意。《文赋》："或岨峿而不安。"则又因山立义。《说文》本作"鉏鋙"。《考工·玉人》："大琮十有二寸，射四寸。"注："射其外鉏牙。"疏："言其外八角锋也。"鉏牙即龃龉。古吾与牙声通。[④]（《通雅》卷六《释诂·謰语》）	《说文·金部》："鋙，鉏鋙也。从金御声。铻，鋙或从吾。"段注曰："鉏音床吕切，鋙音鱼巨切，叠韵字。《齿部》：'龃龉，齿不相值也。'鉏鋙，盖亦器之能相抵拒错摩者，故《广韵》以不相当释鉏铻。《周礼·玉人》注云驵牙，《左传》人有名鉏吾者，皆此二者之同音假借。"[⑤]

① 大徐本《说文》不见有此释义。

② 方以智：《通雅》，第258页。

③ 段玉裁：《说文解字注》，第558页。

④ 方以智：《通雅》，第260页。

⑤ 段玉裁：《说文解字注》，第705页。

续表

《通雅》对《说文》的疏证	《说文解字注》的疏证
（15）憔悴，一作蕉萃……○《孟子》："民之憔悴于虐政。"《吴语》："人民离落，日以憔悴。"又《逸诗》："无弃蕉萃。"《索隐》引此《诗》作"顦悴"。《后汉·应劭传》引作"憔悴"。《汉·礼乐志》："纤微癄瘁之音作而民忧思。"《乐记》作"噍杀"。班固《答宾戏》："朝为荣华，夕而焦瘁。"唐人诗："为报故人顦顇尽。"并通。《说文》专主"顦顇"。[①]（《通雅》卷六《释诂·谜语》）	《说文·页部》："顦，顦顇也。""顇，顦顇也。"段玉裁注"顇"字曰："《小雅》：'或尽瘁事国。'传云：'尽力劳病以从国事。'《左传》引《诗》曰：'虽有姬姜，无弃蕉萃。'杜曰：'蕉萃，陋贱之人。'《楚辞·渔父》：'颜色憔悴。'王曰：'皯黴黑也。'班固《答宾戏》：'朝而荣华，夕而焦瘁。'其字各不同，今人多用憔悴字。"[②]
（16）离娄，转为丽廔。○《说文》："廔，屋丽廔也。"《广韵》作"䴡廔"，皆平声。离娄言其透明也。郝氏曰："古之至明者，因以为名。转为历录。"余以历录尚远，若丽廔则实因离娄也。《说文》瞴，莫浮切，"瞴娄，微视也。"读若眸娄。以此益证离娄为至明，古有此语。或称离朱，《山海经》作离俞。音近相借，如《春秋》郲娄为邹，可推。[③]（《通雅》卷六《释诂·谜语》）	《说文·广部》"廔"字段注曰："丽廔，读如离娄二音。'囧'字下曰：'窗牖丽廔闿明也。'《长门赋》《灵光殿赋》皆作'离楼'，谓在屋在墙囱牖穿通之貌。"[④]"丽廔"指窗牖光亮透明，"离娄"指人至明[⑤]。"离娄"转为"丽廔"[⑥]，因此"丽廔"亦透明之义。

① 方以智：《通雅》，第261页。

② 段玉裁：《说文解字注》，第421页。

③ 方以智：《通雅》，第269页。

④ 段玉裁：《说文解字注》，第445页。

⑤ 《说文·女部》"娄"字段玉裁注："人曰离娄，窗牖曰丽廔，是其意也。"（《说文解字注》，第624页）

⑥ "离娄""丽廔"皆为来纽的双声联绵词。

续表

《通雅》对《说文》的疏证	《说文解字注》的疏证
（17）储偫，即储跱，犹言储置也。〇《孙宝传》："为除舍，设储偫。"《后汉》："章帝巡狩，诏郡县无设储跱。"元和《南巡诏》："无设储跱。"又通作庤、峙。《诗》："以峙其粻。""庤乃钱镈。"是也。《说文》："庤，储置屋下也。"郝楚望曰："《汉·西域传》车师后国有新道通玉门关，车师后王以道当为拄置，心不便。"[①]拄置犹言储偫，遂以后世之处置，当储偫云。[②]（《通雅》卷七《释诂·谜语》）	《说文》"庤"字段注曰："庤与偫音义同。云'置屋下'者，以其字从广也。《周颂》：'庤乃钱镈。'传曰：'庤，具也。'"[③]
（18）邪揄，一作歋㱃，揶揄……。〇邪揄，举手笑也。王霸收兵于市，举手歋㱃之。罗友见鬼揶揄。……邪揄，乃笑人之声与状尔。别作歋㱃，《说文》曰："人相笑为歋㱃。"凡夫曰："今改作揶揄。"[④]（《通雅》卷七《释诂·谜语》）	《说文·欠部》："歋，人相笑相歋瘉。"段注曰："《后汉书·王霸传》：'市人皆大笑，举手邪揄之。'李注：'《说文》曰：歋㱃，手相笑也。歋音弋支反。㱃音踰，或音由。'按：据此注，似许书本有㱃篆。然许本无㡏，则无从欠㡏声之字可知。……瘉之或从歈，或作㱃，或作揄，或作擨。犹歋之或作擨，或作邪，或作揶，或作搋耳。此谓人相笑，故字从欠。"[⑤]

① 上海古籍本校勘记："玉关"，当作"玉门关"，脱"门"字。

② 方以智：《通雅》，第273页。

③ 段玉裁：《说文解字注》，第445页。

④ 方以智：《通雅》，第276页。

⑤ 段玉裁：《说文解字注》，第411页。

续表

《通雅》对《说文》的疏证	《说文解字注》的疏证
（19）䫜顤即凹硗，《说文》作聱顤。〇卢照邻文用“䫜顤”，即凹硗也。皮、陆唱和，皆押此䫜字。按《说文》：“聱顤，高也。”五到、五吊切。此孙氏方音也。实即䫜顤，古用磝碻，谓不平也，借以状面部不平，遂造聱顤字。[①]（《通雅》卷七《释诂·谜语》）	《说文·页部》：“聱，聱顤，高也。”段注曰：“当云头高也。《广韵》云：‘头长。’”[②]
（20）窈窕，一作窅窱、窋窱、挠挑、杳窱，转为穹窕、穹窅、窅窔。〇《释文》引《诗》“窈窕”作窅窱。《说文》于“窱”，训“杳窱也”；于“穹”，训“窅，深也”[③]；于“窔”，训“窅窔，深也”。皆上声，则穹、窅、窅、窔，皆一声之转耳。《西都赋》：“杳窱而不见阳。”《西京赋》：“望窋窱以径廷。”《庄子》“挠挑无极”，注：“幽远之义。”杜诗：“影动穹窕冲融间。”……愚曰：古人形容，俱是借字，如状宫室用“潭潭”、赞人曰“渊源”，必曰：此言水也。又当作何字乎？[④]（《通雅》卷七《释诂·谜语》）	《说文·穴部》：“窱，杳窱也。”“窵，窵窅，深也。”“窔，窅窔，深也。”段玉裁注解“窱”字曰：“《广雅》曰：‘窈窱，深也。’《西京赋》曰：‘望窋窱以径廷。’薛曰：‘过度之义也。’《集韵》曰：‘窋同窈。’”[⑤]

① 方以智：《通雅》，第290页。

② 段玉裁：《说文解字注》，第418页。

③ 此为连篆而读。《说文·穴部》：“穹窅，深也。”

④ 方以智：《通雅》，第292页。

⑤ 段玉裁：《说文解字注》，第346页。

续表

《通雅》对《说文》的疏证	《说文解字注》的疏证
（21）仓卒，一作苍踤，苍猝。○《汉·平帝纪》："仓卒时，横赋敛者，偿其值。"杜诗："贫窭有仓卒。"后汉、六朝多用"苍猝"。《说文》："踤，触也。一曰苍踤。"[①]（《通雅》卷七《释诂·谜语》）	《说文》"踤"字段注曰："一曰仓踤。今人多用苍猝，古书多用仓卒。"[②]
（22）解后，一作邂逅、迦逅、解遘。○《太玄·迎首》："迎父迦逅。"注："迦与邂同。"古用解后，别之加辵，《说文》载"邂逅"。《释文》："见此解遘。"解逅，不固之貌。[③]（《通雅》卷八《释诂·谜语》）	《说文新附·辵部》："邂，邂逅，不期而遇也。""逅，邂逅也。"段玉裁于此两字无注解。
（23）峥嵘，或为嵴峪、嶒嶒。外声为崚岣，转为嶙峋、峻嶒、崚嶒。○《说文》："嵘，嵴嵘也。"《高唐赋》："俯视嵴嵘。"扬子："似紫宫之峥嶒。"又《甘泉》："岭嶒嶙峋。"[④]（《通雅》卷八《释诂·谜语》）	《说文·山部》："嵴，嵘也。"段注曰："嵴嵘，山貌也。各本不完，今补。《方言》曰：'嵴，高也。'郭云：'嵴峪，高峻之貌也。'嵴今字作峥。"[⑤]

① 方以智：《通雅》，第299页。

② 段玉裁：《说文解字注》，第82页、第83页。

③ 方以智：《通雅》，第317页。

④ 方以智：《通雅》，第321—322页。

⑤ 段玉裁：《说文解字注》，第441页。

续表

《通雅》对《说文》的疏证	《说文解字注》的疏证
（24）崎岖，一作踦区、陭隔……攲嶇。〇《说文》："区，踦区，藏匿也。"《晋书·顾荣传》："崎岖艰险之中。"《刘琨传》史臣赞："踦嶇汾晋，契阔獯戎。"《宋书·庐江王祎传》："徼倖攲嶇，仅得自免。"[①]（《通雅》卷八《释诂·谜语》）	《说文》"区"字段注曰："踦区，臧隐也。踦区犹《危部》，《𨸏部》之攲嶇，彼言倾侧不安也，此言委曲包蔽也。"[②]
（25）嵚崟，一作礆硷，转为钦岩、钦喦。……又转巉喦、磛岩。〇《公羊传》："殽之嵚岩。"《榖梁》曰："岩唫之下。"音钦。《增韵》："嵚崟，或从石。"《韵略》："嵌岩，山险貌。"《庄子》："处嵁岩之下。"……《汉·相如传》："崭岩。"尖锐貌。杜诗："虎饥下巉喦。"《说文》："碞，磛碞也。"《韵会》载礹喦。总之，侵、覃、盐、咸，声皆相通，或词赋家随用者，韵书因而收之。[③]（《通雅》卷八《释诂·谜语》）	《说文·石部》："碞，磛喦也。从石品。"段注曰："磛碞也。磛碞各本作磛喦，非是。今依《集韵》《类篇》正。磛碞犹上文之磛礹，积石高峻貌也。"[④] 按：方氏所引用《说文》同于段氏所更正之"磛碞"。
（26）黔天，即黔天。〇智按：《说文》："黔，黎也。"巨淹切。又古咸切。黄黑也。当是黔字，而别其音。论其原，黔、黎，即谓其黄黑色也。[⑤]（《通雅》卷十一《天文·释天》）	《说文》"黔"字段注曰："黎，履黏也。与骊、黧字同音，故借为黑义。耇下曰：'老人面冻黎若垢。'谓冻黑也。俗作黧，小徐本作黧，乃用俗字改许也。"[⑥]

① 方以智：《通雅》，第322页。

② 段玉裁：《说文解字注》，第635页。

③ 方以智：《通雅》，第322页。

④ 段玉裁：《说文解字注》，第451页。

⑤ 方以智：《通雅》，第425页。

⑥ 段玉裁：《说文解字注》，第488页。

续表

《通雅》对《说文》的疏证	《说文解字注》的疏证
（27）郏县，音夹，属汝州。〇此乃楚公子围葬郏敖于郏。杜氏曰，属襄城。宋为颍昌府郏县，今时之汝州郏县也。郏鄏，《说文》曰："河南县直城门宫陌地。"在临汝，即今汝州。河南府之陕州，音闪，古西虢也，篆作𨸏。[①]（《通雅》卷十六《地舆·地名异音》）	《说文·邑部》："鄏，河南县直城门官陌地也。《春秋传》曰：'成王定鼎于郏鄏。'"段注曰："郏鄏，河南县直城门官陌地也。官，赵抄宋本、李仁甫本作宫，今《集韵》作宫，《类篇》作官，似官是。官陌即今云官路也。河南县者，二《志》皆云河南郡。河南郡县同名，故但云河南县，以别于凡县不云县也。若汉魏时碑则云河南河南矣。汉雒阳县，周之成周也。汉河南县，周之王城也。今河南河南府府东北二十里有雒阳故城府城，西北有河南故城。河南故城西有郏鄏陌，或谓之郏山。北二里曰邙山。"[②]
（28）句廉，岸曲之棱也。〇《赵充国传》："辛武贤击罕羌，入鲜水北句廉上。"服虔句音钩。师古曰："句廉，谓水岸曲有廉棱也。"《韵会》引《说文》："廉，仄也。"徐曰："廉，棱也。"今《说文》不载徐说，而徐解正合。按《丧大记》："即位于堂廉楹。"《乡饮酒》："设席于堂廉东上。"注皆谓："侧边廉棱也。"棱即廉之转声而闭口也。屋棱曰檐；厈棱曰衮；壁危曰阽，皆廉棱之声。[③]（《通雅》卷十七《地舆·释地》）	《说文·广部》："廉，仄也。"段注曰："此与广为对文，谓逼仄也。廉之言敛也，堂之边曰廉。天子之堂九尺，诸侯七尺，大夫五尺，士三尺，堂边皆如其高。《贾子》曰：'廉远地则堂高，廉近地则堂卑。'是也。堂边有隅有棱，故曰廉，廉隅也；又曰：廉，棱也。"[④]

① 方以智：《通雅》，第562页。

② 段玉裁：《说文解字注》，第287页。

③ 方以智：《通雅》，第617页。

④ 段玉裁：《说文解字注》，第444页。

续表

《通雅》对《说文》的疏证	《说文解字注》的疏证
(29)耽耳，即儋耳。〇《淮南》曰："耽耳在其北方。"注："耳垂肩上。"汉南海有儋耳郡，注作"瞻，大耳"。《说文》："耳曼无轮廓曰聃。"老聃以此名。子长疑太史儋即老聃，则儋、瞻、聃，一字。今儋州即儋耳，好戴棕帽如太笠，其"屠苏障日覆两耳"之意乎？①（《通雅》卷十八《身体》）	《说文·耳部》："聃，耳曼也。"段注曰："曼者，引也。耳曼者，耳如引之而大也。如曼肤、曼睩之曼。《史记·老子列传》曰：'姓李氏，名耳，字聃。'《史记索隐》、《老子音义》、《后汉书·桓帝纪》注、《文选·〈游天台山赋〉》注，所引皆如此。今本《史记》作'名耳，字伯阳，谥曰聃'，浅人妄改者也。"②
(30)掣纵曰瘈疭，手足掣纵，即筋惕肉眴也。〇瘈，尺世切，疭音纵。贾长沙用"蹶鳌"，亦谓掣纵反戾也。《伤寒》："强急，角弓反张，掣纵为痓。"痓一作痉，颠厥掣纵曰痫，小儿多有之。《汉·艺文志》有《瘈疭方》。《说文》作瘛疭，疾从疒，依《正韵》可。③（《通雅》卷十八《身体》）	《说文·疒部》："瘛，小儿瘛疭病也。"段注曰："师古云：'即今痫病。'按：今小儿惊病也。瘛之言掣也，疭之言纵也。《艺文志》有《瘛疭方》。"④ 按：方氏用"筋惕肉眴"释"瘈疭"比段氏更为明了，"筋惕肉眴"即今天所说的"痉挛"。
(31)噤痔，感寒健忍之状也。〇《说文》曰："寒病也。"孟郊诗："瘵毛各噤痔。"又作瘆。瘆，参上声；痔，所禁切。⑤（《通雅》卷十八《身体》）	《说文·疒部》："痔，寒病也。"段注曰："古多借洒为痔。《晋语》：'狐突曰：玦之以金铣，寒之甚矣。'韦注：'玦犹离也，铣犹洒也。洒洒，寒貌。'唐人旧音云：'洒或为洗。'《本草》为色洗洗，是寒貌。玉裁谓：凡《素问》《灵枢》《本草》言洒洒、洗洗者其训皆寒，皆痔之假借。古辛声、先声、西声同在真文一类。"⑥

① 方以智：《通雅》，第627页。
② 段玉裁：《说文解字注》，第591页。
③ 方以智：《通雅》，第631页。
④ 段玉裁：《说文解字注》，第352页。
⑤ 方以智：《通雅》，第631页。
⑥ 段玉裁：《说文解字注》，第349页。

续表

《通雅》对《说文》的疏证	《说文解字注》的疏证
（32）皲瘃，冻疮也。龟手，拘拆也。〇《赵充国传》："将士寒，手足皲瘃。"从军，音均；从豕，音筑。《说文》曰："中寒肿覈。"文颖曰："寒创也。"踊亦训瘃。向秀曰："龟，均拆也。"司马彪曰："文拆如龟文。"[①]（《通雅》卷十八《身体》）	《说文·疒部》："瘃，中寒肿覈。"段注曰："《赵充国传》：'手足皲瘃。'文颖曰：'瘃，寒创也。'按：肿覈者，肿而肉中鞕如果中有覈也。覈、核古今字。"[②]
（33）金口，即噤口。〇《荀子》："金口蔽舌。"[③]金即噤。古噤、唫、吟，随用。《素问》："呿唫。"闭口为唫。《韩非子·杨权篇》"公子既众，宗室忧唫"，《太玄》"唫首"，皆与噤同。《史·晁错传》："恐天下之士噤口，不敢复言。"《日者传》："怅然噤口不能言。"亦作黔。《说文》："口闭也。"退之《聊句》："直辞一以荐，巧舌千皆黔。"《梁冀传》："口吟舌言。"谓语吃也，亦噤意。《墨子》："近臣则喑，远臣则唫。"即吟。《吕览·审应篇》："君呿而不吟。"[④]高注："呿开，唫闭。"是"唫"讹。[⑤]（《通雅》卷十八《身体》）	《说文·口部》："噤，口闭也。"《说文》"噤"字段注亦论述了"吟"用为"噤"的现象："《史·淮阴侯传》：'虽有舜禹之智，吟而不言。'此假吟为噤也。"[⑥]

① 方以智：《通雅》，第633页。

② 段玉裁：《说文解字注》，第351页。

③ 《荀子·正论》："金舌弊口，犹将无益也。"（王先谦撰，沈啸寰、王星贤点校：《荀子集解》，北京：中华书局，1988年，第341页）

④ 上海古籍本校勘记："吟"，当是"唫"之误。

⑤ 方以智：《通雅》，第638页。

⑥ 段玉裁：《说文解字注》，第56页。

续表

《通雅》对《说文》的疏证	《说文解字注》的疏证
（34）重台，贱称。〇《卮言》："学羊欣书为重台。"盖梁武评欣书"如婢学夫人"也。《左传》："晡时为仆，日昳为台。"又曰："皂臣舆，舆臣台。"重台言婢之婢也。智按：《说文》："嬯，迟钝也。阘嬯亦如之。"《笺》云："阘嬯，浙之方言曰阿带，平声。改作儓。"马曰驽骀，盖本佞台之贱称也。[①]（《通雅》卷十九《称谓》）	段玉裁于《说文》"嬯"之"阘嬯"义，标明"未闻"。
（35）貤封，迻予也。〇貤，以豉切，移与也。《说文》曰："重次第物也。"《汉书》："民卖爵者无所流貤。"相如《赋》曰："貤丘陵，下平原。"师古曰："延也。"……《韵会》引小颜曰："欲卖爵者，无有差次，不得流行，故为差级。凡物一重为一貤。"《集韵》或作貹，又支韵。今士夫貤封即本此。[②]（《通雅》卷二十六《事制》）	《说文·贝部》："貤，重次弟物也。"段注曰："《汉书》注引作'物之重次弟也'。重次弟者，既次弟之，又因而重之也。汉武帝诏曰：'受爵赏而欲移卖者，无所流貤。'应劭训貤为移。《上林赋》说果树曰：'貤丘陵，下平原。'郭璞曰：'貤，犹延也。'按：卖爵者展转与人，蔓莚丘陵者层叠兹长，皆重次弟之意也。"[③]
（36）失阑，失阑入之禁也。〇《汉·王嘉传》"户殿门失阑，免"，注："阑，止人也。"《成帝纪》："阑入尚方掖门。"应劭曰："无符籍妄入宫。"《西域传》："阑出不禁。"《说文》作"䦨"："妄入宫掖也。"即阑字。[④]（《通雅》卷二十八《礼仪》）	《说文》"䦨"字段注曰："妄入宫亦也。亦旧作掖。师古注《汉》曰：'掖门在两旁，如人臂掖。'依许字例，当作亦也。《汉书》以阑为䦨字之假借。《成帝纪》：'阑入尚方掖门。'应劭曰：'无符籍妄入宫曰阑。'"[⑤]

① 方以智：《通雅》，第666页。

② 方以智：《通雅》，第842—843页。

③ 段玉裁：《说文解字注》，第281页。

④ 方以智：《通雅》，第887页。

⑤ 段玉裁：《说文解字注》，第590页。

续表

《通雅》对《说文》的疏证	《说文解字注》的疏证
（37）徽识之书，今之编册也。〇《司常》"掌九旂之物名，各有属以待国事"，注："属谓徽识也。"言事名号皆题别。疏云："《大传》云：'殊徽号。'"《昭公二十一年》："宋厨人濮曰：'扬徽者公徒也。'"是名徽也。"织文鸟章"，笺云："识，徽识也。"是名识也。郑又云："徽识之书则云某某之事，某某之名，某某之号。"今各衙门各典故皆有编册列之。识音志，即周之属也。《说文》："徽，衺幅也。一曰三纠绳也。""微，帜也。以绛徽帛著于背。"引《春秋传》："扬微者公徒。"若今救火衣。《集韵》或作旗，或曰琴节曰徽，亦有识意。[①]（《通雅》卷三十一《器用·书札》）	《说文·巾部》："微，帜也，以绛徽帛，箸于背。《春秋传》曰：'扬微者公徒。'"段注曰："微识也。三字一句。各本删微字，识作帜，今正。以绛帛，箸于背。各本绛下衍微字，误移识上之微于此也，今删。《六月》诗：'识文鸟章。'郑笺：'识，微识也。将帅以下衣皆箸焉。'《周礼·司常》：'掌九旗之物名，各有属以待国事。'郑注：'属谓微识也，《大传》谓之微号。今城门仆射所被及亭长箸绛衣，皆其旧象。'……《左传》曰：'扬微者公徒也。'杜注曰：'微，微识也。'《大传》曰：'殊微号。'……按：古朝觐军礼皆有微识，而微各书作徽，容是假借；识各书作帜，则是俗字。"[②]
（38）折简，折而叠之也。〇《说文》帖，他叶切，"帛书署也。"今用柬帖，亦置帛书署之义，专以尺牍所书为帖，若今俗则呼名刺为拜帖矣。宋子京以手简为手毕。宋元丰中，诏中书例写一本纳执政，分令诸房揭贴。谓揭而贴之。古贴、帖通用，《世说》"以如意帖之"，是也。今人因有揭帖之名。[③]（《通雅》卷三十一《器用·书札》）	《说文》"帖"字段注曰："《木部》曰：'检，书署也。'木为之谓之检，帛为之则谓之帖，皆谓幖题，今人所谓签也。"[④]

① 方以智：《通雅》，第955页。"扬"字，黄山本作"杨"（第5册第461页）。

② 段玉裁：《说文解字注》，第359页。

③ 方以智：《通雅》，第956页。

④ 段玉裁：《说文解字注》，第359页。

续表

《通雅》对《说文》的疏证	《说文解字注》的疏证
（39）署书者，户册也。〇宋景文公云："萧何自题苍龙、白虎二阀，后世署书由何始。"《书史》言："萧何与张良、陈隐等，论笔者意也。时谓之萧籀。其题观，谓之署书。又有名鹤头书、偃波书、蚊脚书者，皆诏版所用。"《说文》曰："扁，署也，从户从册。户册者，署门户之文也。"①（《通雅》卷三十二《器用·书法》）	《说文》"扁"字段注曰："（户册者，署门户之文也）署门户者，秦书八体，六曰署书。萧子良云：'署书，汉高六年萧何所定，以题苍龙、白虎二阙。'"②
（40）油素，上素也。〇《说文》："素，白緻绘也。"小颜曰："素，谓绢之精白者，用写书。刘向典校书籍，缮写用上素。《古诗》中有尺素书，谓绢也。"③（《通雅》卷三十二《器用·装治》）	《说文》"素"字段注曰："缯之白而细者也。……郑注《杂记》曰：'素，生帛也。'然则生帛曰素，对湅缯曰练而言。以其色白也，故为凡白之称。"④

① 方以智：《通雅》，第975页。

② 段玉裁：《说文解字注》，第86页。

③ 方以智：《通雅》，第988页。

④ 段玉裁：《说文解字注》，第662页。

续表

《通雅》对《说文》的疏证	《说文解字注》的疏证
（41）古以泥封检而印之，曰斗检封。○《周礼·司市》注："玺节、章，如今斗检封矣。"疏曰："案汉法：斗检封，其形方，上有封检，其内有书。则周时印章上书其物，识事而已。"《说文》："检，书署也。"徐曰："书函之盖也。三刻其上，绳缄之。然后填泥题书而印之。"《汉书》："金泥玉检。"《后汉·公孙瓒传》："皂囊施检。"后用纸作黏，黏而印之，殊为省事。[①]（《通雅》卷三十二《器用·印章》）	《说文》"检"字段注曰："书署谓表署书函也。《后汉·祭祀志》曰：'尚书令奉玉牒检，皇帝以二分玺亲封之，讫，太常命人发坛上石，尚书令藏玉牒已。复石覆讫，尚书令以五寸印封石检。'按：上云'玉牒检'者，玉牒之玉函也，所谓玉检也。下云'石检'者，上文云'石覆讫'是也。检以盛之，又加以玺印。《周礼》注曰：'玺节，印章。如今斗检封矣。'《广韵》云：'书检者，印窠封题也。'则通谓印封为检矣。《公孙瓒传》曰：'袁绍矫刻金玉以为印玺。每有所下，辄皂囊施检。'"[②]
（42）笼络之器亦曰杯笿，不必杯桊也，转为不落。○《说文》："箁，笿也。"[③]向不知其解。智以为即落字，犹宋人钲上之茖，从省文也。又按"匲，杯也"，则杯落，谓笼类也。《方言》："杯落，又谓之豆筥。"《孟子》"杯棬"，赵岐曰："杯，素也。"智谓如今之蒸笼、柳斗之类。后世则称杯托、酒托，亦称酒衣。[④]（《通雅》卷三十三《器用·古器》）	《说文·竹部》："箁，杯笿也。从竹夅声。或曰盛箸笼。"段注曰："《广雅》曰：'箁，杯落也。'"[⑤]

① 方以智：《通雅》，第1002页。

② 段玉裁：《说文解字注》，第265页。

③ 大徐本《说文·竹部》："箁，杯笿也。或曰盛箸笼。"

④ 方以智：《通雅》，第1026页。

⑤ 段玉裁：《说文解字注》，第193页。

续表

《通雅》对《说文》的疏证	《说文解字注》的疏证
（43）墙居，薰笼也。〇即篝也。篝一名笿，笿音落。《楚辞》："秦篝、齐缕、郑绵络。"注："篝，落也，又笼也，可薰衣。"《方言》："陈、楚、宋、卫谓之墙居。"注："今薰笼。"杯落，又曰豆筥。盖又为盛杯器笼。《说文》："篝，笿也，可薰衣。"《史记》"篝火"，注："以笼覆火也。"[①]（《通雅》卷三十四《器用·杂用诸器》）	《说文》"篝"字段注曰："《广韵》曰：'熏笼。'……《方言》曰：'篝，陈、楚、宋、魏之间谓之墙居。'《广雅》：'篝，笼也。薰篝谓之墙居。'"[②]
（44）甀缶，小口罂也。〇缶，即盎也。大腹而敛口。盆则敛底而宽上，缶字或作瓿，瓿甊，小罂也。《说文》："瓴也。"……《方言》："关西河汾，大者谓之甀，中者谓瓿甊。关东赵魏之郊曰瓮，或曰罂。齐海岱谓之甈。周、洛、韩、郑谓甀，或谓罂。缶，谓之瓿甌，小曰瓶。甇甊谓之盎，关西或曰盆、曰盎，小者曰升瓯。"[③]（《通雅》卷三十四《器用·杂用诸器》）	《说文·瓦部》："瓿，瓴也。"段注曰："《玉篇》：'瓿甊，小罂也。'《广韵》同。"[④]
（45）铃鐪[⑤]、钩铚，犁与镰也。〇《说文》："锲，镰也。"《龚遂传》注："钩，镰也。"《方言》："刈钩，江、淮、陈、楚谓鉊、锅，关西曰钩、镰、锲。"今天下皆呼钩镰。刈禾短镰曰铚。[⑥]（《通雅》卷三十四《器用·杂用诸器》）	《说文》"锲"字段注曰："《方言》曰：'刈钩，江淮陈楚之间谓之鉊，或谓之鐹，自关而西或谓之钩，或谓之镰，或谓之锲。'锲，郭音结。《刀部》曰：'钊，镰也。'即《方言》之刈钩也。"[⑦]

① 方以智：《通雅》，第1031—1032页。

② 段玉裁：《说文解字注》，第193页。

③ 方以智：《通雅》，第1036—1037页。

④ 段玉裁：《说文解字注》，第639页。

⑤ "钤"字当误，依上下文意，应为"铃"。

⑥ 方以智：《通雅》，第1043—1044页。

⑦ 段玉裁：《说文解字注》，第707页。

续表

《通雅》对《说文》的疏证	《说文解字注》的疏证
（46）筳篿，或作挺专，九姑课折草卜也。〇《说文》："筟，筳也。"繀丝筦也。筟车即纺车，筳谓小管也。……《急就》有"榑榼椑榹"。榑一作槫，小卮。《说文》作䵅，其形团。榑与篿通，竹木异耳。其实篿，圜竹器也。……《说文》："专，六寸簿也。"《笺》云："不可解。"智按：《后汉书》单用梃专，《方言》博局亦曰死专，篿以叀加寸竹，盖编竹为之。[①]（《通雅》卷三十四《器用・杂用诸器》）	《说文》"筟"字段注曰："筳、筦、筟，三名一物也。《方言》曰：'繀车，赵魏之间谓之轣辘车，东齐海岱之间谓之道轨。'按：自其转旋言之，谓之历鹿，亦谓之道轨，亦谓之鹿车。自其箸丝之筳言之，谓之繀车，亦谓之筟车。实即今之籰车也。"[②] 《说文・卮部》："䵅，小卮也。"段注曰："颜师古《急就篇》：'槫榼椑榹。'槫即䵅也。"[③] 《说文》"专"字段注曰："六寸薄，盖笏也。"[④]
（47）拔发谓之鉗，后作镊。〇《南齐书》："废帝言太翁高祖曰：'为人作曾祖而拔白发乎。'即擲镜、镊。"[⑤]按：《说文》："鉗，钻也。"《玉篇》："鉗，拔发也。"凡夫曰：兼鉗，江北曰折镊。[⑥]（《通雅》卷三十四《器用・杂用诸器》）	《说文》"鉗"字段注曰："此与《竹部》'籋'义同音近。"[⑦]又《说文・竹部》："籋，箝也。"段注曰："二字双声。夹取之器曰籋。今人以铜铁作之，谓之镊子。"[⑧]

① 方以智：《通雅》，第1049—1050页。

② 段玉裁：《说文解字注》，第191页。

③ 段玉裁：《说文解字注》，第430页。

④ 段玉裁：《说文解字注》，第121页。

⑤ 此句来自《南史・齐本纪》，方氏盖误记为《南齐书》。

⑥ 方以智：《通雅》，第1053页。

⑦ 段玉裁：《说文解字注》，第707页。

⑧ 段玉裁：《说文解字注》，第195页。

续表

《通雅》对《说文》的疏证	《说文解字注》的疏证
（48）安哉之器，盖言䭉也。〇《太平御览》："李尤有《安哉之铭》曰：'安哉令名，甘旨是盛。埏埴之巧，甄陶所成。食彼美珍，思此鹿鸣。'"则为饮食之器明矣。智以古哉与裁、载通。《说文》："䭉，设饪也，从丮从食才，读若载。"慎之曰："见《石鼓文》。"考《石鼓》"䭉卤䭉北"，谓"载西载北"也。……文有讹异，或作虚字用。然证知《说文》有本，证知哉、载、䭉同音，而安哉之为安䭉，近是矣。黄、方、阴、凌韵书，皆未收"安哉"，与仲雍之孰哉。上古未必如今日佻巧，其用哉，非才意必是载意。曰䭉者，正谓载熟食于器也。[①]（《通雅》卷三十四《器用·杂用诸器》）	《说文·丮部》："䭉，设饪也。读若载。"段注曰："饪，宋本作食，《玉篇》同。《广雅·释言》曰：'䭉，设也。'又《释诂四》曰：'饥，词也。'钱氏大昕定饥为䭉字之误。古用为发语之载也，如《石鼓诗》载作䭉。"[②]
（49）汉人呼辔为龙头统，即羁靮也。〇《说文》："韅，箸掖鞥也。""鞥，辔鞥，一曰龙头统。"智按即今所呼笼头也。[③]（《通雅》卷三十五《器用·戎器》）	《说文》"鞥"字段注曰："一曰䮾头绕者，䮾各本作龙，《玉篇》作笼。而《玉篇·有部》䮾下曰：'马䮾头。'《吴都赋》云：'羁䮾。'则䮾头为长，笼近之，龙非也。䮾头即羁也，绕，缠也。者当作也，鞥之言罨也。"[④]

① 方以智：《通雅》，第1056页。

② 段玉裁：《说文解字注》，第113页。

③ 方以智：《通雅》，第1071页。

④ 段玉裁：《说文解字注》，第109页。

续表

《通雅》对《说文》的疏证	《说文解字注》的疏证
（50）觼舌，轼上系辔之环也。〇《诗》："鋈以觼軜。"音玦衲。《说文》："觼，环之有舌者。"今俗呼觼舌，或作鐍。……环而有舌，自设机轴，与锁鐍相类，故有其名，未可知也。[①]（《通雅》卷三十五《器用·车类》）	段玉裁注解《说文》"觼"为"（许谓）环中有横者以固系"[②]，"横者"盖即方氏所谓的"机轴"，以固系辔之用；"锁鐍"中亦有"机轴"，以固物防盗之用。
（51）布母縛，小衣也，棉胎曰核。〇《说文》："（縛）蔮貉中女子无袴，以帛为胫空，用絮补核，名曰縛衣。"智见粤傜及南楚苗，妇人皆无袴，惟以布一幅，斜鞔其体，自胫以下露之。南丹及贵州赤溪以西之苗，则妇着裙，富者衣数裙，织绒为锦缘之。[③]（《通雅》卷三十六《衣服·彩服》）	《说文》"縛"字段注曰："无绔者，无左右各一之绔也。帛，依《急就篇》当作布。空、腔古今字。核当作覈，果覈之引申也。帛为胫腔，褚以絮而裹之，若今江东妇之卷胖，胖音如滂去声，是名縛衣，亦曰母縛。《急就篇》曰：'襌衣蔽膝布母縛。'盖蔽膝、縛衣、襜三者相似，故曰状如襜。"[④]
（52）帖领曰偃领。〇《礼记》"被頛黼"，注："卿大夫之妻，刺黼以为领，如今偃领矣。"《尔雅》："黼领谓之襮。""刺黼文以褗领。"[⑤]孔颖达曰："偃领之制，亦无可知。"《说文》："褗，褔领也。"《笺》未详，智按：谓偃领也。领以绣缘，二十年前，大家皆尚之。[⑥]（《通雅》卷三十六《衣服·彩服》）	《说文》"褗"字段注曰："褗领也，三字句。褗领各本讹褔领，字之误也，今正。《方言》曰：'袚谓之褗。'郭曰：'即衣领也。'戴先生云：'袚即《玉藻》《深衣》《曲礼》之袷字，交领也。'《尔雅》：'黼领谓之襮。'孙炎曰：'绣刺黼文以褗领也。'《士昏礼》注：'卿大夫之妻刺黼以为领，如今偃领矣。'偃即褗字，褗领古有此语。"[⑦]

① 方以智：《通雅》，第1076页。

② 段玉裁：《说文解字注》，第188页。

③ 方以智：《通雅》，第1107页。

④ 段玉裁：《说文解字注》，第655页。

⑤ 上海古籍本校勘记：本句为《尔雅》注文，"刺"字上又脱"绣"，因此，当于其上补"注绣"二字。

⑥ 方以智：《通雅》，第1111页。

⑦ 段玉裁：《说文解字注》，第390页。

续表

《通雅》对《说文》的疏证	《说文解字注》的疏证
（53）须捷犹言细屑，楼裂犹言蓝缕。〇《方言》曰："布而无缘，敝而紩之，谓之褴缕。"又曰："楚人衣被丑敝，谓之须捷，亦曰楼裂，亦曰挟斯。"智以楼裂，即蓝缕之转音也。陈后山《和黄预久雨》诗："贫可舀须捷，恩当记庾廖。"蓝缕一作蓝蒌，《楚世家》"荜路蓝蒌"，《说文》"褴，裯谓之褴缕。褴，无缘也"，正取《方言》之语，谓无饰也。[①]（《通雅》卷三十六《衣服·彩服》）	《说文》"褴"字段注曰："裯谓袛裯。《九辨》：'被荷裯之晏晏。'王曰：'裯，袛裯也。'《方言》曰：'裯谓之褴。'郭注：'袛裯，敝衣，亦谓褴褛。'按：《说文》褛字疑衍，袛裯亦名褴耳，不如郭说也。褴，无缘衣也。衣字依《韵会》补。《方言》又曰：'无缘之衣谓之褴。''楚谓无缘之衣曰褴。'故袛裯无缘则谓褴也。"[②]
（54）唐谓袪曰袖头小称；宋谓袖口曰袖缴，即出袖缘口也。〇《说文》："袪，尺二寸。"引《春秋传》："披斩其袪。"徐曰："今衣袖口，俚言袖缴也。"《礼记·玉藻》注疏云："谓袂末。"又《檀弓》注："褎缘，袂口也。"《诗》"羔裘豹袪"，疏云："是袖之大者，袪是袖头小称。"洪武定庶民袖桩，广一尺，袖口五寸。[③]（《通雅》卷三十六《衣服·彩服》）	《说文·衣部》："袪，衣袂也。……袪，尺二寸。《春秋传》曰：'披斩其袪。'"段注曰："《郑风·遵大路》《唐风·羔裘》传皆曰：'袪，袂也。'按：袪有与袂析言之者，《深衣》注曰：'袪，袂口也。'《丧服记》注曰：'袪，袖口也。'《檀弓》注曰：'袪，袖缘口也。'《深衣》《丧服》且袂与袪并言，盖袂上下径二尺二寸，至袪则上下径尺二寸，其义当分别也。若《诗》之两言袪，则无庸分别。"[④]

① 方以智：《通雅》，第1113页。

② 段玉裁：《说文解字注》，第392页。

③ 方以智：《通雅》，第1114页。

④ 段玉裁：《说文解字注》，第392页。

续表

《通雅》对《说文》的疏证	《说文解字注》的疏证
（55）缝解曰绽，补绽曰組。〇《说文》："袒，衣缝解也。"直翁载徐曰："今俗作绽。"《内则》："衣裳绽裂。"《增韵》亦作組。《崔寔传》："期于补绽决坏，枝柱邪倾。"《古艳歌行》："兄弟两三人，流荡在他县。故衣谁当补，新衣谁当绽？"《礼韵》組字各出今附。智按：《艳歌》下文曰："览取为吾組。"組袒同押，则异义明矣。细论皆分出之字，而当时亦有通借者。凡夫讥人以但裼为袒裼，肉膻为肉袒，而不知引此诗为证。又按：《说文》："裼，袒也。"则许氏又以袒裼相通称矣，安知非缝解之袒字误耶？古定有殿音，袒与县叶。[①]（《通雅》卷三十六《衣服·彩服》）	《说文》"袒"字段注曰："许书无绽字，此即绽字也。许书但裼字作但，不作袒。今人以袒为袒裼字，而但、袒二篆本义俱废矣。《内则》曰：'衣裳绽裂。'绽或作袒。郑曰：'绽犹解也。'绽尚未解而近于解，故曰犹。俗语引伸为饱满幢裂之称。按：袒为衣缝解，故从衣。組为补缝，故从糸，音同而义相因也。"[②] 《说文》"裼"字段注曰："但也。但各本作袒，今正。《人部》曰：'但者，裼也。'故此云'裼者，但也'，是为转注。……经传凡单言裼者，谓免上衣也。凡单言袒者，谓免衣肉袒也。肉袒或谓之袒裼。《释言》《毛传》皆曰：'袒裼，肉袒也。'是也。许君肉袒字作膻，在《肉部》。而袒作但，与裼互训。"[③]
（56）鞜裒，生革履也。絨鞎，缘履圆條也。〇《长杨赋》："圣人革鞜不穿。"絨，织綵为之。《说文》："絨，采章也。"《广韵》："絨，纻布也。"则《潜夫论》"葛子升越"之越矣。缎，履跟之帖也，以絨为帖也。[④]（《通雅》卷三十六《衣服·彩服》）	《说文·糸部》："絨，采彰也。一曰车马饰。"段注曰："彰者，彣彰也。为五采彣彰可以缘饰之物也。"[⑤]

① 方以智：《通雅》，第1116—1117页。

② 段玉裁：《说文解字注》，第395—396页。

③ 段玉裁：《说文解字注》，第396页。

④ 方以智：《通雅》，第1117页。"缎"字，黄山本作"緞"（第6册第64页）。《说文·韦部》："韍，履后帖也。缎，韍或从糸。"

⑤ 段玉裁：《说文解字注》，第655页。

续表

《通雅》对《说文》的疏证	《说文解字注》的疏证
（57）木舄曰屐，草履曰屩，苞枲织曰𦄵𧂭。〇𦄵，圆头掩上之履也。《说文》：“紨，枲履。”《广韵》：“𦄵，小儿皮屦，音𦄵，又巴讲反。”智以为今之鞋帮，升庵所云“高墙也”。[①]（《通雅》卷三十六《衣服·彩服》）	《说文》“紨”字段注曰：“枲者，麻也。《急就篇》：‘屐屩𦄵𧂭。’今俗语履之判合为帮，读如邦。”[②]
（58）㡁鎝，帘綫也。〇鎝，《说文》：“以金有所冒也。”《广韵》曰：“器物鎝头。”《外戚传》：“切皆铜沓。”冒即鎝字[③]，此言车上垂帘网络纷冒也。[④]（《通雅》卷三十七《衣服·佩饰》）	《说文》“鎝”字段注曰：“以金有所冃也，冃各本作冒。凡覆乎上者，头衣之义之引申耳。輨下曰：‘毂端鎝也。’鎝取重沓之意，故多借沓为之。《汉·外戚传》：‘切皆铜沓，黄金涂。’谓以铜冒门限，以黄金涂铜也。高注《吕览》郈氏‘金距’云：‘以利铁作假距，沓其距上。’即服注《左传》以金鎝距也。”[⑤]
（59）门限曰切，一曰门榍。〇《汉·赵后传》：“切皆铜沓冒，黄金涂。”谓门限也。阈之上棱为切。《说文》：“限，一曰门榍。”先结切。智永作铁门限。[⑥]（《通雅》卷三十八《宫室》）	《说文·𨸏部》：“限，阻也。一曰门榍。”段注曰：“《广韵》：‘度也，齐也，界也。’皆其引申之义。一曰门榍也。此别一义，而前义可包之。《木部》曰：‘榍，门限也。’是为转注。”[⑦]

① 方以智：《通雅》，第1118页。
② 段玉裁：《说文解字注》，第661页。
③ 依文意，“冒”字当是“沓”字误。
④ 方以智：《通雅》，第1127页。
⑤ 段玉裁：《说文解字注》，第714页。
⑥ 方以智：《通雅》，第1153页。
⑦ 段玉裁：《说文解字注》，第732页。

续表

《通雅》对《说文》的疏证	《说文解字注》的疏证
（60）重轑犹重栎，言其密互也。○《张敞传》："得之殿屋重轑中。"苏林曰："重棼也，音老。"师古曰："今之廊舍，一边虚为两夏者。"[①]按轑为车盖弓，此当是橑。《说文》曰："橑，椽也。"《楚辞》："兰橑。"孙愐曰："橑，檐棼，亦椽桷也。"《吴志·太史慈传》："射贼，贯贼手著棼。"[②]时贼攀楼也；棼橑之间，何以藏人乎？褚少孙载曼倩识驺牙之事，言得之重栎中。重栎，栏楯之下重栏也，栎，音历，与轑读了相转耳。[③]（《通雅》卷三十八《宫室》）	《说文》"橑"字段注曰："《九歌》曰：'桂栋兮兰橑。'王云：'以木兰为榱也。'按：《西都赋》：'列棼橑以布翼。'下又云：'裁金璧以饰当。'《西京赋》：'结棼橑以相接。'下又云：'饰华榱与璧当。'《魏都赋》：'棼橑复结。'下又云：'朱桷森布而支离。'橑必与棼连言，而别于榱桷，则榱桷为屋椽，橑为复屋之椽可知。檐霤在复屋，故《广韵》曰：'屋橑，檐前木。'此櫺橑二篆相属亦此意也。当是本作'橑，櫺椽也'，谓属于櫺之椽。"[④]

① 《汉书·张敞传》："果得之殿屋重轑中。" 苏林曰："轑，椽也。重轑，重棼中。"师古曰："重棼即今之廊舍也，一边虚为两夏者也。轑音老。棼音扶分反。"（《汉书》，北京：中华书局，1962年，第3225页）

② 《三国志·吴书·太史慈传》："尝从策讨麻保贼，贼于屯里缘楼上行詈，以手持楼棼，慈引弓射之，矢贯手著棼，围外万人莫不称善。"（《三国志》，北京：中华书局，1982年，第1190页）

③ 方以智：《通雅》，第1155页。

④ 段玉裁：《说文解字注》，第255页。

续表

《通雅》对《说文》的疏证	《说文解字注》的疏证
（61）甓祴，今之甃地也。〇《说文》曰：“（甓）瓴甓也。”“墼，瓴适也。”郭氏曰：“即今砖甗也。”[1]㕓累以砖甗为障。按瓴甓即今甓瓴，本仰瓦之沟也，所谓建瓴也。砖坏曰墼，垒砌曰甃。甃地中平，四边必通霤匽，则亦沟意也。今街道及庭院多以砖侧累之，园亭有累瓦成水纹者，取其滤水，有似于瓴。中饱边庳，匠呼曰鲼鱼背，此之谓瓴甓祴。祴、陔、阶，皆通用。[2]（《通雅》卷三十八《宫室》）	《说文·瓦部》：“甓，瓴甓也。从瓦辟声。《诗》曰：‘中唐有甓。’”段玉裁改《说文》“甓”的释义“瓴甓也”作“甓，令适也”，疏曰：“大徐适作甓。《陈风》：‘中唐有甓。’传曰：‘甓，令适也。’《释宫》同。郎丁、都历二反。《尔雅》作‘瓴甋’。俗字也。《土部》‘墼’字解亦云‘令适’。《考工记》注作‘令甓’。实一物也。详‘墼’字注。”[3]《说文·土部》“墼，瓴适也”，段注：“《瓦部》‘甓’下曰：‘令甓也’，按：令甓即令适也。甓适墼三字同韵。《释宫》曰：‘瓴甋谓之甓。’郭云：‘甗砖也。’《陈风》：‘中唐有甓。’传曰：‘甓，令适也。’字作令适、零嫡二音，加瓦者俗字也。甗砖亦皆俗字，砖古只作专。”[4]
（62）垩墍，圬墁也。〇《山海经》：“陆郈之山，其下多垩；大次之山，其阳多垩。”今《本草》则载白墡，以嫌白恶字，改为墡，不知乃白垩。《周礼》：“祧则黝垩之。”《匠人》“白盛”，蜃灰也。《扬雄传》“獿人”，注：“古之善涂墍者。”“墍，今之仰泥也。”智按：俗作雪洞、承尘，多用仰涂之法。《说文》引“杇槾”，或从土。[5]（《通雅》卷三十八《宫室》）	《说文·木部》：“杇，所以涂也。秦谓之杇，关东谓之槾。”段注曰：“涂者，饰墙也。《土部》曰：‘墐，涂也。’‘墍，仰涂也。’‘墀，涂地也。’《论语》曰：‘粪土之墙，不可杇也。’”[6]

① 《尔雅·释宫》：“瓴甋谓之甓。”郭璞注：“甗砖也，今江东呼瓴甓。”

② 方以智：《通雅》，第1158页。

③ 段玉裁：《说文解字注》，第639页。

④ 段玉裁：《说文解字注》，第687页。

⑤ 方以智：《通雅》，第1160页。

⑥ 段玉裁：《说文解字注》，第256页。

续表

《通雅》对《说文》的疏证	《说文解字注》的疏证
（63）井幹，言阑干纵横也，或谓之银床。〇《说文》："韓，井垣也。从韦，取其帀也，倝声。"隶省作韩，今作榦，或作幹。《文选》谢玄晖诗注："铜雀台一名井榦楼。"《汉书》："武帝立井榦楼，高五十丈。"音韩。师古曰："积木高于楼，若井幹之形也。井幹，井上木栏也，亦作韩，其形四角或八角。"又谓之银床，皆井栏也。扬子《重黎》篇"或问茅焦历井榦之死"，司马注曰："谓始皇杀谏者二十七人，积之如井榦。"支矣。京山解《井卦》，言："曾见古井以木交午，叠起成井，曰井幹。"[①]（《通雅》卷三十八《宫室》）	《说文·韦部》："韓，井垣也。从韦，取其帀也；倝声。"段玉裁改"韓"的释义作"韓，井桥也"，疏曰："桥，各本作垣，今依《史记·孝武本纪》索隐正。'井桥'见《曲礼》《庄子》《说苑》《淮南子》。《曲礼》：'奉席如桥衡。'注曰：'桥，井上挈皋，衡上低昂者。'《庄子》曰：'凿木为机，后重前轻，挈水若抽，数如泆汤，其名为槔。'槔本又作桥。《淮南书》：'今夫桥直植立而不动，俯仰取制焉。'高曰：'桥，桔皋上衡也。'《说苑》曰：'为机重其后，轻其前，命曰桥，终日溉韭，百区不倦。'桥，陆《音义》音居庙反。按：其义当同挢，举也。'井韓'见《史》《汉》，《孝武纪》《封禅书》《郊祀志》《枚乘传》，《庄子·秋水》篇，其字多作井榦。司马彪云：'井榦，井阑也。'崔譔云：'井以四边为榦，犹筑之有桢榦。'晋灼曰：'井上四交之榦，常为汲者所契伤。'是诸家皆说井榦为井阑。按：并韓为木架，四围，中其围横圜木为桥，毌两旁木，有轴可转。中设鹿卢，县绠上下，故言桥而韓见也。"[②]

① 方以智：《通雅》，第1163—1164页。

② 段玉裁：《说文解字注》，第236页。

续表

《通雅》对《说文》的疏证	《说文解字注》的疏证
（64）承霤谓之笕。〇程大昌曰："《说文》：'霤，屋水流也。堂中有天井处。'"智按：《说文》"屋水流也"，并无下语；天井乃院中露处，解霤反支。《老学庵笔记》曰："临江萧氏，五代时，祖仕湖南，亡命匿人家霤槽中。江湖谓霤为笕，世世祠笕头神。"戴氏"笕，一作枧，古作建，建瓴"是也。《檀弓》疏："承霤以木为之，宫中以铜，用行水。"俗呼阁漏。《方言》之"翫"即霤。《仪礼》东霤，门内霤。《月令》："祀中霤。"注："古复、穴，开上取明溜雨，因名室之中庭为中霤。"[①]（《通雅》卷三十八《宫室》）	《说文》"霤"字段注曰："《水部》曰：'濩，霤下貌也。'《释名》曰：'中央曰中霤。古者寝穴，后室之。霤，当今之栋下直室之中。古者霤下之处也。'"[②]
（65）念室、动止、稽留，皆拘系之称，因指圜土。〇《说文》："獄，狱司空也。"息兹切。郎瑛载："司空为狱名，司空官名，獄乃司空之狱也。"[③]（《通雅》卷三十八《宫室》）	《说文·㹜部》："獄，司空也。复说狱司空。"段注曰："复说狱司空。此句上有夺字。某复者，姓名也。某复说狱司空曰獄，别一义也。《周礼》：'司救役诸司空。'注：'如汉法城旦、舂、鬼薪、白粲之类。'《儒林列传》：'大后怒曰：安得司空城旦书乎？'徐广曰：'司空，掌刑徒之官也。'如淳说：'都司空主罪人。'应劭《汉官仪》曰：'绥和元年，罢御史大夫官，法周制，初置司空。议者又以县道官有狱司空，故覆加大，为大司空。'是则汉时有都司空，有狱司空，皆主罪人，皆有治狱之责。"[④]

① 方以智：《通雅》，第1167页。

② 段玉裁：《说文解字注》，第573页。

③ 方以智：《通雅》，第1171页。

④ 段玉裁：《说文解字注》，第478页。

续表

《通雅》对《说文》的疏证	《说文解字注》的疏证
（66）浊醪，今浮滓酒也。〇《说文》畚，芳万切，“酒疾熟也。”孙愐作：“畚，一宿酒也。”[①]（《通雅》卷三十九《饮食》）	《说文·酉部》：“畚，酒疾孰也。”段注曰：“《广韵》云：‘一宿酒谓一宿而孰也。’”[②]
（67）汁谓之涪，涪滓曰肬，涪凝曰定。〇《说文》：“盬，血醢也。”他感切。《礼记》有“盬醢”，以牛干脯梁𥻆盐酒也。铉曰：“肬，肉汁滓也。”智断曰：肬即涪之滓，定乃涪之凝者，涪盖汁之通称。[③]（《通雅》卷三十九《饮食》）	《说文》“盬”字段注曰：“《肉部》曰：‘肬，肉汁滓也。’按：醢多汁则曰肬醢。以血为醢则曰盬醢。其多汁汪郎相似也。故从肬。”[④]
（68）蕙定，秒定也。〇《说文》曰：“春分而禾生，夏至晷景可度。禾有秒，秋分而秒定。律数，十二秒而当一分，十分而寸。其以为重：十二粟为一分，十二分为一铢，故诸程品，皆从禾。”今历大率一分百秒，或八十秒。函盖则每度六十分，一分六十秒，其义盖本乎此也。[⑤]（《通雅》卷四十《算数》）	《说文·禾部》：“称，铨也。春分而禾生。日夏至晷景可度。禾有秒[⑥]，秋分而秒定。律数，十二秒而当一分，十分而寸。其以为重：十二粟为一分，十二分为一铢，故诸程品，皆从禾。”段注曰：“度起于十二秒，权起于十二粟。”[⑦]度量始于“秒”，时间亦可始于“秒”。

① 方以智：《通雅》，第1176页。

② 段玉裁：《说文解字注》，第747页。

③ 方以智：《通雅》，第1196页。

④ 段玉裁：《说文解字注》，第214页。

⑤ 方以智：《通雅》，第1206—1207页。

⑥ 《说文·禾部》：“秒，禾芒也。”古人用“禾芒”做计量单位，《说文》“称”之释义有“禾有秒，秋分而秒定。律数，十二秒而当一分，十分而寸”说，故段氏曰“度起于十二秒”。

⑦ 段玉裁：《说文解字注》，第327页。

续表

《通雅》对《说文》的疏证	《说文解字注》的疏证
（69）十发曰程。章程，法式也。○《汉·高纪》："张苍定章程。"如淳曰："章，历数之章术；程者，权衡斗甬丈尺之法。"[①]《说文》曰："程品也。十发曰程，十程为分，十分为寸。"秦之"程书"，则犹称秤之称也，因有程课之义。有计路，则曰路程。[②]（《通雅》卷四十《算数》）	段玉裁也指出"程"有"法式"义，段氏依小徐本《说文系传》作"程，程品也"予以疏证："大徐无'程'字。按此三字为句……品者，众庶也。因众庶而立之法，则斯谓之程品。上文言诸程品可证矣。《荀卿》曰：'程者，物之准也。'《月令》：'陈祭器，按度程。'注：'程谓器所容也。'《汉书》：'张苍定章程。'如淳云：'章，历数之章术也。程者，权衡丈尺斗斛之平法也。'"
（70）一丈曰筵。○《说文》引《周礼》："度堂以筵。"筵一丈。又铺陈曰筵。《礼·司几筵》疏："初在地者一重，谓之筵。"[③]（《通雅》卷四十《算数》）	《说文·竹部》："筵，竹席也。《周礼》曰：'度堂以筵。'筵一丈。"段注曰："《周礼·司几筵》注曰：'筵亦席也。铺陈曰筵，藉之曰席，然其言之筵席通矣。'"[④]

① 《汉书·高帝纪》："天下既定，命萧何次律令，韩信申军法，张苍定章程。"如淳曰："章，历数之章术也。程者，权衡丈尺斗斛之平法也。"

② 方以智：《通雅》，第1207页。

③ 方以智：《通雅》，第1229页。

④ 段玉裁：《说文解字注》，第192页。

续表

《通雅》对《说文》的疏证	《说文解字注》的疏证
（71）琼花、玉蕊、山矾、桅子，升庵一之，元瑞四之。以山矾为七里香，则沈括所谓芸也。〇《说文》曰：“芸，似苜蓿。”《杜阳编》言：“芸出于阗国。”元载造芸辉堂是也。《梦溪》曰：“辟蠹用芸，今七里香。叶类豌豆，丛生，秋间微白如粉污，辟蠹殊验。南人采置席下，能去蚤虱。”《王氏谈录》曰：“文丞相秦亭分遗，种之家庭，如苜蓿尤香。此乃牛芸，《尔雅》所谓‘权，黄华’者。”……辟蠹之芸，则七里香也。[①]（《通雅》卷四十二《植物·草》）	《说文·艸部》：“芸，艸也。似目宿。”段注曰：“《夏小正》：‘正月采芸，为庙采也。二月荣芸。’《月令》：‘仲冬芸始生。’注：‘芸，香草。’高注《淮南》《吕览》皆曰：‘芸，芸蒿，菜名也。’《吕览》曰：‘菜之美者，阳华之芸。’注：‘芸，芳菜也。’贾思勰引《仓颉解诂》曰：‘芸蒿似斜蒿，可食。’沈括曰：‘今谓之七里香者是也。叶类豌豆，其叶极芬香。古人用以藏书辟蠹，采置席下，能去蚤虱。’”[②]
（72）东壁谓蘧麦、石竹为洛阳花，近矣，而非一也。〇《说文》：“蘧麦。”徐曰：“今瞿麦，又名句麦。”《尔雅》：“大菊，蘧麦也。”若《尔雅》“出隧，蘧蔬”，则菰菌矣。东壁谓蘧麦名石竹子、南天竹草，《日华本草》以为燕麦、杜姥草者误。盖燕麦即雀麦，雀瞿相讹。至曰石竹子，即洛阳花，今名洛阳锦，绝不似竹，有五色。其后此而开者曰翦春罗，大者曰翦绒花，原自不一，瞿麦则野生也。石竹子是王留类。南天竹是种之庭中，结子如珠，秋冬红者。北人以虞美人为罂粟，毋乃似之。虞美人亦有吴蜀二种。[③]（《通雅》卷四十二《植物·草》）	《说文·艸部》：“蘧，蘧麦也。”段注曰：“三字一句。《释草》曰：‘大菊，蘧麦。’《本草》谓之瞿麦，一名巨句麦。《广雅》谓之紫萎，一名麦句姜。俗谓之洛阳花，一名石竹。”[④] 按：方氏辨“蘧麦”甚明，认为与石竹形似而非一物：蘧麦野生，而石竹子是王留类。段氏则不辨两者之异，谓“蘧麦”俗谓洛阳花，一名石竹，非是。

① 方以智：《通雅》，第1263页、第1264页。

② 段玉裁：《说文解字注》，第31页。

③ 方以智：《通雅》，第1268页。

④ 段玉裁：《说文解字注》，第24页。

续表

《通雅》对《说文》的疏证	《说文解字注》的疏证
（73）栝，结子松也。枞，凤尾松也。桧、椈，皆柏也。〇《说文》曰："柏，鞠也。"其兼柏叶者，谓之二色桧。……《尸子》曰："松柏之鼠，不知堂密之有美枞。"《记》曰："鬯臼以椈。"郑氏曰："柏也。"此即许氏所谓鞠。[①]（《通雅》卷四十三《植物·木》）	《说文》"柏"字段注曰："《释木》曰：'柏，椈。'《杂记》：'畅臼以椈。'郑曰：'椈，柏也。'按：椈者，鞠之俗。柏，古多假借为伯仲之伯，促迫之迫。"[②]
（74）石檀者梣槻，今秦皮也。〇《说文》曰，"梣"或作"棉"。《淮南子》曰："梣色青，治翳目。"高诱曰："苦历木也。"按即今之秦皮是也。木似檀，取皮，水渍之碧色，一名石檀，又作杩，《集韵》曰："樊槻皮能渍水和墨以书，不脱。"樊规即梣。[③]（《通雅》卷四十三《植物·木》）	《说文·木部》："梣，青皮木。从木岑声。棉，或从寖省。"段注曰："《淮南书》曰：'夫梣木色青，愈翳，而蠃蜗愈睆，此皆治目之药也。'高曰：'梣木，苦历木名也，生于山。剥其皮，以水浸之，正青，用洗眼，愈人目中肤翳。'……按：《本草经》谓之秦皮。以一名岑皮而声误作秦耳。其木一名石檀。陶隐居云'是樊槻木'。槻音规。《集韵》云：'江南樊鸡木。其皮入水绿色，可解胶益墨。'樊鸡即樊槻也。"[④]

① 方以智：《通雅》，第1281页。

② 段玉裁：《说文解字注》，第248页。

③ 方以智：《通雅》，第1291页。

④ 段玉裁：《说文解字注》，第241页。

续表

《通雅》对《说文》的疏证	《说文解字注》的疏证
（75）茎叶皆名若。槲若、杜若、禾若、丹若是也。杜若，非杜衡也。〇槲若，疗血痢止渴，木高丈余，若其叶也。与栎似，斗小不中用。杜若见《楚辞》，别名白芩、白连。……今或谓红蔻为杜若，或呼青皮香树为杜若。《说文》：“穌，把取禾若也。”又曰：“禾若，秧穰也。”则禾稭亦谓之若。石榴谓之丹若。《南史》：“朱百年伐樵采若。”[①]（《通雅》卷四十三《植物·木》）	《说文·禾部》：“秧，禾若，秧穰也。”段注曰：“若即上文之䅹也。若者，择菜也。择菜者必去其边皮。因之凡可去之皮曰若。竹皮亦曰箬。《汉书》：‘印累累，绶若若。’累累，重积也。若若，如箨若之多也。秧穰叠韵字。”[②]
（76）榛、梓，皆榛也。榛实当作亲。〇《蜀都赋》：“榛栗罅发。”榛与榛同。郑玄曰：“鄘坊多，故从秦。”非也，秦、辛皆声。《说文》：“亲，果也。”“榛，木也。”引《左传》：“女挚不过亲栗。”或欲别于榛楛耳。冯嗣宗曰：“诸家所云，茎既似栎，子又如杼，两榛俱有实如栗。今之榛实，并与栗胡桃不同，此诸家不善说物，盖谓如萸栗之至小者耳。今以塞外之亲，与云南之亲为美，并呼为榛，南方诸志且作蓁栗，而树更高，何得曰不似栎耶？”《岭表录异》曰：“核桃出毕占国，仁似新罗松子味。”元美亦云：“巴旦杏，不堪食，而仁甘于榛，鬆于榧。”嗣宗独何疑胡桃之不足以比亲子味乎？[③]（《通雅》卷四十三《植物·木》）	《说文·木部》：“亲，果，实如小栗。《春秋传》曰：‘女挚不过亲栗。’”段注曰：“《韵会》作‘木名，实如小栗’六字。《周礼·笾人》《记·曲礼》《内则》《左传》《毛诗》字皆作榛，假借字也。榛行而亲废矣。郑云：‘如栗而小。’与许合。《齐民要术》引《诗义疏》云：榛栗有二种。……《蜀都赋》作榛。”[④]

① 方以智：《通雅》，第1294页。
② 段玉裁：《说文解字注》，第326页。
③ 方以智：《通雅》，第1297页。
④ 段玉裁：《说文解字注》，第239页。

续表

《通雅》对《说文》的疏证	《说文解字注》的疏证
（77）甘蔗亦曰藷蔗，曰诸柘，或作肝𦢊。〇曹子建有《都蔗诗》，《六帖》云："张协有《都蔗赋》。"吴氏《林下偶谈》曰："甘蔗亦谓之诸蔗。"智按：《说文》："藷，藷蔗也。"《笺》曰："甘蔗一名甘藷。"智以古无麻韵，遮与庶音近，故后人合诸蔗称之，相如《赋》："诸柘巴且。"诸柘，即蔗也。[1]（《通雅》卷四十四《植物·木》）	《说文》"藷"字段注曰："或作诸蔗，或都蔗。藷蔗二字叠韵也。或作竿蔗，或干蔗，象其形也。或作甘蔗，谓其味也。或作邯睹。服虔《通俗文》曰：'荆州竿蔗。'"[2]

① 方以智：《通雅》，第1314页。

② 段玉裁：《说文解字注》，第29页。

续表

《通雅》对《说文》的疏证	《说文解字注》的疏证
（78）果隋，犹言果蓏也。〇《货殖传》："楚越之地，饭稻、羹鱼，果隋蠃蛤，不待贾而足。"张守节《正义》："隋音摇，果摇犹摇叠包果也。"[①]升庵引《说文》："椭，车笭中椭椭器也。"《尔雅》："贝蟥小而椭。"狭长也。《急就章》注："椭，秃颇切，小桶也，以盛盐豉。"《正义》既谬，杨说甚支。按《汉书》作"果窳"，可谓明证，窳当是蓏。《说文》："在木曰果，在地曰蓏。"朗果切。《玉篇》："蔓生无核曰蓏。"椭、蓏音通，而隋从椭省，此易解也。今狭长之椭作撱，从手。[②]（《通雅》卷四十四《植物·谷蔬》）	《说文·艸部》："蓏，在木曰果，在地曰蓏。"段注曰："在木曰果，在草曰蓏。各本作'在地曰蓏'，今正。考《齐民要术》引《说文》：'在木曰果，在草曰蓏。'以别于许慎注《淮南》云：'在树曰果，在地曰蓏。'然则贾氏所据未误，后人用许《淮南》注、臣瓒《汉书》注改之。惟'在草曰蓏'，故蓏字从艸。凡为传注者主说大义，造字书者主说字形，此所以注《淮南》、作《说文》出一手而互异也。应劭、宋衷云：'木实曰果，草实曰蓏。'与《说文》合。若张晏云：'有核曰果，无核曰蓏。'臣瓒云：'木上曰果，地上曰蓏。'马融、郑康成云：'果，桃李属。蓏，瓜瓠属。'高注《吕氏春秋》云：'有实曰果，无实曰蓏。'沈约注《春秋元命苞》云：'木实曰果。蓏，瓜瓠之属。'韩康伯注《易传》云：'果蓏者物之实。'说各不同，皆无不合。"[③]

① 《史记·货殖列传》："总之，楚越之地，地广人希，饭稻羹鱼，或火耕而水耨，果隋蠃蛤，不待贾而足。"张守节正义："隋，今为'箠'，音同，上古少字也。蠃，力和反。果箠犹箠叠包裹也，今楚越之俗尚有'裹箠'之语。楚、越水乡，足螺鱼鳖，民多采捕积聚，箠叠包裹，煮而食之。班固不晓'裹箠'之方言，修《太史公书》述《地志》，乃改云'果蓏蠃蛤'，非太史公意，班氏失之也。"

② 方以智：《通雅》，第1325页。

③ 段玉裁：《说文解字注》，第22页。

续表

《通雅》对《说文》的疏证	《说文解字注》的疏证
（79）知雨之鹬，非翠冠之鹬也。〇陈藏器曰："求泥涂，鸣鹬鹬，人以为田鸡所化，鹌鹑类也。"《说文》曰："鹬，知天将雨则鸣。"时珍曰："田间小鸟，将雨则鸣。"或近之。苏秦云"鹬蚌相持"，即此。[①]（《通雅》卷四十五《动物·鸟》）	《说文·鸟部》："鹬，知天将雨鸟也。《礼记》曰：'知天文者冠鹬。'"段注曰："《释鸟》：'翠，鹬。'李巡、樊光、郭璞皆云一鸟，许于《羽部》曰：'翠，青羽雀也。'合此条知其读不同，各为一鸟。"[②]
（80）鵱鷜，蒌鹅也。〇《玉篇》有"鵱鷜"。按《说文》："鵱，蒌鹅也。"谓在芦间，乃野鹅也。家鹅谓之舒雁。[③]（《通雅》卷四十五《动物·鸟》）	《说文》"鵱"字段注曰："《释鸟》：'鵱鷜，鹅。'郭云：'今之野鹅。'"[④]又《说文》"鴈"字段注曰："李巡云：'野曰鴈，家曰鹅。鹅谓之舒鴈者，家养驯不畏人，飞行舒迟也。'是则当作舒雁，谓雁之舒者也。雁在野，鹅为家雁也。"[⑤]
（81）蜻蛚即蟋蟀，一作蟋䗛。〇《乐府》有《蜻蛚》篇，即蟋蟀。一作"蟋䗛"，《说文》作"悉䗛"。墨泽善斗，吴中养之，以仰头、卷须、练牙、踢腿为四病。七月鸣，又曰"趣织"，《乐府》作"促织"。[⑥]（《通雅》卷四十七《动物·虫》）	《说文·虫部》："䗛，悉䗛也。"段注曰："《唐风》：'蟋蟀在堂。'传曰：'蟋蟀，蛬也。'按：许书无蛬字，今人假蛩为之。"[⑦]

① 方以智：《通雅》，第1355页。
② 段玉裁：《说文解字注》，第153页。
③ 方以智：《通雅》，第1358页。
④ 段玉裁：《说文解字注》，第152页。
⑤ 段玉裁：《说文解字注》，第152页。
⑥ 方以智：《通雅》，第1390页。
⑦ 段玉裁：《说文解字注》，第666页。

续表

《通雅》对《说文》的疏证	《说文解字注》的疏证
（82）蝾即螽。〇《说文》曰："螽，蝗也。""蝗，螽也。"以股鸣者。蔡邕亦曰："螽，蝗也。"李巡曰："螽，蝗子也。"陆玑曰："今人谓蝗子为螽，兖人谓之螣。"蝗、螽一物也；草虫、负蠜、常羊一物也。蜇螽，幽人谓之舂箕，即舂黍，蝗类也。长而青，其股似玳瑁，五月中以股相切作声。蟿螽，螇蚸，似蚸蜙而细长，飞翅作声者。土螽，蠰溪，今曰土蝾，江南呼虴蛨，即吒蜢，今作蚱蜢。虴、蚱、蝾一字，似蝗而小，善跳。向解牵扰，此其概也。[①]（《通雅》卷四十七《动物·虫》）	《说文》"螽"字段注曰："蝗下曰：'螽也。'是为转注。按：《尔雅》有𧒂螽、草螽、蜇螽、蟿螽、土螽，皆所谓螽丑也。蜇螽，《诗》作斯螽，亦云螽斯。毛、许皆训以蜙蝑，皆螽类而非螽也。惟《春秋》所书者为螽。"[②] 《说文》"蝗"字段注曰："《蚰部》曰：'螽，蝗也。'是为转注。《汉书·五行传》曰：'介虫之孽者。'谓小虫有甲飞扬之类。阳气所生也，于《春秋》为螽，今谓之蝗。"[③]
（83）魶即鳎。〇相如《赋》曰："禺禺魼鳎。"《史记》作"魶"，《说文》曰："鰨，似鳖无甲，有尾无足，口在腹下。"与鮀相类。鮀，水母目虾之物，今名折头，鳎则福州之铜盆鱼也。《唐韵》鳎似鲇，四足。则单据郭说也。[④]（《通雅》卷四十七《动物·鱼》）	《说文》"鰨"字段注曰："按：此篆《玉篇》作鰨，《广韵》作魶。《史记》《上林赋》有魶字，云：'魶一作鳎。'"[⑤]

① 方以智：《通雅》，第1391页、第1392页

② 段玉裁：《说文解字注》，第674页。

③ 段玉裁：《说文解字注》，第668页。

④ 方以智：《通雅》，第1409页。

⑤ 段玉裁：《说文解字注》，第575页。

续表

《通雅》对《说文》的疏证	《说文解字注》的疏证
（84）忽雷，鳄也。〇《洽闻志》："鳄鱼，别号忽雷，熊能制之，握其嘴至岸，食之。一名骨雷。秋化为虎，三爪。"鹿甚畏鳄。《说文》："蝉，似蜥蜴，长丈。"《笺》曰："鳄也。"自退之驱鳄后，至宋咸平中，通判陈尧佐捕鳄，获之，其害始绝。[①]（《通雅》卷四十七《动物·鱼》）	《说文》"蝉"字段注曰："（蝉）俗作蝉、鳄、鱷。"[②]
（85）玻璃，本作颇黎。〇颇黎，国也。《玄中记》云："大秦有五色颇黎。"《梁四公子记》："扶南人来买颇黎镜。"蔡绦曰："御库有波黎母。"《集注》曰："流璃，火齐珠也。"《魏略》："大秦国出火齐、玫瑰。"《唐书》："罗刹国有火齐。"《续汉书》云："哀牢地出火精、琉璃。"《演繁露》谓："天竺有火齐如云母。"则同名者也。《说文》："鏏锑，火齐也。"近三保太监出西洋，携烧玻瓈人来，故中国玻瓈顿贱。[③]（《通雅》卷四十八《金石》）	《说文·金部》："鏏，鏏锑，火齐。"段注曰："《玉部》曰：'玫瑰，火齐也。'然则鏏锑即玫瑰也。《广韵》：'火齐似云母，重沓而开，色黄赤似金，出日南。'"[④]

① 方以智：《通雅》，第1409—1410页。

② 段玉裁：《说文解字注》，第672页。

③ 方以智：《通雅》，第1426页。

④ 段玉裁：《说文解字注》，第714页。

续表

《通雅》对《说文》的疏证	《说文解字注》的疏证
（86）石流黄，今作硫黄，犹朴消之为硝也。或作石流丹。〇硫黄，古作流黄，机上流黄，亦取流黄之色也。《说文》："莀，可以染留黄。"盖言染色，即流黄色也。……留、磂、流、硫，并通。[1]（《通雅》卷四十八《金石》）	《说文·艸部》："莀，艸也。可以染留黄。"段注曰："《糸部》綟下曰：'帛莀草染色也。'留黄，辞赋家多作流黄，皇侃《礼记义疏》作駵黄。"[2]
（87）痱。〇方吠切，《素问》曰："汗出见湿，乃生痤痱。"痤，昨禾切。《说文》曰："痤，小肿也，一曰族絫。"《唐韵》："痤，疖也。"今俗通以触热肤生细疹曰痱子。[3]（《通雅》卷四十九《谚原》）	《说文》"痤"字段注曰："痤，小肿也。《玉篇》曰：'疖也。'"[4]

通过比较方以智和段玉裁疏证《说文》字义的论述，我们发现方氏和段氏疏证《说文》字义时的观点百分之九十八是相同的，且方氏和段氏在疏证《说文》字义时，所引文献也往往有相同之处。略有不同之处是：方氏在疏证《说文》字义多引唐、宋文献，段氏则多引先秦文献。

---

① 方以智：《通雅》，第1433页、第1434页。

② 段玉裁：《说文解字注》，第27页。

③ 方以智：《通雅》，第1443—1444页。

④ 段玉裁：《说文解字注》，第350页。

表3：《通雅》纠正《说文》误释字义待论证之例

待论证之例	分析
（1）爻即古肴字。〇象，豚也，全体也。爻，肴也，解体也。爻从二㐅。㐅古五字。《说文》曰：“象《易》六爻头交也。”按：《易》因文以名书，书初不因书以立名，叔重支矣。[1]（《通雅》卷二《疑始·论古篆古音》）	《说文·爻部》：“爻，交也。象《易》六爻头交也。”方氏认为《说文》“爻”当释为“解体”，而不是“象《易》六爻头交也”，其理由是“爻”字先于《易》书名。此说合于逻辑，但是学术界普遍认为“爻”之“交”义为本义。方氏说的“㐅古五字”，是。㐅即今“五”字，两“㐅”即有解体之象。
（2）家非豭省。〇伯琦曰：“家与牢同意，畜豕故从冖，因用为室家之家；牢牛屋，因借用为牢狱之牢。《说文》谓从豭省，谬甚。”辛泉从口豕为家。合溪从乑，即族字，讹为豕。智按：㑔本矢镞，而閦，才六切，从众。《坠泪碑》眾作似，眾从乑也。吴氏窃合溪之说而又音乑为吟，则更牵强矣。又《急就章》注：“家，伏几也，今谓之夹膝。”王伯厚曰：“犹扬子所谓椠人也。”隋炀帝嚫戒师有夹膝，唐陆鲁望以竹夹膝赠皮袭美。总按古文：家或作[illegible]、[illegible]、[illegible]、[illegible]、[illegible]、[illegible]、[illegible]、[illegible]、[illegible]、[illegible]，则知本伏几之器，借声为家，古读近姑，即吾字之声也。因有从犬从豙者，言家先畜也。亦有从身者，吾所居之意也。从牙者，谐声也。[2]（《通雅》卷二《疑始·论古篆古音》）	《说文·宀部》：“家，居也。从宀，豭省声。”方氏认为“家非豭省”得到当今学术界的普遍认同[3]。然而方氏认为“家”的本义为“伏几之器”，却有待进一步分析[4]。张舜徽持此论，他说：“《急就篇》：‘简、札、检、署、椠、牍、家。’颜注云：‘家，伏几也。今谓之夹膝。’然则家之本义，原为物名，故史游取与简、札、检、署、椠、牍连举。伏几谓之家，犹人得几而止谓之凥耳。因引申称人凥聚之处为家，亦犹今语名其家为居也。”[5]

① 方以智：《通雅》，第120页。

② 方以智：《通雅》，第142页。

③ 《古文字释要》第702—703页罗列有学术界的主要代表观点。

④ 当今学术界持“伏几之器”说者甚少。

⑤ 张舜徽：《说文解字约注》，武汉，华中师范大学出版社，2009年，第1766页。

表4：《通雅》沟通的《说文》未明重文[①]

《通雅》沟通的《说文》未明重文	方以智的观点	疏证	重文的类型
企、跂	（《说文》）其他通用异笔，辄乃复载而复训之……企别为四。企、𡶜，举踵也。跂，多指也。忮，顷也。[②]（卷首一《说文概说》）	𡶜，《说文》已列为"企"的重文。"跂""企"重文。《类篇·足部》："跂，举踵也。"又《荀子·非十二子》"綦溪利跂"，王先谦集解："跂、企同字。"但"忮"与"跂、企"不是重文，当为同音假借，《诗·大东》"跂彼织女"，马瑞辰传笺通释："跂者，忮字之同音假借。"[③]	*[④]
践、衟、後[⑤]	践有衟、後。[⑥]（卷首一《说文概说》）	见王筠《说文释例》卷七	*

---

① 正文中已论述的重文之例在此表中不再重列。

② 方以智：《通雅》，第15页。

③ "《通雅》沟通的《说文》未明重文"部分的疏证注解引自宗福邦、陈世铙、萧海波主编的《故训汇纂》。

④ "重文的类型"一栏中标有*的，方氏没有论述重文之间的关系，我们作阙如处理。

⑤ 《四库》本、姚文燮刻本（中国书店1990年）、上古本（上海古籍出版社1988年）皆作"俴"。"俴"字盖讹，作"俴"于文义不通，现改为"後"。

⑥ 方以智：《通雅》，第15页。

续表

《通雅》沟通的《说文》未明重文	方以智的观点	疏证	重文的类型
嫛、婉、㛤[1]	嫛婉何分于㛤。[2]（卷首一《说文概说》）	《说文》“婉”字段注曰：“㛤、婉音义皆同。”朱骏声《说文通训定声》“嫛”下曰：“嫛，即㛤之或体。”	*
豕、亥	古文亥作𠀅，即荄字，后人加艸耳。〇李阳冰曰：“古文亥比豕减一画耳，𠀅本象豕形，篆文乃作二首六身。”《说文》谓彖为豕，希为修豪豕，彖为豕走。𠀅则既为古文豕，又为古文亥。[3]（《通雅》卷二《疑始·论古篆古音》）	见王筠《说文释例》卷七	变异

① 《说文释例》卷七：“嫛婉二字，《玉篇》以为一字，然㛤当系后增。”王筠非，《玉篇》是，嫛㛤一字。

② 方以智：《通雅》，第15页。

③ 方以智：《通雅》，第118页。

续表

《通雅》沟通的《说文》未明重文	方以智的观点	疏证	重文的类型
隸、肆	隸为古肆。○息利切，陈牲也。取二彖并陈之义。《周官》："奉牛牲，羞其肆。"又曰："祭祀羞羊肆。"《诗》曰："或肆或将。"皆谓解而陈之也。《周礼》："县钟磬，半为堵，全为肆。"故乐有肆，市有肆，刑戮有肆。引之为放肆，为发语辞。《说文》曰："[illegible]，古文。"篆之讹也。又作肆，《说文》曰："极陈也，从长隶声。"此许氏不知其原而分之。[①]（《通雅》卷二《疑始·论古篆古音》）	《说文·㣇部》："隸，㣇属。从二㣇。《虞书》曰：'隸类于上帝。'"今本《尚书·舜典》作"肆类于上帝"。	变异
鼉、鱓	它当为鼉。○《说文》鱼部又有鱓字，"鱼名也，皮可为鼓"，亦鼉之衍文也。[②]（《通雅》卷二《疑始·论古篆古音》）	见王筠《说文释例》卷七	*
玫、好	玫乃玕之讹，玕即好也。○《说文》有"好，美也"；又有"玫，人姓也"，引《周书》："无有作玫。"……盖玕即好，篆[illegible]旁讹为丑耳，《说文》偶载之。[③]（《通雅》卷二《疑始·论古篆古音》）	《书·般庚》"朕不肩玫货"，江声集注音疏："玫，隶通作好。"	变异

① 方以智：《通雅》，第120页。
② 方以智：《通雅》，第120页。
③ 方以智：《通雅》，第126页。

续表

《通雅》沟通的《说文》未明重文	方以智的观点	疏证	重文的类型
쬭、膂	쬭又作膂。○子亦切。《说文》：“쬭，背吕也。”……又有膂字，“背吕也”。……按쬭、膂实一字，后人加肉，犹雲、雷之加雨也。[①]（《通雅》卷二《疑始·论古篆古音》）		累增
寧、甯	寧、甹、甯，皆本于寍。○囊丁切。《说文》：“从宀，从心在皿上。”又：“寧，愿辞，从丁，寍声。”又：“甹，定息也，从血，甹省声。”《汉·郊祀歌》：“穰穰复正直往甯。”《王莽传》：“永以康甯。”甯与寧通。《汉书》甯成，《史记》作寧，甯越一作寧越。即寍、甹、寧三字亦必相因，许氏殆牵合耳。盖从宀覆器，象安置之形，丁则加声，从心象皿中之形，何必作安心之说耶？[②]（《通雅》卷二《疑始·论古篆古音》）	见王筠《说文释例》卷七	省文

① 方以智：《通雅》，第128页。

② 方以智：《通雅》，第138页。

续表

《通雅》沟通的《说文》未明重文	方以智的观点	疏证	重文的类型
饟、饷	饟、饷，曩之原。〇式亮切。……《说文》曰：“周人谓饷曰饟。”孙氏人兼切，陆氏式亮切。其实饷、饟一字，吾尚欲合曩者为向者，何况饷饟乎？[①]（《通雅》卷二《疑始·论古篆古音》）	《汉书·食货志上》“男子力耕不足粮饟”，颜师古注：“饟，古饷字。”又《集韵·阳韵》：“饟，或作饷。”《尔雅·释诂下》“饟，馈也”，郝懿行义疏：“饟、饷声义同。”	*
䰜、鬲	䰜、鬲一字。〇郎激切。《说文》：“鬲，鼎属，实五觳。斗二升曰觳，象腹交文，三足。或作䥶，《汉令》作歷。”又曰：“䰜，歷也，象孰饪五味气出。”按：、鬲一字，犹与，皆与百，不当分也。[②]（《通雅》卷二《疑始·论古篆古音》）	见王筠《说文释例》卷七	累增
延、延	从行来。〇（延）余忍切。“长行也。”从此。《说文》又有延字，曰：“安步延延也，从廴从止。”孙氏丑连切。按：书传未尝有用延者。[③]（《通雅》卷二《疑始·论古篆古音》）	见王筠《说文释例》卷七	*

① 方以智：《通雅》，第144页。

② 方以智：《通雅》，第144页。

③ 方以智：《通雅》，第146页。

续表

《通雅》沟通的《说文》未明重文	方以智的观点	疏证	重文的类型
鼓、皷	鼓皷多分。〇《说文》又有皷。按：鼓不应有二字。《说文》于“彂”字又曰：“岦，垂饰，与皷同意。”盖不能自一其说。从支为是。击鼓为鼓，犹著衣为衣，非有二字，岦乃支之讹。[①]（《通雅》卷二《疑始·论古篆古音》）		变异
佳、嘉	佳嘉入麻韵。〇《说文》曰：“（嘉）美也。”人部又有佳字，“善也”。古膎、古牙二切。盖古无佳字，《楚辞》始有之，实一字也。[②]（《通雅》卷二《疑始·论古篆古音》）	《集韵·麻韵》：“嘉，或作佳。”	*
汜、洍	汜、洍重文。〇详里切。《尔雅》曰：“水决复入为汜，一曰穷渎也。”《说文》与《尔雅》同，引《诗》“江有汜”。又洍，水名，引《诗》“江有洍”。分《诗》一字为两，必误矣。洍乃汜之重文也。[③]（《通雅》卷二《疑始·论古篆古音》）	见王筠《说文释例》卷七	*

① 方以智：《通雅》，第149页。

② 方以智：《通雅》，第150页。

③ 方以智：《通雅》，第151页。

续表

《通雅》沟通的《说文》未明重文	方以智的观点	疏证	重文的类型
钦、觊	钦𡚾，即冀幸。希𧴀，即希觊。○《说文》："觊，钦𡚾也。""钦，𡚾也。"居气切，与冀同，而冀为地名，故立钦字。因《左氏》用"觊𩒻"，又收觊字，而不知其合。[①]（《通雅》卷八《释诂·谚语》）	见王筠《说文释例》卷七。	*
汩、㫚	淈淈，犹汩汩也。○《上林赋》："潏潏淈淈。"音骨。《淮南子》："混混汩汩。"亦音骨，其义亦同。盖汨罗之汨，从日，音密。汩乱之汩，从曰，《说文》有汩[②]，有㫚，皆重文也。[③]（《通雅》卷九《释诂·重言》）	王筠《说文解字句读》"㫚"下曰："㫚，字与水部汩同。"	异构

① 方以智：《通雅》，第316—317页。

② 汩，《四库》本、姚文燮刻本、上古本皆作"淈"，"淈"在文中于义不通，方氏此条中也没有论证"淈"义，而是论证"淈淈""汩汩"义通，现改"淈"为"汩"。

③ 方以智：《通雅》，第359页。

续表

《通雅》沟通的《说文》未明重文	方以智的观点	疏证	重文的类型
扈、鄠	扈、鄠，一也。〇《书》曰："启与有扈战于甘。"《说文》曰："鄠县有扈谷甘亭。"《舆地记》："今京兆鄠县有甘水，出南山甘谷，北入渭。"今鄠县属西安府。秦曰甘亭。鲁庄会齐侯于扈。征南曰："郑地，在荥阳卷县西北。"元为郑州原武县，近朝原武县不隶郑州，而属开封。汉之卷县，属河南郡。又有扈渎，在今上海县北十里，本海盐之东堰，晋袁山松筑垒以御孙恩者。西安府洛南县有玄扈山，古读扈如虎。[1]（《通雅》卷十三《地舆·方域》）	见王筠《说文释例》卷七。	*
檋、輂	即桥，盖今之轿也。古谓之檋，一作輂。〇《说文》："山行乘檋。"或作梮。《韵会》曰，亦作轿。橋则指《史记》之"即桥"也。《说文》又有輂字，音同，"大驾车马也"。引《史记·淮南王传》："輂车五十乘。"[2]（《通雅》卷三十五《器用·车类》）	朱骏声《说文通训定声》"輂"下曰："輂，字亦作檋。"	*

① 方以智：《通雅》，第494页。

② 方以智：《通雅》，第1071页、第1072页。

续表

《通雅》沟通的《说文》未明重文	方以智的观点	疏证	重文的类型
浾、赬	濯绛，合墨赭之色也，今曰紫䞓，正中之淡也。〇《说文》淡即浾字，一作泟[①]，为赬之重文。[②]（《通雅》卷三十七《衣服·彩色》）	见王筠《说文释例》卷六。	*
祘、算	祘命，算学也。〇升庵引作祘命，祘乃古算字。《说文》算，从竹弄，引《逸周书》曰："士分民之祘。"均分以祘之也。读若算[③]。此许氏疑而未决耳。又作笇。[④]（《通雅》卷四十《算数》）	见王筠《说文释例》卷七。	*
捦、鈙	鸱鸺、怪鸱……一物。〇鈙当即擒字。鲁公书《颜君庙碑》："禄山反，捦其心手。"而元美加攴于右，一也。《说文》皆收。[⑤]（《通雅》卷四十五《动物·鸟》）	见王筠《说文释例》卷七。	异构

① "淡"字盖误，作"淡"，不能与"浾"构成重文。《说文·水部》正篆"浾"下已列有重文"泟"。

② 方以智：《通雅》，第1143页。"中"字，黄山本作"古"（第6册第94页）。

③ 《说文·竹部》："算，数也。从竹从具。读若筭。"《说文·示部》："祘，明视以筭之。从二示。《逸周书》曰：'士分民之祘。'均分以祘之也。读若筭。"

④ 方以智：《通雅》，第1205、第1206页。

⑤ 方以智：《通雅》，第1343—1344页。

续表

《通雅》沟通的《说文》未明重文	方以智的观点	疏证	重文的类型
麟、麐	麒麐通作麒麟,殆天鹿乎?〇《说文》:“麒麐,仁兽也。”“麟,大牝鹿也。”《石经》通作“麟”,而经传别无以麟为大牝鹿者。《尔雅》有“麐”,麐为重文。[①]（《通雅》卷四十六《动物·兽》）	《玉篇·鹿部》《广韵·真部》:“麐,同麟。”又《说文》“麐”字段注:“麐者,麟之或字。”	*
鳙、鰫	鳙、鲢、鱮,一物而微分。〇鳙又作鰫,《说文》分二字,皆鱼名。[②]（《通雅》卷四十七《动物·鱼》）	《集韵·钟韵》:“鳙,一作鰫。”	*

① 方以智:《通雅》,第1361页。

② 方以智:《通雅》,第1408页。

表5：《通雅》中需进一步论证的字形分析之例

方氏在《通雅》中的论述	《说文》的被训字	分析
（1）委不从禾。○隖毁切。《说文》曰：“委，随也。从女从禾。”戴氏曰：“按钟鼎文皆作[illegible]，乃从[illegible]省。”竟改委作[illegible]，则不必矣。[①]（《通雅》卷一《疑始·专论古篆古音》）	《说文·女部》：“委，委随也。从女从禾。”	学术界对“委”字形分析有两种观点：一是陈邦怀的分析：“甲骨文委字作[illegible]，《说文解字·女部》：‘委，委随也。从女，禾声。’甲骨文[illegible]，从女，[illegible]声。[illegible]与甲骨文禾作[illegible]形有别，其上端卷曲，象木杪萎而下垂形。《诗经·小雅·谷风》：‘无草不死，无木不萎。’毛传云：‘草木无不死叶萎枝者。’此木萎之说也。甲骨文委字所从之[illegible]，乃萎之初文。篆文委从禾，盖由[illegible]形近而讹也。”[②]二是季旭昇的分析：“甲骨文[illegible]，从乚禾，会置禾于乚之意，禾亦声。……汉以后改从‘女’，取义不明，或与‘[illegible]’不同字，后世‘[illegible]’废而‘委’行，‘委随’义之‘委’遂兼有‘[illegible]置’义欤？”[③]两家据“委”的甲骨文字形不同致使分析各异。

① 方以智：《通雅》，第114页。

② 李圃、郑明主编：《古文字释要》，上海：上海教育出版社，2010年，第1148页。

③ 季旭昇：《说文新证》，福州：福建人民出版社，2010年，第888—889页。

续表

方氏在《通雅》中的论述	《说文》的被训字	分析
（2）逐以豕声。○《说文》从豚省。徐锴曰："豚走而豕追之。"不通甚矣。且遯已从遯[1]，逐乃豕声。[2]（《通雅》卷一《疑始·专论古篆古音》）	《说文·辵部》："逐，追也。从辵，从豚省。"徐锴曰：豚走而豕追之，会意。	许慎认为"逐"从豚省，误。"逐"字甲骨文作[illegible]、[illegible]、[illegible]、[illegible]等，或从豕、或从犬、或从兔，从止。
（3）器以从工为近。○器，《说文》从犬守器，其说甚支。郑氏、吴氏作器，从工，有理。伯琦作罜，《六书统》作[illegible]，朱王孙以即[illegible]，车虺虺有声也，器物有方有圆，[illegible]省作[illegible]，又省作[illegible]，×讹为犬。智按：古[illegible]作[illegible]，[illegible]即嚣，省作[illegible]。《月令》："其器疏以达。"陆《释文》作罜。[3]（《通雅》卷二《疑始·论古篆古音》）	《说文·㗊部》："器，皿也。象器之口，犬所以守之。"	"器"的甲骨文有从工者连接四口，有从犬者连接四口，如有作[illegible]、[illegible]、[illegible]、[illegible]等形，学术界的论述还没有定论"从工"还是"从犬"。

① 据文意，"遯"字当误，应为"逐"。又"逐"，上古定纽觉部；"豕"，上古书纽支部。"逐"从音理上分析，不得以"豕"为声符。

② 方以智：《通雅》，第115页。"豕"字，黄山本作"豕"（第4册第130页）。

③ 方以智：《通雅》，第129页。"器"字，黄山本亦作"噐"（第4册第147页）。

续表

方氏在《通雅》中的论述	《说文》的被训字	分析
（4）[illegible]、啻有抑音。〇《说文》曰："意从音心，察音而知意也。"此甚牵附。盖音为声，或啻讹为音也。《史记》喑噁，《汉书》作意乌，音与意同声也。《说文》又有[illegible]字，即億字，俗作憶字。《论语》"抑与之与"，汉《石经》作"意与之与"。可见意有抑音，古通用也。如憶，亦有抑声，有齸声，可证。[①]（《通雅》卷二《疑始·论古篆古音》）	《说文·心部》："意，志也。从心，察言而知意也。从心从音。"	

① 方以智：《通雅》，第138页。

续表

方氏在《通雅》中的论述	《说文》的被训字	分析
（5）、共从交手。○矩悚切。又借为共敬，别作恭；为共奉，别作供，平声，因为同共，去声。《说文》曰："从廿，，古文。"共之从廿，其义迂曲，古文交手，乃其正也。隶书趋省为廿耳。吴氏以拜为共。[①]（《通雅》卷二《疑始·论古篆古音》）	《说文·共部》："共，同也。从廿廾。，古文。"	"共"甲骨文作；金文作、、。从"共"的这些早期字形分析，其上应为一物形，其下才是交手之形。即是说"共"之廿非是从交手之形隶变，而是一物形隶变。这是学术界关于"共"字形分析的第一种观点。第二种观点是许慎分析"共"从廿廾是正确的，李学勤主编的《字源》"共"字下说："'廿'是两个'十'并列，战国文字连为一体。以两个'十'表示共同之意。《说文》说'共，同也。从廿収（即廾字）'，是合乎古文字的实际的。我们以为'収'在这里主要是表意作用。《说文》古文当是由'共'逐步演变而来，而不是《说文》家所说的从四手。"[②]

① 方以智：《通雅》，第139页。

② 李学勤主编：《字源》，天津：天津古籍出版社；沈阳：辽宁人民出版社，2012年，第204页。

续表

方氏在《通雅》中的论述	《说文》的被训字	分析
（6）竊从宷而禼声。〇《说文》曰：“盗自中出，从穴从米从廿，禼谐声。”戴氏改为竊，则随手杜撰矣。或以糲为声，萬之首讹为廿也。邝氏曰：从宷而禼声，讹为竊耳。[①]（《通雅》卷二《疑始·论古篆古音》）	《说文·米部》：“竊，盗自中出曰竊。从穴从米，禼、廿皆声。廿，古文疾。禼，古文偰。”	董莲池《说文解字考正·米部》“竊”下今按：“‘竊’见出土的汉代帛书，作□，从宀从米从萬，这是目前所见‘竊’的最早形体。……刘钊认为‘禼’本是从‘萬’字中经过讹变分化出来的，尹宙碑‘厲’作□，而祝睦后碑‘竊’作□，所从‘禼’与‘厲’所从□形体全同，可证‘萬’字确可讹为‘禼’。……古文字许多从宀的字后来都变作从穴。出土的汉帛‘竊’字从宀不从穴，应是早期的形态。《说文》视‘竊’所从‘廿’为古文‘疾’，显然错误。从汉帛‘竊’字看，小篆‘竊’所从‘廿’极可能是‘竊’作□上部‘艸’形讹变而成。……因此‘竊’字最初本是从宀从米萬声的。其说不可易。许云‘禼’（乃‘萬’之变）为声尚可，而云‘廿’为声、‘廿’为‘古文疾’，‘禼’为‘古文偰’，皆为误说。”[②]董莲池之述可备一说。

① 方以智：《通雅》，第142页。

② 董莲池：《说文解字考正》，北京：作家出版社，2004年，第283—284页。

续表

方氏在《通雅》中的论述	《说文》的被训字	分析
（7）官从宦省，秦权作[illegible]。〇古丸切。《说文》曰：“吏事君，从𠂤，𠂤犹众也，与師同意。”戴氏以“官[illegible]声，[illegible]古环字，讹为𠂤。秦权文官正作[illegible]”。吾子行非之，谓[illegible]为寰字。夫又安知古寰官之不相通乎？《六书统》：“[illegible]、[illegible]、[illegible]，公舍也。”推论古因宦省作官，《诗》“三岁贯女”，《石经》作“宦女”，可征。古宦转擐音，则转官音，明矣。汉《张公庙碑》：“国无灾稩”，即灾患。以官有宦音，此又一证也。《备考》与《精蕴》从环，古文守字或从[illegible]，或作[illegible]，则𠂤臣通用，此又一证也。钟鼎有从官、绾有作[illegible]者，秦权从[illegible]，各国立文随取耳。《说文》谓从𠂤省，孰与从宦省乎？[1]（《通雅》卷二《疑始·论古篆古音》）	《说文·𠂤部》：“官，史事君也。从宀从𠂤。𠂤犹众也。此與師同意。”[2]	

① 方以智：《通雅》，第143页。

② 大徐本《说文》：“官，史事君也。”段玉裁注解“官”字作“吏事君也”。

续表

方氏在《通雅》中的论述	《说文》的被训字	分析
（8）□即匜。〇《弡伯仲姞》“也”字，以支切，又上声，沃盥器也；有流以注水，象形。亦作□，又作□，秦刻石文作□。《说文》：“□，女阴也。”此说甚舛，或当时有此方言耳。伯琦亦从匜说，借为词助，羊者切。[①]（《通雅》卷二《疑始·论古篆古音》）	《说文·乁部》：“也，女阴也。象形。□，秦刻石也字。”	关于“也”的字形分析，学术界有两种主流观点：一是李孝定在《金文诂林读后记》卷十二中认为许慎训“女阴”不误，是象形字。[②]二是郭沫若在《两周金文辞大系图录考释·沈子毁》中说：“也，沈子名。字乃古文匜，象匜之平视形。”[③]兹著而并存之。
（9）肃萧声转。〇《说文》曰：“从聿在㸒上，战兢也。”甚牵强。按歗、啸、萧、鱐皆以肃为声。《诗》“条其歗矣”，与淑叶。□古文箫。按萧与肃实同声，肃转平声则合也。□古文从心，从□。才老以箫、萧、啸皆音肃。智按：陆本“条其啸矣”，即歗。《甸师》：“共萧茅。”郑大夫云：“萧字或为莤，莤读为缩。”缩酒也。可证。[④]（《通雅》卷二《疑始·论古篆古音》）	《说文·聿部》：“肃，持事振敬也。从聿在㸒上，战战兢兢也。□，古文肃从心从卪。”	

① 方以智：《通雅》，第148页。

② 李圃、郑明主编：《古文字释要》，上海：上海教育出版社，2010年，第1164页。

③ 李圃、郑明主编：《古文字释要》，上海：上海教育出版社，2010年，第1165页。

④ 方以智：《通雅》，第150—151页。

续表

方氏在《通雅》中的论述	《说文》的被训字	分析
（10）僔僔……墫墫、尊尊，皆樽樽之声也。〇《南都赋》："森尊尊而刺天。"言其蔚多也。子云《赋》："总总撙撙。"亦言众多。皆上声，音义正同。《博雅》："僔僔，众也。"亦作譐譐。《易林》："噂噂慑慑。"《说文》引"墫墫舞我"，俱是众沓之意。《说文》墫从士，乃许氏特造之说，自监本《尔雅》以及王氏《诗考》，陈氏《九经考异》，皆作"墫墫"，从土。唐、宋人有用墫墫者，细推，墫亦撙之讹，从土无谓，况从士乎？[1]（《通雅》卷九《释诂·重言》）	《说文·士部》："墫，舞也。从士尊声。《诗》曰：'墫墫舞我。'"	《说文》的引文出自《诗·小雅·伐木》，毛诗为："蹲蹲舞我。"许慎引作"墫墫"。"蹲蹲"与"墫墫"相通，本不应主于"从士"。朱骏声《说文通训定声·屯部》"墫"字下说："《释文》引《说文》：'士舞也。'《尔雅·释训》：'墫墫，喜也。'按：《毛诗》作蹲，此重言形况字，毛训舞貌，犹坎坎为鼓声也，坎不得训鼓，墫何得训舞。此后出字，许可不录。"[2]

① 方以智：《通雅》，第357页。

② 朱骏声：《说文通训定声》，武汉：武汉市古籍书店影印，1983年，第796页下。

续表

方氏在《通雅》中的论述	《说文》的被训字	分析
（11）亭毒，存养也。〇毒有歹音，从土，当有读音，此必有所因；而今流失为从士耳。……又有擣音买，当是音歹，若欲楷别，当从毒。[①]（《通雅》卷四《释诂·古隽》） 有姓名异音者。〇嫪毐音劳蔼。升庵引俗言婟嫪，即此嫪字。赵氏言毒以此得声，当读如歹字。戴氏读如倒字。《说文》从士，因其谓人而臆说也。[②]（《通雅》卷二十《姓名·人名》）	《说文·毋部》："毐，人无行也。从士从毋。贾侍中说：秦始皇母与嫪毐淫，坐诛，故世骂淫曰嫪毐。读若娭。"	从读音上分析，方氏此论合理。"毒""擣"皆从"毒"得声，当谐"土"声，而不是谐"士"声，故方氏说："《说文》从士，因其谓人而臆说也。"

① 方以智：《通雅》，第187—188页。

② 方以智：《通雅》，第697页、第698页。

续表

方氏在《通雅》中的论述	《说文》的被训字	分析
（12）灶额，灶突也；都灶，大灶也。○《韵会》曰："郑武公掘突，突，灶囱也。"《答宾戏》曰："墨突不黔。"桓谭《新论》称淳于髡言"曲突徙薪"。人为徐福上书，亦用曲突，谓烟时突出也。《说文》："突，犬从穴暂出也。""突，深也。"深今作深。"一曰灶突，从穴，从火，从求省。"……《五行志》："元凤元年，燕王宫豖出圂，坏都灶。"师古曰："圂，豖牢也；都灶，烝炊之大灶也。"《金史》"胡刺"，即灶突也。突亦未必从犬，从犬，许之臆也。[①]（《通雅》卷三十八《宫室》）	《说文·穴部》："突，犬从穴中暂出也。从犬在穴中。一曰滑也。"	

① 方以智：《通雅》，第1157—1158页。

主要参考文献

著作：

[1]丁福保编纂：《说文解字诂林》，北京：中华书局，1988。

[2]董莲池：《说文解字考正》，北京：作家出版社，2004。

[3][清]段玉裁：《说文解字注》，杭州：浙江古籍出版社，2007。

[4][清]桂馥：《说文解字义证》，北京：中华书局，1987。

[5][清]郝懿行：《尔雅义疏》，上海：上海古籍出版社，1983。

[6]季旭昇：《说文新证》，福州：福建人民出版社，2010。

[7]李建国：《汉语训诂学史》，上海：上海辞书出版社，2002。

[8]李圃、郑明主编：《古文字释要》，上海：上海教育出版社，2010。

[9]黎千驹：《说文学专题研究》，北京：中国社会科学出版社，2010。

[10]梁启超：《中国近三百年学术史》，北京：商务印书馆，2011。

[11]陆宗达、王宁：《训诂与训诂学》，太原：山西教育出版社，1994。

[12]罗　炽：《方以智评传》，南京：南京大学出版社，1998。

[13]马景仑：《段注训诂研究》，南京：江苏教育出版社，1997。

[14]马宗霍：《说文解字引经考》，北京：中华书局，2013。

[15]裘锡圭：《裘锡圭自选集》，郑州：河南教育出版社，1994。

[16]沈兼士：《汉字义读法之一例——〈说文〉重文之新定义》，《沈兼士学术论文集》，北京：中华书局，1986。

[17]王　平：《〈说文〉研读》，上海：华东师范大学出版社，2011。

[18]王彦坤：《古籍异文研究》，广州：广东高等教育出版社，1993。

[19][清]王筠：《说文释例》，北京：中华书局，1987。

[20][清]王筠：《说文解字句读》，北京：北京市中国书店，1983。

[21]余时英：《方以智晚节考》，北京：三联书店，2004。

[22]曾昭聪：《形声字声符示源功能述论》，合肥：黄山书社，2002。

[23]宗福邦、陈世铙、萧海波主编：《故训汇纂》，北京：商务印书馆，2003。

[24]张舜徽：《说文解字约注》，武汉：华中师范大学出版社，2009。

[25]周远富：《〈通雅〉古音考》，郑州：河南人民出版，2008。

[26][清]朱骏声：《说文通训定声》，武汉：武汉市古籍书店影印，1983年。

论文：

[1]蔡言胜：《〈通雅〉语文学研究》，安徽大学硕士学位论文，2002。

[2]陈莹、郑丹宁：《方以智生平和〈通雅〉的成书时间》，《理论界》，2005（9）。

[3]陈莹、牛云龙：《〈通雅〉的现存版本及其性质》，《吉林师范大学学报（人文社会科学版）》，2006（2）。

[4]顾之川：《〈通雅〉转语研究》，西南师范大学硕士学位论文，1988。

[5]顾之川：《〈通雅〉版本源流考》，《青海师范大学学报（哲学社会科学版）》，1988（4）。

[6]顾之川：《〈通雅〉对转语的运用》，《古汉语研究》，1989（2）。

[7]顾之川：《〈通雅〉转语的表现形式》，《青海师范大学学报（哲学社会科学版）》，1989（2）。

[8]顾之川：《〈通雅〉成书年代考》，《延安大学学报（社会科学版）》，1989（2）。

[9]顾之川：《〈通雅〉性质考述》，《青海民族学院学报（社会科学版）》，1989（2）。

[10]顾之川：《〈通雅〉成书时间辨》，《文献》，1990（1）。

[11]郭　珑：《段玉裁对〈说文解字〉连绵词训释所作校补考》，《兰州大学学报（社会科学版）》，2005（5）。

[12]郭　珑：《试论〈说文〉段注对训诂方法的贡献》，《西南民族大学学报（人文社科版）》，2003（8）。

[13]郭在贻：《〈说文段注〉与汉语词汇研究》，《社会科学战线》，1978（3）。

[14]关　童：《〈通雅〉诂训述略》，《浙江大学学报（社会科学版）》，1994（1）。

[15]何　婧：《方以智〈通雅〉方言材料研究》，扬州大学硕士学位论文，2010。

[16][韩]河永三：《“贞”“真”同源考》，《中国文字研究》第十九辑。

[17]李葆嘉：《方以智撰刊〈通雅〉年代考述》，《辞书研究》，1991（4）。

[18]李庆立、崔建利：《〈通雅〉训诂学价值述评》，《新乡师范高等专科学校学报》，2003（6）。

[19]李恕豪：《从〈通雅〉看方以智的语言研究》，《天府新论》，1990（2）。

[20]刘　娟：《方以智语言学研究》，山东师范大学硕士学位论文，2005。

[21]刘福根：《历代联绵字研究述评》，《语文研究》，1997（2）。

[22]李运富、蒋志远：《论王筠“分别文、累增字”的学术背景与研究意图》，《励耘学刊（语言卷）》，2012（2）。

[23]鲁一帆：《王筠的异部重文同部重文研究》，《信阳师范学院学报

（哲学社会科学版）》，2012（6）。

[24]冒怀辛：《论方以智的〈通雅〉》，《苏州大学学报（哲学社会科学版）》，1982（S1）。

[25]牛云龙：《试论方以智《通雅》的训诂学成就》，《青岛职业技术学院学报》，2003（4）。

[26]牛云龙：《论〈通雅〉的音韵学成就》，《青岛职业技术学院学报》，2006（1）。

[27]欧亚青：《〈通雅〉的研究概况》，《大众文艺》，2011（3）。

[28]欧亚青：《〈通雅〉训诂研究》，渤海大学硕士学位论文，2012。

[29]宋永培：《〈说文段注〉总结了汉语词义引申的系统性与规律》，《四川师院学报（社会科学版）》，1984（2）。

[30]商雙：《〈通雅·宫室〉研究》，湖北大学硕士学位论文，2012。

[31]石云孙：《〈通雅〉：雅学的辉煌》，《安庆师范学院学报（社会科学版）》，1997（2）。

[32]舒春雷：《〈通雅〉语源研究初探》，湖南师范大学硕士学位论文，2007。

[33]孙钦善：《方以智与古文献学》，《北京大学学报（哲学社会科学版）》，1987（5）。

[34]孙宜志：《方以智〈切韵声原〉与桐城方音》，《中国语文》，2005（1）。

[35]孙宜志：《〈通雅〉在汉语方言学史上的地位》，《古籍整理研究学刊》，2006（3）。

[36]滕金丽：《〈说文解字〉重文研究》，渤海大学硕士学位论文，2012。

[37]王昌茂，勾俊涛：《古汉语构形重叠词研究》，《华中师范大学学报（人文社会科学版）》，2000（2）。

[38]王彦坤：《语文辞书利用训诂材料应避免的问题》，《中国语

文》，1999（1）。

[39]谢葵：《〈通雅·称谓篇〉研究》，湖北大学硕士学位论文，2011。

[40]许福谦：《关于〈通雅〉的成书时间》，《辞书研究》，1984（4）。

[41]杨建忠、贾芹：《方以智〈通雅〉“因声求义”的理论》，《古籍整理研究学刊》，2003（4）。

[42]杨建忠：《方以智〈通雅〉“因声求义”的实践》，《黄山学院学报》，2004（1）。

[43]杨建忠：《〈通雅〉价值探论》，《宁夏大学学报（人文社会科学版）》，2009（5）。

[44]杨汝福：《漫谈“重言”》，《柳州师专学报》，1998（4）。

[45]袁津琥：《试论〈通雅〉命名之由及其在雅学史上的地位》，《古籍整理研究学刊》，2004（4）。

[46]袁津琥：《〈通雅〉研究二题》，《文献》，2000（4）。

[47]袁雪梅：《试评方以智对“謰语”及联绵词的研究》，《四川师范大学学报（社会科学版）》，1998（3）。

[48]袁雪梅：《从〈通雅〉看方以智的同源词研究》，《天府新论》，2000（1）。

[49]张鲁光：《〈通雅〉小学研究述评》，《汉字文化》，2011（5）。

[50]张鲁光：《〈通雅·谚原〉研究》，浙江财经学院硕士学位论文，2012。

[51]张其昀：《段玉裁〈说文解字注〉述评》，《扬州大学学报（人文社会科学版）》，1999（6）。

[52]张小英：《〈切韵声原〉研究》，山东师范大学硕士学位论文，2002。

[53]章永俊：《论方以智〈通雅〉的学术通变思想》，《安徽师范大学

学报（人文社会科学版）》，2001（2）。

[54]钟明立：《段注辨析同义词的方法》，《华南师范大学学报（社会科学版）》，2000（2）。

[55]周远富：《方以智〈通雅〉与历史语言学》，《南通师范学院学报（哲学社会科学版）》，2002（4）。

[56]周远富：《方以智〈通雅〉与上古声纽研究》，《语言研究》，2002（4）。

[57]周远富：《〈通雅〉与古韵分部》，《古汉语研究》，2005（2）。

[58]周远富：《〈通雅〉古音学及其应用》，《南通大学学报（社会科学版）》，2006（3）。

[59]朱广祁：《重言的性质与释义问题——从“桃之夭夭”说起》，《文史哲》，1986（3）。

后　记

余虽不敏，但居王门之后，有幸求学于王彦坤先生。先生有教无类，施教于余。先生不弃余之鄙陋，殆时逢周五，面教之。从论文之构拟，结构之分析，语言之表达，句读之运用，无不遍之。听先生之讲学，如沐春风；听先生之讲学，犹饮甘泉。先生学问之渊博，余不及一二。先生治学之态度，绍乾嘉，严谨正实，余铭记于心。

2014年夏拙文初稿成，至今（2015）春，历有数月，先生改之并耳提教之，达几十次之多。今虽拙作呈览，但鄙见屡出，足见余资质钝愚。先生每改之，余修之，复改复修，已遍三矣，此文足见先生之心血。

此论文在答辩中又得到陈伟武先生、曾昭聪先生、钟明立先生、熊焰先生、王衍军先生、徐望驾先生、梁冬青先生的热情的批评指正，谨在此致以谢意。

此论文即将出版，请先生写序，先生再次对此文细读一遍，提出了不少修改意见。

因此，求学三载于先生门下，唯有一句"谢谢先生之教导"，深深地向我的博士生导师王彦坤先生表达谢意，是先生引导我走上了训诂学研究的道路并为本书赐序。

在暨南大学攻读博士学位期间，还有幸聆听曾昭聪先生、甘于恩先生、陈晓锦先生等诸位先生讲课。曾昭聪先生不仅在学业上给予指导，毕业之后，也多次向曾昭聪先生请教问题，余深表感谢。

2009年9月，余负笈南下，师从符昌忠先生，攻读硕士学位，是符昌忠先生领我进入了语言学这一研究领域。在此，向我的硕士生导师符昌忠先生致以深深的谢意。

昔时，余来粤前时之路，多风雨而少晴和。女儿尚幼，襁褓中，余却负笈南粤求学，甚念吾儿。是时，居所不定。糊口为余第一要务，力作亦囊中空。来粤前一载有半，每于余家井前向母亲要盘缠两百以解途中之需。思之，愧也。今来，又得一儿，姐弟两人，是余此生之幸。亦感谢吾妻与余，曲曲折折，风雨兼程，一路相伴至今。

余之性情，盖同于我祖父。祖父一生艰辛，而吾得祖父抚养。祖父识字不多，但有独去家贩盐闽地之行。祖父于余好合之年老也。念此，悲之。

行文至此，以余往日诗一首记之。

昨晚路过八一广场忆兵早兄有感[①]

吾侪平生志匹俦，鲲鹏万里行许由。
吴钩久带男儿侧，直指燕云十六州。
人已有生生亦尽，天一有老老恒留。
倘如枕戈沙场卧，欲学青莲回叶舟。

陈波先

2023年10月

① 此诗作于2021年8月29日晚。宁兵早，1984年生，江西余干人，工书法，吾挚友也。志向鲲鹏，和余数次于南昌考试，并夜游八一广场，亦在余游说之下，商贩于南京、上海。此晚，余路过八一广场，思念吾兄兵早君，故作此诗。